辩证法
与岁月人生

BIANZHENGFA
YU SUIYUE RENSHENG

辜堪生 著

西南财经大学出版社
Southwestern University of Finance & Economics Press
中国·成都

图书在版编目(CIP)数据

辩证法与岁月人生/辜堪生著.--成都:西南财经
大学出版社,2024.9. --ISBN 978-7-5504-6373-8

Ⅰ.B024

中国国家版本馆 CIP 数据核字第 2024KM8306 号

辩证法与岁月人生

辜堪生　著

策划编辑:陈何真璐
责任编辑:张岚
责任校对:廖韧
封面设计:何东琳设计工作室
责任印制:朱曼丽

出版发行	西南财经大学出版社(四川省成都市光华村街55号)
网　　址	http://cbs.swufe.edu.cn
电子邮件	bookcj@swufe.edu.cn
邮政编码	610074
电　　话	028-87353785
照　　排	四川胜翔数码印务设计有限公司
印　　刷	四川煤田地质制图印务有限责任公司
成品尺寸	170 mm×240 mm
印　　张	21.75
字　　数	250 千字
版　　次	2024 年 9 月第 1 版
印　　次	2024 年 9 月第 1 次印刷
书　　号	ISBN 978-7-5504-6373-8
定　　价	58.00 元

序言一

　　辜堪生教授是我校（西南财经大学）1997 年从四川师范学院（现西华师范大学）引进的人才。辜老师来到政治系后和我同在哲学教研室，并任职哲学教研室主任。我们不仅在哲学教学和学术探讨上成为知己，还在生活经验的交流中成了很亲密的朋友。

　　辜老师出身教师家庭，父亲、母亲、哥哥、妹妹及夫人都是教师，辜老师对教师职业也非常热爱。来到我校以后，辜老师就承担了特别繁重的教学任务。他先后承担了从本科生、硕士生到博士生七八门课程的教学工作，每年的教学工作量都在全校名列前茅。

　　后来学校成立邓小平理论教研室，辜老师服从系里的安排，又从哲学教研室转入邓小平理论教研室，并带领教研室全体老师集体搞科研，创新教学方法，取得了丰硕的成果：出版了由辜老师主编、全教研室老师参编的学术专著四部，教材、教参六部；获五项省部级社会科学优秀成果奖和两项四川省社会科学界联合会优秀成果奖。由辜老师领衔讲授的中国特色社会主义理论概论课于 2004 年在我院（马克思主义学院）率先获评四川省精品课程。

　　辜老师还为我校文化素质课建设做出了贡献。2005 年辜老师随时任副校长刘灿一行考察了复旦大学文化素质课建设后即提出了在我校开设中国传统文化概论课程的建议，刘灿副校长予以支持，并让辜老师来组建团队和主编教材。辜老师利用校内外资源，很快完成了这项工作。该课程开设以后深受学生欢迎,并于2013年入选教育部大学素质教育精品通选课。

辜老师先后获评西南财经大学教学名师、四川省高等院校教学名师、四川省教育厅马克思主义理论课优秀教师。

2014年,辜老师正式办理了退休手续,但因工作需要仍退而未休,继续给本科生、硕士生、博士生上课。在研究生院的要求下,辜老师当年还继续招了两个博士研究生,后帮助他们顺利毕业。

俗话说,"人生七十古来稀"。辜老师已经七十有五了,但仍坚持笔耕不辍,在微信公众号"人民作家"上发表了很多关于哲学辩证法和岁月生活的通俗散文,对帮助读者纠正一些理论上的误区和树立正确的三观很有帮助,所以深受读者喜爱。在韩源教授提议下,学院党政联席会议决定由学院资助,让辜老师的散文结集出版,并作为学生的参考读物。

在《辩证法与岁月人生》即将出版之际,作为一院之长,理所应当讲几句,给予祝贺,并借此机会祝辜老师身体健康、晚年幸福!

唐晓勇

2024 年 3 月 22 日

序言二

对辜堪生教授《辩证法与岁月人生》的出版,我们期待已久。特别是第一部分的科普把抽象的哲理解读得妙趣横生,对激发学生关注社会的责任心和思考人生的好奇心是一件功德无量的事。教育的目的是什么?这是一个常问常新的恒久命题。

这几年有些所谓的专家把自娱自乐的理论逻辑玩得很娴熟,但时常犯生活常识错误。我们不禁想问:这样的"专家"是怎样炼成的?这恐怕要从"专家"的求学之路说起。目前中小学到大学教育的基本调子仍然是知识的灌输和积累,学生就是一个"硬盘",以远低于 ChatGPT 的效率不断存储书本知识。学生学习的动力中少有对自然和社会现象的好奇心,这种好奇心甚至还会随着学历层次的提高逐渐衰减。有些博士生缺乏发现和提出问题的能力,只得等待导师出题,因为他们习惯的是回答问题,而且擅长的是给出"标准答案"。这种问题在人文和社科领域更为突出,马克思主义学科尤甚。我和辜堪生教授都是一线的思想政治课教师,对"真实"情况当然有发言权。一些学生认为思想政治课对找工作无用,自己也不感兴趣,对相关的知识也只是"存储"后"打印",内心并未领会。这一切的根源在于学生缺乏观察和关注社会现象的责任心、思考人生的好奇心,他们不会追问我是谁、从哪里来、到哪里去。好奇心是从问"为什么"开始产生的。自然科学领域有《十万个为什么》之类的科普读物,社会科学领域却极为欠缺同类读物。也有出版社策划过人文社科版的《十万个为什么》,但是它完全沦为课堂教学的辅助读物,虽对考试有帮助,但对培养学生的责任心和好奇心却无意义。辜堪生教授从人生之问和生活之问入手,使辩证法接上了地气,这样的科普才能让学生主动追问,从而接近真理。学生经常会发出"灵魂拷问"——思想政治课与我有什么关系? 大道无形,比起乏味教材板着面孔地灌输,寓理于生活、于人生,课程才会和学生有关,真理才会在学生心中扎根。

韩源

2024 年 5 月 4 日

目 录

下篇　岁月人生回顾

上篇
辩证法之理论辨正

　　辩证法理论体系通常可概括为三大规律、五对范畴。理论观点转化为思维认识方法通常有"一分为二""矛盾分析"等妇孺皆知的通俗方法。常言道，深入才能浅出。对理论的"深入"研究不够，从而导致"浅出"的方法变形、走样，这样的例子在现实生活中屡见不鲜，甚至在一些哲学教材、哲学论文中也不时出现。

一、"个人"是"人民"吗？

首先来讲一个不懂辩证法的逸闻。1982 年我留校任教哲学，第二年就在成都火车北站遇到一件与哲学辩证法密切相关的事情。

有两个外省人在车站旁的商店买东西。那时候还没有个体商家，也没有超市，全是国营商店，货物都放在柜台后面的货架上，需要请售货员拿出来选择。

外省人连叫了几遍，售货员也没理睬，而是一边织毛衣一边和柜台对面另外一个售货员吹牛，讲昨天晚上院子里发生的趣事。

虽然这种事儿在当时屡见不鲜，但外省人可能忙着赶车，很着急，其中一个提高嗓门吼道："你们哪里有一点为人民服务的精神?!"

刚吼完，售货员马上以更高的嗓门吼道："好哇，为人民服务，你是人民吗?! 你是人民吗?!"外省人愣了！他们很气愤，但却语塞了，只好悻悻离去。我在旁边感到很好笑，"个人是人民吗?"这个问题可能今天也不一定人人都能搞清楚，因为这里面包含深刻的辩证法思想。

何谓"人民"？"人民"首先是一个政治性概念，"敌人"当然被其排除在外。"人民"又是一个"集合"概念，是指由个人组成的群体。但在人民群众内部，"个人"是"人民"吗？这就涉及"个别"与"一般"的辩证关系。

首先，二者是相互区别、不能混淆的。"个别"不等于"一般"，故"个人"不等于"人民"。这是"非此即彼"的知性思维（康德），亦称日常思维。

其次，"个别"包含着"一般"，"一般"只能寓于"个别"之中，只能通过"个别"而存在。

正如毛主席所说，"麻雀虽小，肝胆俱全"——这个普遍性只需通过解剖一两只麻雀即可得知，用不着把天下麻雀全捉来解剖后才下结论。

可见，"个别"的麻雀就是"一般"的麻雀。难怪列宁说："任何个别（不论怎样）都是一般。任何一般都是个别的。"这就在"非此即彼"基础上进入了"亦此亦彼"的辩证思维。

在此意义上，"个人"就是"人民"。否定了"个人"是"人民"，那"人民"就成了一个虚幻的概念。

如果那两个外省人懂得辩证法，就不会受那窝囊气了，他们就会理直气壮地回答说："我就是人民，你就是要为我服务！"

再讲一个异曲同工的笑话。

多年前，有一位官僚主义习气较重的领导在大会上做报告，当他讲到要为人民服务的时候，台下一片笑声，他很生气地问："你们笑什么？为人民服务，难道不对吗？"谁知台下哄笑得更厉害了。

这位领导不知道，在人民群众心目中，"为人民服务"已成了某些官僚主义习气较重的领导的口头禅，"人民"在他们口中仅仅是一个概念而已。

弄清了"个别"与"一般"的辩证法，我们还有必要对集体利益与个人利益的关系重新辨正一下。

长期以来，我们把集体利益视为至高无上的利益，当集体利益与个人利益发生冲突的时候，个人利益必须无条件地服从于集体利益。我们从小接受的教育就是：集体利益哪怕是一根针、一棵草，也比个人利益更重要。

所以，我的小学时代，涌现出了刘文学这样为保卫生产队辣椒而牺牲的少年英雄；我的知青岁月，涌现出了金训华这样为抢救被山洪冲走的生产队的木料而牺牲的知青英雄；20世纪80年代，当我的孩子上小学时，又涌现出了赖宁这样的为扑救森林大火而牺牲的少年英雄……

他们都是见义勇为、为保护集体利益而牺牲了个人利益的人。他们的英雄行为令人敬仰，但并不妨碍我们对"个人利益必须无条件服从于集体利益"的传统价值观教育做深刻的反省：

当集体利益仅仅是物质财富而个人利益是宝贵的生命时，难道个人利益还无足轻重，必须要为维护集体利益而牺牲个人利益吗？

其实，金训华抢救的木料就算冲到长江口也还是祖国的财富，完全不必冒生命危险去"抢救"淹不死的木头。而赖宁事迹更不该在全国广为宣传报道，且掀起学习赖宁的活动，以后又发生了一些赖宁式的悲剧。

河南林县的一个山村小学有三个年级共60个学生和一位姓

黄的老师。

当听到公社广播说发生了森林大火后，黄老师激动地说："同学们，学习赖宁的时候到了！"然后他带着 60 个学生，奋不顾身冲上山头去抢救森林。最后有 5 个学生被烧死（其中最小的才 10 岁），6 个学生和黄老师重伤致残。

此事发生后，河南省专门下发了红头文件，规定今后绝不能让未成年的学生去抢救国家财产。

上述悲剧实际上都是没有深刻理解个人与集体的辩证法导致的。

可见，辩证法并不仅限于黑格尔，也不是深藏于哲学殿堂的"古董"，更不是被人戏谑的"变戏法"。在自然界，在我们的社会生活中，处处都有辩证法。

二、破解"鸡先蛋先"千古之谜

究竟是"先有鸡"还是"先有蛋"？

这是从古希腊时期就让众多哲人争论不休、延续到今天仍然让人百思不得其解的谜题。

如果说古代哲人们的争论尚有利于推动我们去探索生命起源和世界本质，促进了自然科学和辩证思维的发展，那么在自然科学已长足发展的今天，我们还在为"鸡先蛋先"而争论不休，就是愧对先哲们了。

其实，"鸡先蛋先"在知性思维（日常思维）中是一个无解的逻辑循环问题，提出它的意义是促进我们跳出知性思维，深入辩证思维。

从古希腊朴素辩证法的提出到近代黑格尔集唯心辩证法之大成，再到马克思主义唯物辩证法的创立，辩证法大厦已基本建成。再提"鸡先蛋先"这种问题就显得幼稚可笑了。

但在 20 世纪 90 年代，还见有学者在《语文与逻辑》杂志上发表一篇论文，说是他解决了这个千年难题，是"先有鸡"。

我不禁哑然失笑，仔细拜读后也写了一篇论文反驳了该文的观点。理论深奥不具可读性，现将其"浅出"，宣传普及一下辩证思维。

"先有鸡还是先有蛋"这个问题实际上很有问题，因为鸡是"孵化了的蛋"，蛋是"还未孵化的鸡"，它们不过是同一个事物的不同阶段。

我们只能问"鸡从何而来"或"蛋从何而来"。如果你回答说"鸡是蛋孵化的"，那么这个回答并没有解决问题。

换个问题就好理解了："人从何而来?"你回答说"人是妈生的"，那这个回答是不是有问题呢?

当然有问题了，因为人的妈也是人，妈又从何而来? 只能回答"妈是妈的妈生的"。"妈的妈又从何而来?"只能是"妈的妈的妈生的"……

追根溯源，第一个"妈"是谁呢? 既不是东方文化讲的女娲，也不是西方文化讲的夏娃，只能是猿。猿是不是人呢? 当然不是人（非人矣）。

正确的答案终于浮出水面了：人从哪里来? 人从"非人"来。同理，鸡蛋从哪里来? 鸡蛋从"非鸡蛋"来。从"非人"（猿）到"人"的生物进化是一个从量变到质变的漫长过程。

用运动的、变化的、发展的眼光认识事物，这就是辩证思维!

辩证思维并非只能解决点类似"鸡先蛋先"的日常生活"难题"，其实它还能帮助我们树立马克思主义的三观，增强我们在大是大非问题上的理论鉴别能力。不妨举个与"鸡先蛋先"争论相关联的一个例子。

众所周知，对外开放以来，由于受西方各种资产阶级思潮影响，马克思主义作为共产党的指导思想遭到某些人的怀疑甚至否定，一时间，我们的理论自信开始被动摇。

甚至连恩格斯关于"劳动创造了人"这个本是妇孺皆知、世人皆认可的观点也遭到某些"公知"或"无知"（不懂辩证法）学者的诘难。

他们问，究竟是"劳动创造了人"还是"人创造了劳动"？如果说是"劳动"创造了"人"，那么，这个"劳动"究竟是"谁"在劳动？难道说是"猴子"在劳动吗？那岂不是否定了马克思主义关于"劳动"是人才具有的本质的观点吗？

如果说是"人"在劳动，那"人"在"劳动"之前就已存在了，又谈何"劳动创造了人"？可见，"劳动创造了人"是个"伪命题"！

你看，这些学者是不是又在玩弄"鸡先蛋先"的诡辩了？相信本文读者都能运用前面所讲的辩证思维对之进行反驳了。

"劳动创造了人"这个马克思主义原理只能以运动、变化、发展的眼光去看待、从量变到质变的过程去理解："劳动"是从猿的"非劳动"（生物求生的本能活动）逐渐演变而来的，而"人"也是从"非人"（猿）逐渐演变而来。

人类生物学、考古学等科学研究成果揭示了这一演变的秘密：

当古猿因地质气候剧变而被迫离树下地求生后，就从只能攀缘爬行逐渐演变到直立行走，从只会自然采摘或"利用工具"获取食物逐渐演变到会"创造工具"获取食物，完成了从猿到人的生理演变，并在从只会"利用工具"（用完即扔）到意识到"工具"的重要性而"保存工具"的时候，就完成了从动物心理到人类意识的质变,从而在生理和心理上完成从"猿"到"人"的这一伟大飞跃。

辩证法并不神秘,它不过是对自然界和人类社会发展规律的反映,所以我们才会发现"生活中处处充满辩证法"。

但是,如果辩证法不能被正确理解而歪曲应用,像后文"粪便是臭的还是香的"所述那样,那么辩证法又变成了人人讨厌的"诡辩法"。

三、"人不能两次踏进同一条河"是真的吗？

如果这是主持人黄西在《是真的吗?》节目中向观众提的问题，估计观众百分之百会回答"假的"。然而黄西却说："这是真的。因为这是古希腊辩证法大师赫拉克利特提出的一个辩证法命题。"

观众一定哗然！别说"两次"，从古至今，人们不是千万次、亿万次地踏进过长江、踏进过黄河吗？真是奇了个怪了，明明是一个违背生活常识的命题，为什么在"辩证法"里却变成了一个真理性命题了？难怪人们会把"辩证法"戏谑为"变戏法"。

其实，并非"辩证法"错了，而是赫拉克利特的命题表述有误，后世哲人又对大师盲目崇拜，误读误解。

所以，必须再次为"辩证法"正名，"名不正，则言不顺"，"言不顺"则糟践了辩证法。

"正名"之事还要从我在 20 世纪 80 年代发表的一篇《人究竟能几次踏进同一条河? ——评一个理论误见》的论文谈起。

这篇论文是我大学刚毕业不久时写的，投稿给了《天府新论》杂志，并因此以文会友结识了一位未曾谋面的"一字之师"

唐永进编辑，和他成了终生的朋友。唐兄得名"一字之师"是因为他只对我的论文修改了一个字就给全文照发了。

我的论文副标题原本是"驳一个理论误见"，唐兄给我改为"评一个理论误见"，我是由衷佩服。

一个"驳"字反映了我这个"初生之犊"的锋芒毕露、咄咄逼人，无形中会得罪学界无数名人；而一个"评"字则显得语气缓和，有和学术界商量探讨的意思。

论文确实观点新颖，对学术界长期以来的定论提出了挑战，所以引起学界反响，中国人民大学书报资料复印中心全文转载了该文。

以后唐兄还推荐我进了四川省伦理学会当了副会长，我们在一次会议上得以谋面。我向别人介绍说唐兄是我的"一字之师"，唐兄欣然领受，喜不自禁，免不了"投桃报李"，反过来夸我当了教授还这么谦虚。这就是所谓"君子"之交吧，有点"酸味"哈！

言归正传。我是在上大学时听西方哲学史课才知道了"人不能两次踏进同一条河"是古希腊辩证法大师赫拉克利特的一个重要辩证法命题，而"人一次也踏不进同一条河"是其学生克拉底鲁的一个诡辩论命题。我当时并不在意，只是将其"收录"在脑袋里。

当我毕业留校任教后给学生讲辩证法时，为了做到深入浅出才开始对这两个命题做深入的研究。这是当了几十年教师、深受学生喜欢的父亲给我的告诫："要给学生一碗水，自己要有一桶水，厚积才能薄发，深入才能浅出。"经过深入研究，我发现两个命题并无二致，只不过是"五十笑百步"而已。

哲学界认为赫拉克利特的命题是辩证法命题的理由是：赫拉克利特不仅强调了事物（河水）的绝对运动，还强调了事物（一条河）的相对静止，是"运动"与"静止"的辩证统一，当人第二次踏进那条河的时候，原来的河水早已流走，河不再是原来那条河了，所以"人不能两次踏进同一条河"。

而克拉底鲁只看到了事物（河水）的绝对运动，否认了事物（河）的相对静止，连一条河也不存在了，所以是个诡辩论命题。

这种解释非常牵强，因为河水变化了，河流就不再是原来的河流了，按此逻辑，天下的父母亲只能一次见到自己刚出生的孩子，第二天孩子有变化了，就不是自己的孩子了，岂非荒唐！

克拉底鲁的思路实际上就是将这种荒唐逻辑"更上一层楼"：既然河水是绝对运动着的，那么第一次踏进去的时候，那个河水也不是静止的，仍然在运动呀，所以我们根本没办法踏进河水静止不动的一条河，因为这样的河根本就不存在嘛。所以克拉底鲁才会提出"人一次也踏不进同一条河"。

可见克拉底鲁的命题是顺着老师的思路钻进了"牛角尖""死胡同"得出的，与老师的命题没有本质区别，只有"一次"还是"两次"的数量差别。

所以，两个命题都是错误的，我们不能把一个命题吹捧上天，把另一个命题打入地狱。正如战场上两个怕死逃跑的士兵，逃跑了50米的士兵却嘲笑逃跑了100米的士兵贪生怕死，其实两个都是怕死鬼！

当然，我们也不能因为一个命题表述有误而否定赫拉克利特辩证法大师的成就。

其实，赫拉克利特还有另一种命题表述："我们踏进又踏不进同一条河。"这才是辩证法对"运动"与"静止"辩证统一的表述方式。

众所周知，亚里士多德的形式逻辑提出了思维认识的三大规律，无论是同一律（A 就是 A）、矛盾律（A 不是非 A），还是排中律（要么是 A，要么是非 A），都是从静止意义上划清了事物的界线，要求我们的思维认识必须遵循"非此即彼"的原则，以保持思维的清晰，不犯逻辑矛盾的错误。

所以形式逻辑又称为"静态逻辑"。然而，客观世界、万千事物无不是千变万化的，不仅有沧海到桑田的变化，还有古猿到人的变化，都是由"A"到"非 A"的变化，这就是自然界的辩证运动，即客观辩证法，它被称为"动态逻辑"或"辩证逻辑"。

恩格斯在《自然辩证法》中明确写道："辩证法不知道什么绝对分明的和固定不变的界限，不知道什么无条件的普遍有效的'非此即彼'，它使固定的形而上学的差异互相过渡，除了'非此即彼'，又在适当的地方承认'亦此亦彼'。"

赫拉克利特的"踏进又踏不进"的表述方式正是辩证法"亦此亦彼"的思维方式：从事物的相对静止来说，我们可以"一次""两次"……"千万次"踏进同一条河；从事物的绝对运动来说，我们连"一次"都踏不进同一条河。

学会"亦此亦彼"的辩证思维方式有利于提高我们的思辨能力和认识水平。

以后再遇上如前文所讲的"个人是人民吗？"的刁难问题，

或者像中国古代名辩家公孙龙提出的"白马非马"的命题、古希腊诡辩家芝诺提出的"飞矢不动"命题，我们都可以运用"亦此亦彼"的思维，理直气壮地回答"既是又不是"。

理由何在，我想大家都会深入分析了吧！

四、 扫帚与簸箕是"矛盾"吗?

这个问题对没学过唯物辩证法的年轻人来说可能很奇怪,但对我们这个年龄段的人来讲,恐怕大都耳熟能详。

在过去普及辩证法的年代,"把哲学从哲学家的殿堂中解放出来"成为非常响亮的口号。而辩证法中的矛盾分析法最为深入人心,几乎人人会用,因为矛盾"无处不在""无时不有"。

大如阶级斗争、民族矛盾,小如夫妻吵架、邻里不和,甚至有哲学教材把扫帚与簸箕也分析成一对"矛盾"。

记得在大学课堂上,老师不紧不慢,娓娓道来:

"为什么说扫帚与簸箕是一对矛盾呢? 首先,扫帚不是簸箕,簸箕也不是扫帚,也就是说二者是相互区别、相互对立的,对吧? 其次,扫帚离不开簸箕,簸箕也离不开扫帚,二者相互依存、相互统一才能发挥扫地的作用,对吧? 可见,二者是既'对立',又'统一',这不就是'对立统一'的矛盾吗?"

逻辑上似乎没问题,但我还是想不明白,扫帚与簸箕怎么成了"矛盾"呢?

还没回过神来,老师又开始分析"红"与"专"的矛盾了。

今天的年轻人可能对"红"与"专"不知所云。这是当年的用词，批判某些知识分子只钻研业务知识（专），而不过问政治进步（红），不向党组织靠拢，是走资产阶级"白专"道路，这样发展下去就会导致"卫星上天而红旗落地"。所以，知识分子必须与广大工农群众相结合，积极要求进步，争取早日加入中国共产党，走"又红又专"的道路。

按照同样的逻辑，老师又开始分析了：

首先，"红"不是"专"，"专"不是"红"，"红"是指一个人的政治表现，"专"是指一个人的专业知识，二者是相互区别、相互对立的；但二者又是相互依存、相互统一的。优秀的知识分子不仅要刻苦钻研专业知识，还要把自己的专业知识用于党的事业、全心全意为人民服务，做一个"又红又专"的优秀人才。

这下我更纳闷了：既然矛盾双方相互依存，互为存在，即谁也离不开谁，那怎么会有只"专"不"红"的"白专"知识分子呢？只能说明"红"与"专"并不是一对矛盾。

我这个人有点钻"牛角尖"，搞不懂的问题非要"打破砂锅问到底"。于是课后我写了一篇《扫帚与簸箕，红与专真的是矛盾吗？》的学习心得贴在教室过道的"学习园地"墙报上。

没想到"惹祸"了！第二周上哲学课的时候，老师就不点名批评我了："有些同学上课总是不专心听讲，我反复分析过扫帚与簸箕，'红'与'专'为什么是一对矛盾，但仍然有同学怀疑它们不是一对矛盾！……"

我马上知道，老师看了"学习园地"里我写的学习心得。柏拉图说得好，"吾爱吾师，吾更爱真理"，我差点想站起来和老师

"理论"一番。

没想到第二学期开学以后，中国社科院《哲学研究》上发表了一篇不赞成"红"与"专"是一对矛盾的文章。不少同学都以为是我以笔名发表的，纷纷要我拿出稿费请客。

我反复申明不是我写的，我还没那个水平，但有个同学仍不依不饶，说我是"葛朗台"（守财奴），舍不得花钱。无奈之下，尽管囊中羞涩，我还是悄悄请那个同学去馆子撮了一顿，以示"舍得"的"清白"。

大学毕业后留校教哲学，我又对这个问题做了深入研究，还发表了两篇论文，终于能够"浅出"，跟同学们讲清究竟什么是哲学意义上的"矛盾"，为什么扫帚与簸箕、"红"与"专"不是矛盾。

哲学上讲的"矛盾"乃指"对立统一"规律，是借用韩非子"卖矛又卖盾"的典故而"中国化"成矛盾规律。"矛盾"这个概念有三种意义上的使用：

其一，日常生活中讲的"阶级斗争""夫妻吵架""医患纠纷"等现象。这里指双方之间的冲突、斗争，我把它称为"两相矛盾"。

其二，形式逻辑上违背同一律、矛盾律、排中律三大原则，从而在思维认识上发生了"逻辑矛盾"，与韩非子那个典故类似。我把它称为"自相矛盾"。

其三，哲学辩证法讲的"对立统一"关系。即双方既"对立"又"统一"，既相互区别，又相互依存，互为存在，谁也离不开谁。失去一方，另一方也不存在了。如高低、左右、长短、好坏、是非等关系，我把它称为"辩证矛盾"。

理解"对立"这个概念是关键。简言之，A 与 B 只是"不同"，而非"对立"，A 与非 A 才是"对立"。A 与 B 在外延上并不周延，或者说 A 和 B 涵盖不了世界上的一切事物，因为除开 A 与 B，还有 C、D、E……而 A 和非 A 在逻辑上是周延的，世界上所有事物，要么是 A，要么是非 A，没有其他可言。这在形式逻辑上叫"排中律"。

现在我们来分析扫帚与簸箕究竟是什么关系。显然二者只是 A 和 B 的相异、不同关系，而不是对立关系，因为二者之外还有无数其他事物存在。

既然不是"对立"关系，那就不具有相互依存、互为存在、离开了一方另一方也不存在了的"统一"关系。扫帚不存在了，簸箕照样存在，反之亦然。可见，扫帚与簸箕的关系不是"对立统一"的矛盾关系，构不成一对矛盾。同样的道理，"红"与"专"也不是一对矛盾。

哲学上讲的"辩证矛盾"是一切事物固有的性质，是事物运动变化发展的根本动力或"内因"。

例如，遗传和变异是一切生物变化发展中的一对矛盾，正是遗传与变异的相互作用推动了生物的进化或退化。而自然环境的变化则是生物变化发展的外部条件或"外因"。

由于没有"深入"研究，过去一些哲学工作者在普及辩证法宣传中把深刻的辩证矛盾"浅出"成扫帚与簸箕之类的矛盾，令人啼笑皆非。

有些老百姓还因此把夫妻吵架上升为推动夫妻恩爱的"动力"。"打是亲，骂是爱，不打不骂不自在"的调侃正是这种"庸俗辩证法"的写照。

自阶级产生后，阶级矛盾、阶级斗争就是社会发展的原动力，这是马克思历史唯物主义的基本原理。奴隶与奴隶主的阶级斗争推动奴隶社会发展到封建社会，农民与地主的阶级斗争推动封建社会发展到资本主义社会，工人阶级与资产阶级的阶级斗争必将推动人类社会发展到社会主义。

在马克思看来，"阶级斗争"不过是人类社会生产力与生产关系、经济基础与上层建筑两对基本矛盾的"人格化"表现而已。

如果将"阶级斗争"泛化、庸俗化，在消灭了两大对立阶级的社会主义社会还把"阶级斗争"视为社会主义发展的根本动力，那就是对马克思主义理论的歪曲，是"打着红旗反红旗"的"极左"思维。

综上所述，日常生活中的"两相矛盾"不是事物发展的"动力"，而是事物发展的"阻力"，是需要避免和克服的。

形式逻辑讲的"自相矛盾"是思维认识上发生的逻辑矛盾，也是需要避免和克服的。只有哲学辩证法讲的"辩证矛盾"，才是事物固有的、推动事物发展变化的内在原因、根本动力。

五、粪便是臭的还是香的？

毛泽东是公认的具有哲学底蕴的领袖人物。

毛主席不仅著有《矛盾论》《实践论》这样的哲学名著，还著有更多运用哲学思想方法解决实际问题的著作。

大革命失败后，他写的《中国的红色政权为什么能够存在?》《星星之火，可以燎原》让广大红军指战员克服了悲观情绪，坚定了革命信心。

抗战时期，《论持久战》一发表，不仅顿时扫除了弥漫全社会的"亡国论"之风，也泼了"速胜论"一瓢冷水，让全国人民吃了颗抗战必胜的"定心丸"。

当时号称"小诸葛"的白崇禧还把《论持久战》推荐给蒋介石看，蒋阅后如获至宝，将书印发给下属军官人手一册，要求认真研读。可以说毛主席深厚的哲学功底是他能带领全党全军全国人民赢得新民主主义革命胜利的法宝。

《论十大关系》《关于正确处理人民内部矛盾的问题》等一系列著作，无不是充满哲学辩证法智慧的杰作，对指导我国社会主义建设起到了重要作用。

毛主席不仅让广大干部学习哲学，还试图把哲学辩证法思想普及到广大人民群众。

像"没有调查，没有发言权""前途是光明的，道路是曲折的""所以胜败，皆决于内因……外因通过内因而起作用""一分为二"等哲学辩证思想早已妇孺皆知、耳熟能详。

然而，哲学毕竟只是少数专家、学者的研究领域，绝非芸芸众生所能深入、准确把握的知识。所以，在全民学哲学、用哲学的过程中，难免出现许多令人啼笑皆非的现象。

20 世纪 60 年代初，我父亲所在的眉山师范学校（简称"眉师"）展开过一场全校师生的大讨论："粪便是臭的还是香的?"

事情缘起一个平时爱整洁、有点"小资"情调的男生在打扫公共厕所时，用毛巾捂住自己的鼻子。此事被其他同学看见了，指名道姓写了一篇《粪便是臭的吗?》的广播稿，在食堂开午饭时全校广播。

稿子一播出，就像一颗地雷被引爆了!

由于这个家境较好的男生在那样一个以艰苦朴素为荣、以讲吃讲穿（那个年代还谈不上"享乐腐化"）为耻的年代居然敢冒天下之大不韪，平时非常注重衣着打扮，"小分头"梳得溜光，皮鞋擦得铮亮，"百雀灵"天天往脸上抹，时不时还往腋窝喷点香水……身边的同学经常在他背后评头品足、说三道四、指指点点。只不过碍于情面，并未当面和他发生过冲突。这下好了，稿子一播出，终于引爆了埋藏在同学们心底那颗"羡慕妒忌恨"的"地雷"。

于是乎，各种评论、声问、声讨的稿件，每天开饭时间都会在高音喇叭中铿锵有力地播出。几乎所有的稿件都认为"粪便就是香的"，弄得这个同学狼狈不堪！

粪便明明是臭的，为什么突然变成香的了呢？

这就是滥用了物质与意识、主观与客观相互转化的辩证法：

粪便是农民种粮食离不开的肥料（当时是没什么化肥的）。俗话说得好："庄稼一枝花，全靠粪当家。"所以，在贫下中农眼里，粪便是最宝贵的，是"香"的。

而这个同学满脑子资产阶级少爷小姐的情调，丝毫没有贫下中农的思想感情，所以在他看来，粪便就只能是臭的了，这是其一。

其二，这个同学不懂得粪便是可以转换成香喷喷的米饭的，这就是对立面的相互转化，这就是辩证法！

这个同学既没有劳动人民的思想感情，又不懂得辩证法，只会形而上学地片面看问题，所以才会觉得粪便是臭的。

这在今天的年轻人看来完全就是天方夜谭，是恐怕连李伯清的散打评书都编造不出来的笑话段子，却是我亲身经历的事。

在那个大众学哲学、用哲学的年代，类似的误解辩证法、乱用辩证法的趣闻可以说不胜枚举。

六、孔子真的错了吗？

2005 年，我随时任西南财经大学副校长刘灿一行考察复旦大学文化素质教育后，建议在我校开设一门中国传统文化概论公共课程，得到刘副校长首肯，并让我来组建教师团队和主编教材。

第二年，"中国传统文化概论"就作为西南财经大学文化素质核心课程开设至今。

孔子作为儒家学说的创始人和中国传统文化的"形象代言人"，免不了成为课程重点介绍的人物，而孔子在与叶公的一场关于"直"的"辩论赛"中提出的"父为子隐，子为父隐"这个备受非议的观点则成了我让每届学生在课堂上再次即兴辩论的问题。

辩论赛"反方选手"孔子可谓妇孺皆知，无须介绍。

"正方选手"叶公何许人也，可能需要介绍一下。

当时楚国有个大臣叫沈诸梁，因其封地在今河南叶县南旧城，故人称"叶公"。他就是"叶公好龙"成语故事的当事者。

在此有必要为叶公正一下名：

叶公是个关心民间疾苦的好干部，上任后了解到当地百姓苦于水患之灾，为治水可谓殚精竭虑。他在自家墙壁上画了水利施工图（当时书写一般用竹简，造纸的蔡伦还没出生，所以只能在墙壁上画图），并在每个出水口都画上了一条龙，本意是寄望龙王爷保佑连年风调雨顺。

然而此事却被一些妒忌叶公地位的小人、政客到处讥讽嘲笑，说叶公画龙不画云，连龙腾云驾雾的习性都不懂，可见叶公并不"好"龙。

汉朝文人刘向居然道听途说、捕风捉影，在《新序·杂事》中编造了"叶公好龙"这个段子，从而大损了叶公之形象，把体恤民情的好干部丑化成了只知饮酒作画的官僚主义者。

言归正传。孔子当年周游列国，游说各国国君采纳他的"仁政德治"的治国方略，却四处碰壁，惶惶然如"丧家之犬"（孔子自嘲）。

之后，孔子来到楚国叶县，叶公召见了他。

在讨论治国方略时，对于什么是"直"这个理念，孔子和叶公看法不一，展开了一场辩论赛。

正方叶公举证曰："吾党（家乡）有直躬者，其父攘（偷）羊，其子证之。"反方孔子反证曰："吾党之直者，异于是，父为子隐，子为父隐，直在其中矣。"（《论语·子路》）辩论结果不言而喻，孔子败北，求职未果，继续游荡。

孔子这个观点长期以来备受非议。所以在课堂组织的讨论中，尽管有个别学生赞同孔子观点，但却找不到支撑其观点的理由。

绝大多数的学生都反对孔子、赞同叶公。其理由无可辩驳：叶公"大义灭亲"是正确的，孔子"徇私枉法"是错误的。

我随即又提出一个问题："假如你的父亲偷了别人的羊，你真的会站出来检举揭发吗？会的请举手！"

同学们面面相觑，居然没有一个举手。"你们为什么口是心非、言行不一呢？"同学们一下子哑口无言。

接下来大家无不聚精会神地听我对如何理解孔子、如何看待"情"与"法"的关系的辩证分析。

首先，孔子认为，"亲其所亲"是人的天性，所谓"虎毒不食子"嘛，何况人呢？当亲人有难时，人本能地会"护犊子""孝父母"，而"父为子隐，子为父隐"正是这种天性最率直的表现。

其次，孔子主张"天性不可违"。在孔子看来，"人之初，性本善"，这种"爱亲""孝亲"的"天性"是一种类似乌鸦反哺、羔羊跪乳的生物本能，是无法改变和违背的。无论是社会的道德风俗，还是法律规范，都不能违背人的"天性"。

再次，孔子提出了"己所不欲，勿施于人"的"恕道"，即"换位思考"："老吾老以及人之老，幼吾幼以及人之幼"，从而将"亲其所亲"的天性发展成"泛爱众"的社会伦理道德。

"同学们刚才都不愿检举自己的父亲偷羊，这正是你们'亲其所亲'的人性使然，无可指责。"

顿时，课堂上响起掌声，刚才还惶惶然不敢举手的同学们，此时脸上露出了释然的微笑。

接下来有同学又举手提问："老师，难道叶公主张大义灭亲是错的吗？那又如何理解'法不容情'的原则呢？"这本就是我设计好的问题，现在由同学提出，正中下怀。

端起茶杯呷口茶后，我又继续娓娓道来："法"与"情"难道真的不相容吗？"法"与"情"究竟是什么关系呢？

其实中华民族自古以来都讲究做事"合情、合理、合法"。情、理、法的这种递进秩序恰恰反映了三者的先后逻辑关系。

"情"是人的自然属性，是产生"理"与"法"的前提和基础，所以排在第一位；"理"是人的社交规范，"合情"的为人处世行为被上升为约定俗成的乡风世俗、为人之道；"法"则是统治者以法律条文和司法制度的形式对合"情"、合"理"行为的"保护"和对"逆情悖理"行为的"惩罚"。

可见情、理、法应该是统一的、相容的。

所以，从"法"的形成制定讲，一定要融"情"、融"理"，决不能"逆情悖理"。至于"法不容情"则是指法律制度形成以后，在执行法律上要严格遵循法律而不能讲"私情"，更不能"徇情枉法"。

因为法律代表的是"公情""公理"，徇了"私情"一定是枉了"公情""公理"！所以，在执行法律过程中要绝对忠实于"法"，"法律不相信眼泪"，此时的"法不容情"恰恰是"道是无（私）情却有（公）情"。

通过这样一番辩证分析，同学们终于理解了孔子"父为子隐，子为父隐"命题的"初心"。

孔子并没有错，而是将"人之初，性本善"的"小爱"发展成"泛爱众"的"大爱"，整个孔子学说的核心就是"仁者爱人"。

孔子求职失败是因为他的"仁政德治"思想不符合春秋时期群雄并起、争霸天下的时代需要。

七、"肯定即否定"
——一个被误释的重要命题

　　由斯宾诺莎提出、黑格尔加以发展的"一切规定都是否定"的命题，是近代哲学一个极为重要的辩证法命题。然而，国内外一些学者在对命题的解释上存在着对斯宾诺莎和黑格尔本意的曲解，极有澄清的必要。

1. 某些学者对命题的解释

　　英国新黑格尔主义者斯退士（Walter Ference Stace）对命题的解释是："肯定一个事物在一定界限之内就是否定它在这些界限之外，说一个东西是棕色的，就是说它不是粉红色的。肯定包含着否定。对一个事物做了这样的言说就否定了对它做别的言说。一切规定都是否定。"

　　我国学者李秀林等对命题的解释是："黑格尔曾说过'规定性是被视为肯定的否定'"，"因为任何规定都是确定一种界限，肯定某事物在一定的界限之内，同时就意味着对于这个界限之外的事物的排除。"

上述两种解释均可概括为"是此非彼"或"非此即彼"。能说这样的解释错了吗？当然不能。但能说这就是黑格尔称之为"真知灼见"的"伟大命题"的深刻含义吗？我们不妨先把命题放回斯宾诺莎和黑格尔的思想体系中加以考察，再看看马克思主义经典作家对命题的理解，然后再做结论。

2. 命题在斯宾诺莎体系中的含义

命题出自斯宾诺莎的两封通信，前后表述略有差别。第一封信是 1666 年 6 月写给约翰·胡德的，命题被表述为"一切规定都是否定"。第二封信是 1674 年 6 月写给雅里希·耶勒斯的，命题被表述为"规定就是否定"。黑格尔在《逻辑学》和《哲学史讲演录》中，恩格斯在《反杜林论》中，以及列宁在《哲学笔记》中都是采用第一封信的表述，所以本文也以第一封信的表述为准。

斯宾诺莎在给约翰·胡德的信中写道："一个事物，其定义包括存在或说肯定存在也是一样，要在否定存在之下去认识它，乃是一个矛盾。既然一切规定都是否定，都只意味着那个被认为是规定的性质之缺少存在，由此可见，一个事物，其定义若是肯定存在，便不能认为是规定了的。"这段话乍看颇令人费解，特别是对"那个被认为是规定的性质"究竟指什么，学术界存在着争议。有学者认为是指事物自身所具有的性质，如说一朵花是红的，"红"就是被规定的性质，有学者则认为是指事物所不具有的性质，如说一朵花是红的，就是说这朵花被规定为不具有黄、白、蓝等其他颜色的性质。后一种解释直接导致把"一切规定都是否定"的命题理解成"是此非彼"或"非此即彼"。这种理解似乎顺理成章，容易为一般人所接受，但不符合斯宾诺莎的本意。我们知道，斯宾诺莎建立"实体"学说是为了克服笛卡尔的"心""物"平行的二元论。在他看来，实体是无限的、唯一的存在，不可能还有在无限之外的东西存在。所谓"思维"（意识）和"广延"（物质），不过是实体的两种属性而已，它们（包括作为实体特殊状态的"样式"）都不是独立的真实存在，而是依附于实体的、被规定的、暂时存在的东西。例如，我们规定某物是一朵红花，就意味着某物不可能永远是一朵红花，它必然要超出规定，失去红花的性质。所以，"一切规定都是否定"的命题"只意味着那个被认为是规定的性质之缺少存在"。既然如此，那么我们在认识事物的时候就要在"否定存在之下去认识它"。我们在定义规定事物时要肯定它存在，而在认识它时又要否定它存在，这当然就是一个矛盾。斯宾诺莎在这里的潜台词就是要避免陷入矛盾，就必须遵守这条规则，即凡是被规定的就是非存在的，凡是存在的就不能被认为是规定的。一切具体事物都是有限的或被规定的，因此是非存在的。实体是无限的、不被规定的，因此是唯一真实的存在。这样，斯宾诺莎用"一切规定都是否定"的命题来论证了实体一元论。

可见，"一切规定都是否定"的命题在斯宾诺莎那里的含义是指一切具体事物都是要灭亡的。这种观点只能说蕴涵了一定的辩证法思想，即用运动的眼光看待事物，并朦胧地含有两极对立和转化的思想。

3. 黑格尔对命题涵义的拓展

既然命题在斯宾诺莎那里所包含的辩证法思想是很有限的，那么，作为辩证法大师的黑格尔为什么竟对命题如获珍宝、倍加赞赏呢？这有两个原因：其一是命题对黑格尔建立逻辑学体系具有重要意义，其二是命题自身在黑格尔看来还蕴藏着更深刻的含义。

众所周知，黑格尔为寻找逻辑学体系的起点或开端而煞费苦心，因为"逻辑无法预先说出"，逻辑概念也"不能在事先提出"，一切都只体现在自己的发展过程中，逻辑和历史是一致的。因此，作为逻辑学开端的东西不能附带任何规定性。黑格尔终于找到了用"纯有"作为逻辑学的开端。"纯有"是没有任何规定性也就是没有任何内容的"有"，这样的"有"实际上等于"无"。"有"与"无"，构成对立统一而引起"变"，变的结果就使原来毫无规定性的东西获得了"质"的规定性。"质"是第一个被规定的概念，由于"一切规定都是否定"，这就注定了"质"要超越或否定自身而获得新的规定性，并由此而造成一系列概念的连锁式的否定运动。所以在黑格尔的逻辑学体系中，每一个后面的概念都是对前一个概念的否定，并是前一个概念运动的继续。整个概念的否定运动过程正是绝对精神的自我发展过程。可见命题对于黑格尔建立逻辑学体系至关重要。

此外，黑格尔认为命题还包含了更深刻的含义，只不过斯宾诺莎未能理解和揭示。原因就在于斯宾诺莎把"否定"简单地理解成"消灭""无",这样,命题不过是"把一切投入实体的深渊,一切都萎谢于实体之中,一切生命都凋零于自身之内"。黑格尔认为,否定不是消极的、单纯的否定,否定也是一种积极的肯定——"扬弃"。他说:"否定是简单的规定性。否定的否定是矛盾,它否定了否定,因此它是肯定,但同样也是一般的否定。理智不能容忍这种矛盾,这种矛盾是理性的东西。斯宾诺莎缺乏这一点,这是他的缺点。"

因此,真正的否定或辩证的否定应该是回到肯定的否定,是否定之否定,是否定与肯定的有机统一,是扬弃。只有这种包含有矛盾的否定,才是"自己运动和生命力的内在脉搏"。

由此看来,"一切规定都是否定"的命题既不能理解成某物对他物的绝对排斥,也不能理解成某物的绝对消失。正确的理解应该是:"某物在同一个观点之下,既是它自身,又是它自身的欠缺或否定物。抽象的自身同一,还不是生命力,但因为自在的肯定物本身就是否定性,所以它超出自身并引起自身的变化。……假如一个存在物不能够在其肯定的规定中同时袭取其否定的规定,并把这一规定保持在另一规定之中,假如它不能够在自己本身中具有矛盾,那么,它就不是一个生动的统一体,不是根据,而且会以矛盾而消灭。"

概言之,黑格尔认为命题揭示了一切事物都自在地是矛盾的,都是肯定与否定的对立统一,事物在自身矛盾的推动下做自我否定、自我发展的运动。

4. 经典作家对命题的理解

恩格斯在批判形而上学否定观时指出："在辩证法中，否定不是简单地说不，或宣布某一事物不存在，或用任何一种方法把它消灭。斯宾诺莎早已说过，即任何的限制或规定同时就是否定。……我不仅应当否定，而且还应当重新扬弃这个否定。……每一种事物都有它的特殊的否定方式，经过这样的否定，它同时就获得发展，每一种观念和概念也是如此。"

马克思也有类似的论述："辩证法在对现存事物的肯定的理解中同时包含对现存事物的否定的理解，即对现存事物的必然灭亡的理解。辩证法对每一种既成的形式都是从不断的运动中去理解，因而也是从它的暂时性方面去理解。"

列宁在《哲学笔记》中肯定了黑格尔的否定观，并指出"辩证法的特征的和本质的东西并不是单纯的否定，并不是怀疑的否定、动摇、疑惑。当然，辩证法自身包含着否定的因素，并且这是它的最重要的因素，并不是这些，而是作为联系环节、作为发展环节的否定，是保持肯定的东西的，即没有任何动摇、没有任何折中的否定。"

毋须多解释，马克思主义经典作家对命题的理解也是把"否定"看成对事物规定性自身的否定，而不是看成对"他物"的排斥，否定是肯定规定性的自我扬弃，而不是外在力量对肯定的消灭。否定是事物联系和发展的环节，而不是凝止于形式的"非此即彼"。

5. 对结论的补充说明

结论早已包含在上述考察中，不过这里需要补充说明的是"非此即彼"是区分事物、明确概念、保证正确思维的前提。但是，如果把形式逻辑和辩证逻辑混为一谈，把"非此即彼"说成深刻的辩证法思想，则不敢苟同。正如恩格斯所指出的那样，真正的辩证思考应该是除了"非此即彼"，又在适当的地方承认"亦此亦彼"！

八、老子的"无中生有"与黑格尔的"绝无仅有"
——穿越时空的比较

老子与黑格尔无疑都是世界级辩证法大师，只不过老子是中国春秋时期楚国人，而黑格尔则是 18 世纪德国人，二者在时间上相差了两千多年，在空间上相隔近万公里。

两位大师的这两个命题可谓哲学史上最晦涩难懂的命题，但也是对哲学辩证法发展产生了莫大影响的两个命题。

说到哲学，大家都会觉得高深莫测，晦涩难懂，从而望而生畏，远远避之。

当然，作为理论的哲学确实让人头疼，但哲学揭示的道理（哲理）却是非常通俗易懂的。所以我们才会说"生活中处处充满哲学"。

比如说"乡愁"吧，这恐怕是每个人都会有的情感，其实这就是一种"寻根"的哲学意识。我们都知道，古希腊德尔斐神庙前竖立着一块巨大的石碑，上面镌刻着一句神谕式的箴言："认识你自己！"它寓意人的自我反省：我是谁？我从哪里来？我要到哪里去？

这就是人类特有的"寻根"意识，它可以表现为记载华人家族血脉传承的家谱，也可以表现为20世纪美国作家玛格丽特的小说《飘》所掀起的"文化寻根"思潮，还可以表现为人类对万物起源的追寻，如"鸡先蛋先"的民间争论、"盘古开天地"的古代神话、上帝创世说的宗教信仰，无不都是人类哲学"寻根"意识的表现。

老子与黑格尔的这两个命题正是寻根溯源的哲学辩证法命题，但需要"浅出"一下，才能让我们走近、亲近人类的哲学大师。

黑格尔的"绝无仅有"命题是笔者对其《逻辑学》"基石"概念的解读与概括。

众所周知，黑格尔的唯心辩证法体系其实就是一套"概念（范畴）推演"体系，所有的逻辑概念（范畴）都是由前面的一对逻辑概念（范畴）的矛盾运动推衍出来的。

而其发端的一对概念（这是其逻辑学大厦建立的基石）就是"纯有"（亦可译为"纯存在"）和"纯无"（亦可译为"纯不存在"）。所谓"纯有"，就是只是"有"。具体有什么？不知道！就像今天我们探索有没有"外星人"，大家都说一定有：茫茫宇宙，怎么可能只诞生了地球人？

按概率论，一定会有"外星人"。但至今我们连"外星人"的形态、长相、生理、心理……一点认知都"没有"，此时的"外星人"就是一个"纯有"，仅仅是个"有"（仅有），或者说就是一个"无"（"纯无"），但也不等同于绝对没有的"虚无"（绝无），故我将黑格尔的"纯有""纯无"概括为中国人容易理解的"绝无仅有"。

黑格尔的"绝无仅有"对西方哲学发展产生了极其深远的影响。

著名西方哲学家海德格尔和萨特都是以研究黑格尔的"纯有"（纯存在）与"纯无"（纯不存在）成就了自己，这从二人的成名之作《存在与时间》（海德格尔）、《存在与虚无》（萨特）的书名即可看出。

而他们创立的存在主义哲学更是成为第二次世界大战以后深深影响西方文学、艺术、心理学和社会思潮的理论基础。改革开放以后，存在主义对我国大学生、知识界也产生过很大影响。

老子的"无中生有"命题源自老子追溯宇宙万物本源的两段话："道生一，一生二，二生三，三生万物"，以及"天下万物生于有，有生于无"（《道德经》四十二、四十章）。

前一段话是顺叙"道"这个"本源"如何产生万物，后一段话是反溯万物产生的"本源"是"无"。

长期以来，学术界之所以将老子的"道"论归结为客观唯心主义，就是因为这个作为万物本源的"道"原来就是个"无"，与黑格尔客观唯心主义将宇宙本源归结为所谓"绝对理念"（宇宙精神）如出一辙。

笔者认为这是对老子极大的误解。

先秦诸子百家大都是治世思想家、政治家，唯独道家老子对宇宙本源产生了浓厚的兴趣，提出了"道"衍生万物，"道"为宇宙本源，是个地道的哲学家。

"道"究竟是何物呢？

老子曰："视之不见，名曰夷；听之不闻，名曰希；搏之不得，名曰微。此三者不可致诘，故混而为一。其上不皦，其下不昧，绳绳兮不可名，复归于无物。是谓无状之状，无物之象，是谓恍惚。迎之不见其首，随之不见其后。执古之道，以御今之有。能知古始，是谓道纪。"（《道德经》十四章）

根据老子自己的描述，道既看不见，又听不见，还摸不到，是谓"无状之状""无物之象"，所以"复归于无物"。这个"道"和前述的"外星人"一样，只是无法感知而已，并不是"虚无"。

日常生活中我们使用的"无中生有"是个贬义词，与"凭空捏造""子虚乌有"这类词同义。而老子是在追溯宇宙万物本源，发现万物都必定是"有"本源的，即"天下万物生于有"，但这个"有"的本源又是什么呢？老子不可能知道，不知道的东西只能相当于"无"，故曰"有生于无"。

凡是我们对事物追根溯源时，大都会得出"有生于无"。如我们追溯共产党缔造的人民军队的来源时，通常都会说"人民军队是从无到有"，这个"无"当然不是"虚无"，而是一些非人民军队的国民党部队、农民起义队伍、工人纠察队等武装力量。

同理，中国共产党也是从无到有，中华人民共和国也是从无到有，地球上一切生物都是从无到有……

可见，一切事物（有）都是生于"无"，这不就是老子说的"天下万物生于有，有生于无"吗？老子这个高度抽象的"无中生有"体现了中华民族辩证思维的智慧，比同时代古希腊辩证法大师赫拉克利特那种"一切皆流，无物常驻""踏进又踏不进同一条河"的比喻式朴素辩证法不知高明到哪里去了！

综上所述，两个命题都是追溯"本源"的哲学辩证法命题。"无中生有"是老子追溯万物之本源，"绝无仅有"是黑格尔追溯逻辑学范畴之本源，中外两位辩证法大师在"本源"问题上可谓不谋而合、殊途同归、相见恨晚了。

不同之处在于老子的"无中生有"是追溯万物本源的"唯物"辩证法，而黑格尔的"绝无仅有"是追溯逻辑概念本源的"唯心"辩证法，而且老子在时间上比黑格尔早了两千多年！哈哈！这无疑更增强了我们对中华文化的自信！

九、人为什么要化妆？

1982 年大学毕业以后，我留校教哲学。

此时正值改革开放初期，年轻人都开始追求美了，一扫"文化大革命"时期全民中山装，放眼灰、黑、蓝的单调风景。

然而我对年轻人文眉、染发、涂口红的风潮始终不感冒，尤其是在讲台上看见不少大学生染的金发、红发、蓝发时，心里总是不舒服，甚至起鸡皮疙瘩。

大学生怎么还和社会小青年那样去赶时髦、求个性、"扯眼球呢"？为纠正这种倾向，在讲"本质与现象"这对范畴时，我设计了一个课堂讨论：化妆现象的本质是什么？

由于涉及同学们自己或身边的事，课堂讨论自然十分热烈，答案也是五花八门。反复争论比较后，同学们基本都同意：化妆的本质是追求美！

面对同学们期待的目光，我却冷冷地说了一句："我认为化妆的本质是掩盖丑！"

同学们大为惊愕！

我不紧不慢地继续分析："为什么说是掩盖丑呢？同学们仔

细想一想：你之所以要文眉，一定是嫌自己的眉毛长得不好看；你之所以要染黄发，一定是认为爹妈给的黑发不如洋人的金发'洋盘'；你之所以要割双眼皮，一定是觉得自己的单眼皮很丑……总之，你在哪里化妆，一定是在掩盖那里的'丑'！"

"哇！"同学们一片哗然。

我继续说道：

"当然，我们每个人都不是天生的潘安、林黛玉，都有'丑'的地方，化一个妆掩盖一下也无可厚非。但是我们应该有点起码的审美常识，否则可能东施效颦、弄巧成拙。

比如，白色皮肤与金黄色头发相配就很协调，黄色皮肤和黑色头发相配就很好看，这是自然界亿万年孕育出来不同种族的特征，是一种'自然美'。

黄皮肤配黄头发，白皮肤配白头发，一点颜色层次都没有，整个脑袋一片黄，一片白，同学们认为这样的'黄头''白头'好看吗？"

课堂爆发出一阵笑声，有些染黄发的同学不好意思地低下了头。我有点于心不忍，话锋一转："当然了，具体问题具体分析，每个人都有自己的特殊性，有的人皮肤就是要白一些，染点黄发也是搭配的。不过同学们可千万别搞什么'多彩混染'。"

我有一次看世界杯预选赛时，看见一个中国国家队球员头发染了黄色、红色、蓝色好几种色彩，脑袋就像个彩色地球仪，令我们这些中老年人喷饭。我当时就调侃说，难怪中国足球冲不出亚洲，原来球员的心思都花在了如何通过化妆吸引人眼球上去了。

同学们也会心地笑了。

除了掩盖丑之外，人化妆还为了什么呢？

我又向同学们提出这个问题。讨论也是热闹的："化妆是为了出席某种庄重场合""化妆是尊重对方""女为悦己者容""化妆是为了提高回头率""化妆是为了增强自信"……

我总结道："同学们的回答都不错，但我要说的是，化妆是人的动物本能的体现。"

同学们一脸茫然：这与动物本能有啥关系啊？

我继续娓娓道来：

"其实，伪装是动物求生存的一种本能，有的是为了防卫逃生，有的是为了攻击捕食。枯叶螳螂、枯叶蝶、叶尾壁虎、变色龙、章鱼……都称得上是'伪装大师'，肉食动物通常也会长出与环境颜色相一致的皮毛，以隐藏自己，便于攻击。甚至某些植物也会伪装术。

非洲南部及西南部干旱而多砾石的荒漠上，生长着一类极为奇特的植物——生石花。

这种植物个体矮小，两片肉质叶呈圆形，在没开花时，简直就像一块块、一堆堆半埋在土里的碎石块，不仅骗过了食草动物，还骗过了不少游客。

人类的化妆正是这种生物本能的延伸，不过功能不再是隐蔽（化装舞会例外）或攻击，而是一种社会化功能。"

看着同学们释然的表情，我又提出了第三个问题："年轻人和老年人谁更应该化妆呢？"

同学们争相发言："当然是年轻人更应该化妆啊！老年人都满脸沧桑了，还化什么妆嘛！""老年人涂脂抹粉，擦口红，染头发，不成了老妖怪吗？"（此处有哄笑）"年轻人为了谈恋爱，当然更应该化妆啦。""年轻人要求职，肯定更应该化妆。"……

我说："我的看法与同学们相反，老年人更应该化妆。"

为什么呢？既然化妆的本质是为了掩盖"丑"，老年人由于生理规律，"丑"的地方当然比年轻人多了去了。皮肤打皱了，扑点粉；嘴唇无色了，涂点口红；头发花白了，染个黑发（不主张染黄发）……这样整个人就显年轻了，心态就好了，也更有自信了。

相反，年轻人充满青春活力，眼睛明亮，皮肤光滑，唇色红润，黑发飘逸。这是年轻人特有的自然青春美，何必用一些化学物质去掩盖呢？当然也可能会有一些缺陷，也可以补补妆。

但化妆一定要掌握好"度"，恰如苏东坡所说：淡妆浓抹总相宜。无论老年人化妆还是年轻人化妆，都要与自己相适宜，切忌过度。

就在同学们以为化妆题目已讨论完毕时，我又将题目引申开来："其实，人类的化妆不仅有容貌形体上的化妆，还有人性上的化妆。"

人性上的化妆就是通过语言行为的假象把自己伪装成对方喜欢或信赖的人，从而达到自己的目的。电视剧《潜伏》中余则成就是通过人性上的化妆成功潜伏在敌人内部，为我党窃取了很多重要情报。

日常生活中，化妆术也是屡见不鲜的，除了骗子、冒牌货这些的"化妆术"外，普通人也会化妆。

现在有些年轻人结婚不久就吵架、离婚。相反，老一代人有许多是亲戚朋友介绍认识的，而建立的家庭却比较和谐稳定。

为什么自由恋爱家庭还不如牵线搭桥家庭和谐稳定呢？

究其根源，恐怕就有一个"现象与本质"的问题。俗话说得好，旁观者清，当事者迷。传统介绍婚姻，介绍人都是旁观者，对双方的人品、性格、学历、家庭等条件都十分清楚，只有二人条件相当、门当户对时，才会为双方牵线搭桥，所以建立的家庭稳定性就比较强。

而自由恋爱者，女生偏重容貌的化妆，男生往往注重人性上的化妆。

双方总是要隐藏自己的缺点，伪装出许多对方喜欢的优点，从而达到"俘获"对方的目的。一旦目的达到，这种伪装的彩虹般的假象很快就消逝，"庐山真面目"露出后，让对方大失所望，吵架甚至离婚就不足为怪了。

"所以，同学们在恋爱问题上切忌进行人性化妆，要以坦诚的态度、真实的自我与对方交往，这样获得的爱情才是恒久的、建立的家庭才是稳定的。"

一堂生动活泼的辩证法讨论课很快结束了，同学们似乎意犹未尽，课后还有一些同学来向我讨教生活中的辩证法问题，甚至还有女生请我帮忙参谋她交的男友合不合适。

可见，辩证法并不神秘，还是那句话：生活中处处充满辩证法。

十、人真的有"价值" 吗?

"看一个人的价值不是看他索取了什么,而是看他贡献了什么。"

有人说此话是高尔基说的,有人说是爱因斯坦说的。不管谁说的,总之是一句大家都认可的名言呗! 人真的有"价值"吗? 要弄清这个问题,还得从 20 世纪 80 年代的一场大讨论谈起。

1982 年 7 月 11 日,第四军医大学空军医学系大学三年级学员张华因救不慎跌入化粪池的 69 岁老农魏志德而不幸牺牲,年仅 24 岁。中央军委为张华追记一等功,授予其"革命烈士"称号。张华的事迹引起国内几乎所有主流媒体的关注和广泛报道,而一场围绕着张华救老农是否是"金子换石头"的争论,也在全社会中展开。

正方观点(也就是传统观点)对张华舍己救人的英雄行为予以充分的肯定和赞扬。

反方观点则从"人的价值"出发,认为张华如果活着,他为社会贡献的价值无疑是一块"金子",而老农活着为社会的贡献价值最多是一块"石头","金子换石头"得不偿失。

这场讨论的影响广泛而深远，以至于十多年后，著名作家梁晓声还撰文《冰冷的理念》回顾了这场大讨论，认为那是一场本不该发生的"冰冷的""无人性的""可耻的"讨论，继而在网上又引发了一场"关于大兵瑞恩与梁晓声"的激烈讨论。

"金子换石头"的讨论在改革开放前是不可能发生的，为什么在改革开放后会出现呢？这场讨论其实与 20 世纪 80 年代初理论界"人的价值"哲学的兴起分不开。

应该说，"人的价值"哲学讨论对于反思、批判"文化大革命"极"左"路线对人性的摧残、对人权的剥夺、对人的尊严的侵害，唤醒人的主体意识和对人的尊重，无疑意义深远。

然而，理论界忽视了对"人的价值"这个在资本主义商品经济社会由资产阶级提出的命题做更深入的辩证分析，甚至把"人的价值"视为马克思主义的命题而大加宣传，造成极其广泛的一些负面影响。

例如，20 世纪 80 年代在大学生中普遍兴起"自我设计""自我实现"的个人主义价值追求，不能不说与"人的价值"命题的大讨论有着深刻的内在联系。时至今日，这个命题还有非常广泛深远的影响。

甚至在高校《思想道德修养与法律基础》教材中还专辟一章讲"人的价值"，并认为"人的价值"是"社会价值"与"自我价值"的辩证统一（对此，将另文讨论）。

人是否有"价值"？要回答这个问题还得首先厘清"价值"的含义。

"价值"这个概念应用极其广泛，有"商业价值""科学价值""文化价值""经济价值""使用价值""保存价值""历史价值""现实价值""实用价值""有形价值""无形价值""营养价值""欣赏价值""人生价值"……

如此等等，不一而足。

其实，"价值"本是个反映主客体关系的哲学范畴：凡是客体对主体有效用的，即是有价值的；凡是客体对主体没有效用的，即是无价值的；凡是客体对主体有害的，即是有负价值的。

人是从自然界唯一"提升"出来的具有"自我意识"的主体，其他一切事物都是人类的"客体"，都存在一个对人类是否有用的价值关系。

我们之所以要养蜂，是因为蜜蜂酿蜜对人类有用（价值）；我们之所以要灭蝇，是因为苍蝇传播疾病对人类有害（负价值）。

所以，"价值"这个范畴是特指作为"物"的"客体"对于作为"人"的"主体"的效用关系。可见，当我们评价某个人的"价值"时，实际上已经没把"人"当人看，而是把"人"作为"物"来看待了。

20世纪80年代正值思想大解放时期，人们受西方价值观的影响，所以社会上一些自诩"思想新潮"的人才会把张华救老农的英雄行为评价为"金子换石头"的得不偿失的行为；所以作家梁晓声才会把这场讨论视为一场"冰冷的""无人性的""可耻的"讨论。

你们哲学理论界不是说"人的价值"是个马克思主义命题吗？难道马克思也不把"人"当人看待？其实，这是个天大的误解，"人的价值"命题并非马克思提出的命题，而恰恰是马克思所要批判的命题。

在马克思、恩格斯合著的《德意志意识形态》中，他们摘引并讥讽了麦蒂斯·施金纳在《唯一者及其所有物》一书中用来教导自己儿子的许多命题，如"不要向那些想迫使你们降低价格的人让步""不要廉价出售而使你们成为笑柄""实现自己的价值"等。

马克思、恩格斯在书中还分析了资本主义私有制商品交换关系下，商人如何把本是具有愉悦审美功能的诗歌榨出了金钱，并以此来衡量诗人的价值。

此外，在《资本论》中，马克思又进一步深刻剖析了资本主义商品社会迫使一无所有的无产阶级把"劳动力"变为可出售的"商品"，从而提出了"剩余价值"理论，揭开了资本家剥削劳动者的秘密。

可见，把"人的价值"命题说成马克思主义的命题的确是个天大的误解，对此，笔者已在《马克思主义与现实》（2013 年 1 期）上以"关于'人的价值'命题的理解与澄清"为题发表论文予以刊正，有理论兴趣者可百度查阅。

平心而论，资产阶级提出的"人的价值"这个"人道主义"命题对于批判黑暗的惨无人道的中世纪"神道主义"具有划时代意义。然而，这的确是个把人"商品化"的评价命题。

所以当你听到别人赞扬你这个人很有"价值"时，可千万别沾沾自喜，因为你已成为别人眼中很有利用价值的"商品"了。

人生一世，总得有个评价呀！既然不能用"人的价值"来评价人，那么，该采用什么标准来评价人呢？

毛泽东在《纪念白求恩》一文中的一段文字能给人启迪，现摘录在此作为本文结语：

"一个人能力有大小，但只要有这点精神（指白求恩全心全意为人民服务的精神），就是一个高尚的人，一个纯粹的人，一个有道德的人，一个脱离了低级趣味的人，一个有益于人民的人。”

十一、人为什么会"高兴"？

这算个什么问题？高兴就高兴呗，为什么还要问"为什么"？简直是钻"牛角尖"，吃饱了撑的，没事找事。

确实，一般人很少思考过这个问题，连《十万个为什么》也没有问过这个问题。回答这个问题可以有三种思路或思维：日常思维、科学思维和哲学思维。

日常思维也就是感性认识，凭日常生活中的感官经验和事物表象对事物做出认识判断。

"人为什么会高兴？""人逢喜事精神爽"嘛，遇到高兴的事儿当然就高兴呗。这种回答实际上是同语反复，"喜""爽""高兴"都是同义词，并没有真正回答问题，所以日常思维才会有为什么还要问"为什么"的质疑。

科学思维是一种理性认识，不停留在事物的表象，而是深入事物的本质、规律去认识事物。

"人为什么会高兴？"科学家的解答是：人高兴是人的大脑里一种叫"多巴胺"的物质在起作用。比如，获得奖励，达到预期，获得共鸣，看到笑话……这一系列的行为会让身体产生反应，触发大脑分泌多巴胺，不停地冲击神经通道，从而让人产生高兴、愉悦的感觉。

听不懂了吧？这样的解答虽然揭示了"高兴"的生物学、化学本质，但对不懂脑科学的人有什么意义呢？

哲学思维亦可称终极思维，就是穷根究底、打破砂锅问到底寻找终极答案的思维。如：宇宙的本源是什么？（自然哲学）人活着的意义是什么？（人生哲学）这些都是人类永恒探索的问题。

"人为什么会高兴？"从哲学角度研究这个问题，虽然不能赚到一分钱，但却可以改变你的三观，有利于你调节情绪和保持心理健康。

我们不妨先来看一个四川人兴奋（高兴）程度统计图（图1）吧。

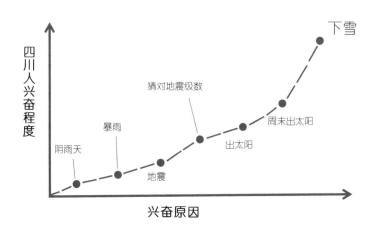

图1 四川人兴奋（高兴）程度统计图

图中的"四川人"准确一点说是指生活在成都平原的"盆地人"，姑且用"成都人"来代替吧。

图中成都人对天气的兴奋点，集中在出太阳和下雪的时候。

兴奋其实也就是高兴。

这不，近日成都就出了那么一两天太阳，恰逢周末，好多朋友都在"朋友圈"晒幸福：公园里带孩子玩耍的，银杏树下摆各种造型留影的，小区广场跳舞的，河边吹萨克斯的、遛狗的，甚至还有把麻将桌搬到户外边"战斗"边享受阳光的……总之，人人都显得异常兴奋、高兴。

为什么一出太阳成都人就会陷入集体狂欢，甚至"蜀犬吠日"，人狗同乐？原因就是四川盆地自古以来长年多雨阴霾，难见太阳，连狗见了太阳也感觉稀奇而高兴得狂吠不止。物以稀为贵嘛，更何况晒太阳能补钙的医学常识已妇孺皆知。

其实，图中四川人的最高兴奋点是下雪。因为四川盆地下雪比出太阳更难见。所以只要盆地一下雪，大人小孩都兴奋无比，纷纷跑出室外打雪仗、堆雪人。如果盆地不下雪，成都人民还要跑到当年杜甫只能在家里欣赏"窗含西岭千秋雪"的那个西岭雪山上去滑雪度假。

"人为什么会高兴？"从成都人对天气的兴奋原因不难得到答案："高兴"源于消除了"痛苦"。出太阳的"高兴"是因为消除了阴霾天气的"痛苦"，下雪好玩的"兴奋"是因为消除了无雪可玩的"苦闷"。但如果天天出太阳或天天下雪，恐怕四川人不但兴奋不起来，反而要怨天尤人啰。记得有一年寒假我去昆明上课，感叹昆明冬天也阳光明媚、温暖如春，而且晚上还星光灿烂。然而当地学生却丝毫没有这种幸福感。我对他们说，你们真是身在福中不知福。你们不知道，成都人民不仅"盼星星，盼月亮"，还"盼着东方出太阳"呢！可见，"痛苦"与"高兴"是不可分割的一对矛盾：没有痛苦，就没有消除痛苦的高兴，二者

"相反相成"。经济困难时期，我们小孩会盼着过年"打牙祭"，吃上一盘回锅肉解解馋就无比地高兴，而今天营养过剩的孩子会因吃一盘回锅肉而高兴快乐吗？一个病人康复痊愈、死里逃生后会无比地高兴，而一个从未生过病的年轻人，会因为没生病住院而天天高兴吗？答案当然都是否定的。可见，"高兴"就是源于"痛苦"的解除。反之，"痛苦"也是源于"高兴"的丧失。如果本来就没有"高兴"，也就没有丧失"高兴"的"痛苦"。不妨还是举例说明吧。多年前和几个朋友去非洲肯尼亚看动物大迁徙，导游叮嘱我们带点清凉油、小食品之类的小礼品。来到马赛马拉大草原看了各种野生动物后，我们又花了 35 美元去参观了一个马赛原始民族部落。刚进村落，臭气熏天，苍蝇扑面而来。一排排窝棚是用树枝、黄泥和牛粪搭建的。我们钻进一个窝棚造访。这家父母亲住的屋子就只有一个类似榻榻米的土垒"床"，上面铺有一张牛皮，无褥，无被，无家具。由于只有一个"猫洞"透光，太黑了，没拍照。图 2 则是小孩睡觉的窝棚，基本上无墙壁，所以光线很好，很通风，床是树枝搭的架子，无褥，无被，无门窗，真担心晚上防不了草原上的野兽。

一些骨瘦嶙峋的小孩从窝棚里钻出来，他们期盼游人礼物的目光令人怜悯。我给小孩每人一盒清凉油、一点零食后，他们喜笑颜开，主动配合我留影，其高兴程度恐怕不亚于国内孩子得到一盒稀有级别的奥特曼卡片。参观完马赛原始部落后，有人感叹说，这些马赛人怎么能忍受这种原始生活的痛苦？我说，古人曰："子非鱼，安知鱼之乐？"你非马赛人，你怎么知道马赛人觉得自己生活得很痛苦？其实，这些马赛人在没有享受到现代文明的快乐前，他们并不觉得自己的生活有多痛苦。这从马赛人与我们游客联欢中可以感知到。马赛人也是像维吾尔族一样是个载歌载舞的欢乐民族。他们之所以几千年来都这样安贫乐道、"不思进取",一定是他们从没有感觉到这种生活是痛苦的。当然,让他们到现代化城市生活一段时间、享受到现代文明的快乐后,再让他们回去过原始落后的生活,他们一定觉得很痛苦,不能忍受。

图 2　马赛小孩的卧室

可见,没有"高兴"就无所谓痛苦。这说明物质条件只是高兴快乐的必要条件而不是充分条件,一个人的高兴程度即多巴胺分泌的多少与物质条件好坏并非正相关关系,而是与欲望需求的大小正相关。欲望愈强烈,被满足时就会愈高兴,反之亦然。饥肠辘辘的叫花子捡了个馒头吃,其大脑分泌的多巴胺可能比锦衣玉食的富豪吃宴席所分泌的多巴胺还要多。有趣的是,科学家对多巴胺还有一个发现:人的多巴胺分泌是有限量的,所以,过度高兴或持续高兴后,身体就会痛苦。就好像看笑话,第一次看,你会笑得很开心。但看的次数越多，"笑点"阈值就会提高，你就会觉得不再好笑，会变得麻木。这种麻木是神经细胞对多巴胺的适应性造成的。因此，想要获得持续性的快乐，不能过度快乐，需要体会苦的滋味。你越苦，获得的快乐越明显。有趣吧？科学家研究多巴胺后最终也得出了"高兴"与"痛苦"是一对孪生兄弟的结论，与哲学研究殊途同归了。

"人为什么高兴"，这是个人生哲学问题。中国古代的人生哲学丰富多彩，诸子百家的思想可谓精彩纷呈。"有朋自远方来，不亦乐乎"的儒家观点为士大夫、文人提供了饮酒叙谊、吟诗作赋的快乐理由；"知足常乐""苦中寻乐"的道家思想则为广大苦难的民间百姓提供了精神慰藉和"比上不足，比下有余"的快乐。汉初老百姓在经历了"楚汉之争"的战争浩劫后，可谓民不聊生。统治者为维护社会稳定，利用钱币来向老百姓灌输道家"知足常乐"的思想。图3所示的铜钱就是汉朝所铸。

图3 汉朝的铜钱上刻着"唯吾知足"

钱币图案巧妙地利用了一个"口"，贯穿"唯吾知足"四个字，让老百姓每天都受道家"知足常乐"价值观的影响。虽说儒家思想是历代统治者推崇的主流意识形态，但道家思想却是历代黎民百姓安贫乐道、安身立命的精神支柱。所以，鲁迅对中国老百姓这种国民性哀其不幸、怒其不争，对"阿Q式"快乐予以了辛辣的讽刺和批判！这在阶级压迫深重的时代，无疑给人警醒。

历史变迁，观念更新。现代西方心理学的研究发现，当今世界竞争激烈，人们"压力山大"，阿Q精神和酸葡萄心理恰恰是每个人都应该具备的排解压力的能力。其实，不得志的年轻人，可不可以调整一下自己的心理，学点道家哲学、儒家思想，重塑一下自己的价值观呢？我们的先贤已为后人做出了榜样。首先学学孔子："饭疏食，饮水，曲肱而枕之，乐亦在其中矣。不义而富且贵，于我如浮云。"其次学学颜回："一箪食，一瓢饮，在陋巷，人不堪其忧，回也不改其乐。贤哉，回也！"再来学学陶渊明："采菊东篱下，悠然见南山。"甚至可以学学阿Q，来点"阿Q式"快乐。既然无法改变，何不"苦中寻乐"。再不然学学西方狐狸，来点"酸葡萄"自嘲，收拾好心情，在人生路上高高兴兴走下去。

古话说得好，"皇帝有皇帝的苦恼，花子有花子的快乐"。历史上梁武帝、顺治帝不都弃位出家当和尚去了吗？花子的快乐其实也很简单，只要"知足"，必然"常乐"。正如人们常说的"苦不苦？想想红军二万五。累不累？想想革命老前辈"。众所周知，邓小平一生"三落三起"，每次落难，他都能坦然处之，乐观地生活。正如他常讲的一句话："天塌下来怕什么，有高个子顶着呢！"笔者此生的价值观就是"知足常乐"，并在20世纪80年代媒体舆论狠批蜀民农耕文化"井底之蛙""盆地意识""不思进取"的时候就在课堂上唱"反调"，对媒体宣传的所谓"不想当将军的士兵不是好士兵，不想当老板的打工仔不是好的打工仔"这种过犹不及的形而上学展开批判：黄继光扑向敌人的机枪眼、董存瑞举起炸药包，他们是想着当将军吗？如果士兵都当将军，还怎么打胜仗啊？同理，安心本职工作的掏粪工人时传祥就是一个为人民服务的好的"打工仔"。同时，我也向学生推荐了我的人生座右铭：事在人为休言万般皆是命，境由心造退后一步自然宽。这副对联集儒道思想之精粹于一体，进退自如，至少让我受益匪浅。所以笔者此生各个阶段都有苦中作乐的回忆：小学阶段没有繁多的作业负担，尽享童年的天真快乐；中学阶段，不能当红卫兵，反而乐得逍遥自由；知青岁月，成立篮球队、宣传队，苦中寻乐还能挣"耙耙"工分；考进剧团更是天天快乐；恢复高考，"范进中举"意外惊喜；毕业分配留校任教，子承父业，全家高兴。真可谓快乐人生。人生如名，"堪"此一"生"，足矣。

十二、论"真假"，辩"品牌"

我第一次上社区医院"享受"老年人免费体检。一个既像护士又像医生的年轻女孩检查完我的牙齿，然后问了一句："全是你自己的?"我一听忍不住笑了："不是我自己的，还是别人的?"话音刚落，突然醒悟到是自己没有理解对方的意思，人家肯定是问我没装过假牙吧。果不其然，女孩将信将疑地问："一颗都没掉过?""一颗都没掉。"话一说完，自豪感在我心里油然而生。是啊，像我这样过了古稀之年还能有一口好牙，而且胃口极好，真是难得呀! 有个广告不就是这样说的吗："牙好，胃口就好，身体倍儿棒，吃嘛嘛香!"

牙掉了，吃饭影响咀嚼，不利于消化吸收，进而影响健康，所以要安假牙。旧社会能安上假牙的都是富人，做假牙的材料通常是最不怕酸碱腐蚀的金子。记得有部电影中有个让人忍俊不禁的情节：有个大汉奸卖国求荣有了钱，为了显示自己有钱，不顾疼痛，把自己的真牙拔了安上金牙，并在人面前说话故意露出自己的大金牙，十分嘚瑟。

现在老年人安假牙也非常普遍了，不过材质都不再是什么土里土气的黄金了。虽然现在的假牙不是用金子做的，但其价格也不菲。这不，我一亲戚前几年种植了两颗瑞士烤瓷牙，花掉了三万多，虽然这是她女儿的孝心，也让她心疼不已。不过假牙的质量和外观也令她十分欣慰。现在的假牙做得像真牙一般，她张开嘴让我辨认哪两颗牙是种植的，我还真没辨认出来！真是达到了以假乱真！难怪医生小妹会问我的牙"全是你自己的吗"。

不由得想起《红楼梦》中那副颇有禅意、充满哲理的对联："假作真时真亦假，无为有处有还无。"

百度百科对这句话的解读是："把假的当作真的的时候真的就像是假的了，无变为有的地方有也就无了。"也有学者解读为："把假的当作真的，时间久了，假的就被认为是真的了，真的就成为假的了。把一无所有当作应有尽有，那么你所有的东西就和没有了一样，都是空的、虚幻不实的。"

对于上述两种解读，笔者不敢完全苟同，不揣冒昧提出一点自己的看法。

百度百科的解读仅停留在字面意思上，属于逻辑上的同义反复，并没有把对联包含的深邃辩证法思想阐释清楚。

某学者的解读意指人的主观意识把错误的（假）东西当成正确的（真），时间一长就"习以为常"，反而把正确的东西（真）当成错误的（假）了。社会生活中这类现象的确不少见。正如戈培尔所说："谎言重复一千遍就成了真理。"这就是所谓"戈培尔效应"。但谎言就是谎言，重复一万遍也还是谎言，绝对成不了真理！可见，某学者也没有解释清楚这副对联的深刻寓意。

其实，这副对联应用老子的《道德经》中"有"与"无"的辩证法思想去理解。老子曰："道生一，一生二，二生三，三生万物，天下万物生于有，亦生于无。"这就是老子的宇宙生成观，也可以看成对古希腊德尔斐神庙"认识你自己"神秘箴言的辩证解读："我是谁？我从哪里来？"你可以认为"我就是我，我是父母所生"，但这么简单的理解哪谈得上什么"箴言"？神庙箴言实际上是提出了对事物本源的探索，是一个宇宙生成观的哲学问题。只要追根溯源，万事万物都是从"无"到"有"的。这个"无"不能理解成什么东西都没有的"虚无"。

例如，世界上本来没有人（无），那么人（有）从哪里来？追根溯源，人是从猿（非人，无）进化而来，所以，人是从"无"到"有"的。同理，猿也是从"无"到"有"的。万事万物都是从"无"到"有"的。这就是老子"天下万物生于有，有生于无"的辩证思想：有从无中来，无中生有，有无相生相克，对立统一，互为存在。

对联中上联的"假"与"真"与下联的"无"和"有"都是相互对立的矛盾双方，作者巧妙地揭示了它们的深刻联系和相互转化的关系，全联对仗工整，相互对应，构思精妙！上下联揭示了两种不同的矛盾：真假关系属于生活中的"矛盾"，属于价值判断，有无关系属于辩证法讲的矛盾，属于哲学思辨。

"真假"问题属于价值判断，而价值判断标准就不是绝对的、唯一的，它取决于每个人的立场、观点、方法、好恶、视角等诸多因素，即所谓"横看成岭侧成峰，远近高低各不同"。"真假"问题的判断十分复杂，我在西安交大的班主任刘永富教授送过我一本他所写的几十万字的专著《论真假》，不在此赘述。

纯物理自然现象中是不存在"真假"问题的。某些自然现象如"海市蜃楼"，我们说它是一种"假象"，只是指有人把这种自然现象误认为是海上有城市,而不是说这种光线折射现象是假的。动物世界有一些"假象",如某些动物会以装死来逃避凶猛动物的追杀,这是一种求生的本能反应。

然而在社会现象中则不然,因为社会现象有了人的参与,而人是有主观意识的,可以故意造出一些假象来欺骗其他人。从战场上的"声东击西",到商场上不法商人的"仿冒造假",假象在社会生活中屡见不鲜。本文仅对假冒品牌现象做点"辩析"。注意,这不是"辨别"之"辨",而是"辩证分析"之"辩"。

其实本人对品牌毫无辨别能力,也从不追求什么品牌,为此还闹过一些笑话,不妨插科打诨一下。

笑话一:1997年我刚调入西南财经大学(以下简称"西南财大"),从南充到了繁华的省城,但日常生活仍局限在光华村一隅。一天,儿子陪他妈妈进城逛街回来,很兴奋地指着头上戴的遮阳帽,让我猜猜多少钱买的。我根据自己买遮阳帽的经验,随口一说:"不就五六元钱嘛。"母子俩扑哧一声笑起来:"再添个零!""什么帽子这么贵?!"儿子摘下帽子指着上面的一个符号:"耐克,懂不懂?"我确实不懂"耐克"是什么品牌,也调侃地回击:"不就那么一撇吗,用料也不多,帽子后面都是空的,凭啥值那么多钱?"此事被母子在亲友中传为笑话。

笑话二:有一次在单位,我见到一位女同事穿了一件非常非常短小的衣服,便调侃她:"你怎么穷得把小孩的衣服捡来穿啊?"旁边几位女老师都哄笑起来,一位女老师指着衣服上面的一行很小的外文说:"辜老师,你知道这是什么品牌吗?值几大千呢!"我确实不知道,仍然调侃说:"不管什么品牌,这个用料也太少了点嘛!而且好多地方还是露出来的!"又引来一阵哄笑。

我经历过 20 世纪的"票证年代",那个时候每个人每年只有 7 尺（1 尺≈0.3 米）布票，衣服都是到裁缝店量身定做。对于矮个子，7 尺布料做一件衣服或一条裤子绰绰有余，做一套衣裤又不够，所以通常都是全家人的布票集中统一调整使用。所以印象中都是衣服用料愈多愈贵。谁知现在是讲"牌子"，品牌愈有名愈贵，不少外国品牌的女性衣服还特别讲究"漏、空、瘦"，用料特少。真的是时代变了，我们这一辈人是跟不上啰！

言归正传。当今社会，为什么假冒品牌总是屡禁不止、严打不灭，而不少老百姓也明知是"假"却仍乐意买"假"呢？这就涉及人们对"真假"的判断标准及价值选择问题了。

市场经济初期的假冒伪劣产品现在已发展为"高仿产品"，甚至一些"高仿产品"的质量也不输品牌的产品，但价格却远远低于品牌产品。由于其性价比高，特受普通消费者欢迎，他们并不把这种"高仿品"视为"假产品"。这个"假"究竟指的什么？在不同人眼里是不同的。在消费者眼里，这种"高仿品"就是一种质量还不错的"仿真"的产品。在执法者眼里，这种"高仿品"就是一种假货。消费者认为的"仿真"是指"产品"本身真实好用，执法者认为的"假"是指该产品假冒正规厂家品牌。

在我国，生产、销售假品牌产品都是违法的，但购买并不违法。这正是假冒伪劣产品"野火烧不尽，春风吹又生"的根本原因。

然而在国外，不少国家对购买甚至穿戴假名牌的游客也是要严厉打击的。一经查出，不仅物品会被没收，购买者还会被罚款，甚至会面临牢狱之灾。目前，东南亚国家查得比较松，欧洲国家都查得非常紧（有时是抽查，有时是过滤式检查）。所以，那些爱穿戴使用假名牌的游客出国一定得小心了！到时候被查到，那就后悔不及了。

多年前去欧洲旅游，同车邻座是一个来自四川都江堰的中年妇女。她在巴黎老佛爷百货公司抢购了一个名牌挎包，上车后很兴奋地向同行者展示。我忍不住问她花了多少钱，她说退完税后只花了一万六千多元，比国内买"划得戳"（四川话"便宜"）。我说："能给我'瞻仰瞻仰'吗?"女士爽快地把包递给我。我翻看了一下：包很小，最多装点化妆品、钱包、钥匙之类的，拉链旁边还有一段是空的，一不小心，包里小物件还可能掉出来。尽管我认为太"划不戳"，但我把包还给女士时什么都没敢说，怕又闹笑话。谁知女士却主动调侃起自己来："辜教授，你可别笑话哈！我们这些人没什么文化，买个 LV 包也就是为回国以后在亲友面前显摆显摆罢了！"嘲笑自己的虚荣心，真是个心直口快的人。

有一年去泰国旅游，导游带我们去参观鳄鱼饲养场，并在商场选购鳄鱼皮制品。在朋友劝说下我购买了一条近两千元的鳄鱼皮皮带——这可算我此生很奢侈的物件了！但朋友说这算什么，人家富豪系的一条爱马仕皮带就值八十多万元。真的让人大开眼界！不就是一条皮带嘛，除了满足富豪炫富显摆的虚荣心，真不知道其实用价值何在?

假冒原创品牌，侵犯了品牌企业的商业利益，不利于创新研究，这是有悖商业道德和违反法律的问题，必须严厉打击！但品牌产品价格太高，普通老百姓消费不起，一些奢侈品如高档衣服、洋酒之类的，老百姓可以不消费，但另一些关乎身体健康、生命安全的高价医药产品，老百姓想消费却消费不起。是保护企业资本利益更重要还是保护人民生命健康更重要？这确实是各国政府面临的一个两难问题。西方国家政府还是选择保护企业资本利益。正如新冠肆虐，严重损害世界人民生命健康时，美国辉瑞的特效药仍继续维持其高价。所谓"生命无价"的人道主义被资本增值规律击得粉碎。

记得几年前有部电影《我不是药神》十分火爆，讲述了程勇从一个男性保健品商贩变为印度仿制药格列卫代购商的故事。治疗白血病的特效药格列卫要40 000元一瓶，让绝大多数患者望而生畏。而在印度，仿制的格列卫却只要500元，价格相差80倍，药效却相差无几。不少外国穷人都想方设法从印度购买药品，印度成了穷人的"世界药房"。

印度政府允许仿制药生产与销售的做法值得发展中国家政府思考效仿。政府理应保护社会各方面的利益，企业资本利益当然也在政府保护之下，但当民众利益与企业资本利益发生根本冲突之后，政府就应该有个考虑轻重缓急的正确应对。确实有巴西、菲律宾、印度尼西亚、马来西亚、南非、莫桑比克、赞比亚等不少发展中国家开始学习印度的专利强制许可制度。

近年来，我国政府回应民众呼声，对较高的药价采取了与药企谈判招标、集中采购的办法，也取得了一定效果。据说进口的种植牙也从过去的上万元降到三五千元，而国产种植牙在成都已降到几百元。

"品牌保护"与"生命无价"这对矛盾如何解决，恐怕永远是各国政府值得探索的问题。

中篇
社会生活解析

　　辩证法并不是哲学家关在屋子里臆想出来的一套规律范畴体系。恩格斯说："辩证法的规律是从自然界的历史和人类社会的历史中抽象出来的。辩证法的规律无非是历史发展的这两个方面和思维本身的最一般的规律。"归根到底，"辩证法不过是关于自然、人类社会和思维的运动和发展的普遍规律的科学"。人们常说，"生活中处处充满辩证法"，所以我们对社会生活中的一切矛盾、现象都应该运用辩证思维去分析认识，才能透过现象认识其本质。

一、"生存还是死亡"

"生存还是死亡?"这是莎士比亚在《哈姆雷特》中提出的问题,是每一个人都回避不了的"生死观"问题。

新冠病毒袭击人类有两三个年头了①,这场"人冠之战"把全人类拖得筋疲力尽。"生存还是毁灭?这是个问题。究竟哪样更高贵?去忍受那狂暴的命运无情的摧残,还是挺身去反抗那无边的烦恼,把它扫一个干净?"哈姆雷特的这段痛苦疑惑的独白好像是对今天这场"人冠之战"的预言。

中国抗击疫情可谓万众一心、众志成城,似乎成了全球的"诺亚方舟"。而欧美在这场斗争中的糟糕表现无须赘言,它们甚至在这场斗争中放弃抵抗,高举白旗向病毒投降,宣布新冠病毒就是大号流感而已,不必在意。

西方人真的就不怕死吗?这个话鬼都不会相信。想想在朝鲜战场上那些高举白旗投降的美国大兵吧,那才叫贪生怕死。

难道中国人就很怕死吗?想想在朝鲜战场上黄继光、邱少云、杨根思那些志愿军战士吧,那叫保家卫国、舍生忘死。抗疫

---

① 本文写于 2022 年 3 月。

斗争中对病毒严防死守，那不叫贪生怕死，那叫珍惜生命。中国政府以人为本，举全国之力，不惜一切代价保障人民群众生命健康、社会稳定，所以我们是社会主义。

西方政府让国民躺平，向病毒投降，不是什么西方人不怕死，恐怕还是统治者认为花费大把银子在人民生命健康上不值得。相反，"让病毒多肆虐一会儿"，多死掉一些领养老金的退休老人，还可为政府节约大量金钱呢！这不，《环球时报》援引多方报道称，根据意大利参议院近日发布的《意大利养老金制度资产负债表报告》，因新冠肺炎疫情导致大量老年人死亡，意大利社会保障局由此节省了 11.1 亿欧元的养老金支出。不"以人为本"，而是"以金钱为本"，难怪人家叫"资本主义"。

其实，恋生怕死是人的生物本能，是不分国家、不分民族、不分阶级的。既然死亡是任何人都逃避不了的必然归属，那如何解决人对死亡的恐惧呢？这是人类始终在思考的问题。

西方宗教用"灵魂不灭"的教义基本上解决了宗教徒对死亡的恐惧问题：死亡仅仅是肉体的消灭，而人的灵魂是不会消灭的，只要生前多行善积德，死后灵魂可以升天堂享福，反之则要下地狱受煎熬。

西方存在主义是专门研究死亡的哲学。它认为，"死亡"来临时，人就无法恐惧了，当人产生恐惧时，就说明"死亡"并未来临，所以我们根本无须恐惧"死亡"。不过人们可以学习、体验死亡，因为人只有濒临死亡时才懂得死亡是自己唯一的"财富"，小偷偷不走，强盗抢不走，更无法转让，而自己耗尽人生所得到的一切功名利禄都是身外之物、带不走的过眼烟云。经过这样的死亡体验，人可以重树人生价值观，实现真正的自我，让人生过得更有价值、更有意义。这与中国古代庄子为追求人生逍遥自由而断然拒绝楚王千金聘相如出一辙。难怪学界有人把庄子称为中国古代的存在主义者。其实应该称存在主义者是当代世界的庄子才对。

在中国世俗农耕文化中，流行鬼神迷信。据《论语》记载，"季路问事鬼神。子曰：'未能事人，焉能事鬼？'季路曰：'敢问死。'子曰：'未知生，焉知死？'"

在孔子看来，人死如灯灭，谁也说不清死后是否有灵魂，是否有鬼神，与其探讨如何祭祀鬼神，不如生前好好过日子，好好侍奉孝敬父母，莫等到"子欲孝而亲不待"时才追悔莫及。应该说，孔子这个态度是很实际、很实用的。

儒家孔子不愿谈死亡，道家庄子却毫不讳忌笑谈死亡。《庄子》记载了庄子太多关于死亡的观点与寓言。庄子"击缶而歌"的故事可谓众所周知，也最具代表性。

庄子的妻子死了，好友惠子前来祭悼，见庄子坐在院里一边敲击瓦缶，一边唱歌，完全没有一点忧伤的样子。惠子十分气愤，责问道，妻子死了你不哭也罢了，怎么还高兴地唱歌呢？你怎么能这样没有感情呢？！

庄子不慌不忙，娓娓道来：道生万物，气聚则生，气散则亡，万物齐一，方死方生，方生方死，如昼夜交替、四季轮回一样，亡妻只是回到了道气的另一形态，解脱了生之忧，所以我为她而高兴。反之，如果我"嗷嗷然随而哭之"，那就是"不通乎命，故止也"。原来庄子将生命置于一个道气无限循环的过程中，认为生死齐一，死而不亡、不死不生，达到了一种生命永恒不朽的精神境界。

这种精神境界对后世产生了极为深远的影响，成为不少仁人志士的人生追求。正如著名诗人臧克家的诗句所言："有的人活着，他已经死了；有的人死了，他还活着。"中华民族之所以历经沧桑磨难而不灭，形成了世界上唯一没中断过的古代文明，就是因为有无数追求浩然正气、不朽精神，视死如归的民族英雄，他们是支撑民族的脊梁；还有无数"位卑未敢忘忧国""苟利国家生死以，岂因祸福避趋之"的中华儿女在"中华民族最危险的时候"挺身而出，万众一心，众志成城。

中国人讲"死者为大""入土为安"，是很重视对死者的土葬和厚葬的。尤其是历代帝王、皇亲贵族，他们的陵墓不仅占据了大片土地，还陪葬了无数金银财宝。今天我们终于认识到了这种土葬的弊端，改为火葬。其实，庄子两千多年前对"厚葬"就有了十分清醒的认识。

《庄子》佚文记载了这段轶事。

庄周病剧，弟子对泣之。庄子曰："我今死，则谁先？更百年生，则谁后？先不得免，何贪于须臾？"

弟子们又想厚葬老师，庄子笑曰："吾以天地为棺椁，以日月为连璧，星辰为珠玑，万物为赍送。吾葬具岂不备邪？何以如此？"庄子把天地万物视为是自己的陪葬品，连一具棺材都不要，岂不要抛尸荒野？所以弟子们不觉垂泪，说："我们怕乌鸦和老鹰吃老师您的遗体。"庄子坦然道："天上有乌鸦和老鹰来吃，地上也有蝼蚁来吃啊，要是夺了前者的食物给后者享用，不是太偏颇了吗？"

庄子对待死亡的轶事颇有诗意，不由得让我联想起毛主席的一段轶事。1963年，罗荣桓元帅逝世，毛主席很感慨，对自己的护士长吴旭君说道："毛泽东是人，所以，毛泽东是会死的。我死了之后，开个庆祝会，我们大家来庆祝辩证法的胜利。你要穿得漂亮一些，高高兴兴上台讲话。你就说，今天这个会是个胜利的大会，毛泽东死了，如果不死人，从孔子到现在地球就装不下了。新陈代谢嘛！沉舟侧畔千帆过，病树前头万木春。这是事物发展的规律……我在世时吃鱼比较多，我死后把我火化，骨灰撒到长江里喂鱼。你就对鱼说：鱼儿呀，毛泽东给你们赔不是来了。他生前吃了你们，现在你们吃他吧，吃肥了好去为人民服务。这就叫物质不灭定律。"这是不是既辩证唯物，又很旷达幽默呢？与两千多年前的庄子可谓"英雄所见略同"，古今呼应。

"生存还是死亡？"中国人讲血脉传承，重"生"讳"死"，日子再艰难也会吃苦耐劳、忍辱负重、坚韧不拔地过下去。"好死不如赖活""不孝有三，无后为大""留得青山在，不怕没柴烧""艰难困苦，玉汝于成"，这些俗语格言凝结了中国人的生死观。

"求生"是人的第一追求，生活条件好了以后，健康长寿则成了国人的普遍追求。近日游览了三亚著名景点大小洞天。游客们无不排长队等候在"寿比南山"处拍照，坐着的两人同时伸出手，组成"比"字（图4），就是为了讨个吉利，追求长命百岁。

图4　寿"比"南山留影

　　我们参加婚礼的红包贺词也常常写上一句"白头偕老，百年好合"的吉祥语。结婚成家，是延续新生命的喜事，当然值得庆贺；长寿而终也是一件值得庆贺的喜事。这就是中华民族特有的"红白喜事"，也是中国人生死观的生动体现。

　　行文至此，尚有一个问题值得讨论：如果说"生"不由己，那"死"能由己吗？换句话说，人有选择死亡的权利吗？《孝经》曰："身体发肤，受之父母，不敢毁伤，孝之始也。"儒家显然是否定人有选择死亡的权利。但当一个人患不治之症而极度痛苦、生不如死时，是否可以选择死亡呢？

　　一些西方国家允许个人选择安乐死。我国法律至今不允许安乐死。不允许的理由可能一是担心有人利用安乐死犯罪杀人，二是这有悖于医生救死扶伤的天职和助人为乐的公德（哪有"助人为死"的呢）

　　笔者以为，第一条理由主要是涉及社会管理水平和管理成本问题，第二条理由主要是涉及生命伦理观念问题。管理水平是可

以提高的，观念意识是可以转变的，所以这两条理由并没有真正
回答人是否有选择自己死亡的权利问题。也许这就是个永远值得
辨正、反思，永远没有终极答案的生命哲学问题吧。

二、"拾荒者" 的竞争

1. "拾荒" 小孩的竞争

20 世纪 60 年代初，是我们这一辈人都经历过的过"粮食关"的困难时期。由于当时实行的是城乡二元体制，城里人每月仅有 17 斤商品粮、4 两菜油、半斤猪肉的定量供应（各地略有差别），乡下人则没有政府商品供应，只能靠天吃饭。城里人那点商品供应也仅能维持生命，由于营养不良得水肿病的人也较多。

那时我十余岁，正是发育长身体的时期，肚子成天咕咕叫着提抗议。人们把一切能充饥的食物都发掘出来填充空空的肚腹，什么狗地牙、杨槐花、红苕藤、柚子皮、灰灰菜、糠麸糕、小球藻……这些我几乎都吃过，至今记忆犹新。

那时的小孩基本上是没有什么零花钱、压岁钱的，所以大都不同程度上当过"拾荒者"，自力更生为自己"挣"点零花钱。与其他街道居民的小孩相比，我们眉山师范学校大院的家属小孩有个优势，就是可以利用寒暑假期间到学生宿舍寻找旧书报、墨水瓶、废纸箱之类的东西去收荒摊点卖钱，然后去买零食吃、去租书店租连环画看。

别看是搜寻破烂客串一下"拾荒"人，这中间也是有激烈的"竞争"的。

每临寒暑假，眉山师范学校的学生陆陆续续开始离校。我们家属小孩就开始蠢蠢欲动。先"侦查"，后行动。看哪些寝室的学生都离开了，哪些寝室的学生还没走完。只要发现学生走空的寝室，我们立马就一窝蜂地跑进去"扫荡"。

初次"扫荡"的"战利品"通常都是颇丰的，随后逐次递减。为了抢"初战"，大家都相互保密，各自为政，互不通"情报"。

"侦查"中有时推开寝室门，遇到还未离校的学生，诧异地问我们找谁，我们还死要面子，胡乱编个名字或找个理由搪塞过去。很快，男生院、女生院几百个学生的寝室被孩子们反复"扫荡"过几遍，再也无物可寻了。

邻居魏老师的小儿子是个机灵鬼，和我关系较好，所以我俩是"拾荒"搭档。有一天他神神秘秘地对我讲："我发现还有一个好地方，敢不敢去试试？""有啥不敢的！走，看看去。"

他把我带到学校图书馆底楼的一个窗户下，说："我发现这个窗户插销没插上，可以打开，我们翻窗进去拿报纸卖，敢不敢？"

尽管我们出自书香门第，家教也挺严格，但饥饿和馋嘴还是占了上风。我说："行！你个子小，你上，我打掩护。"他比我小两三岁，体重也属轻量级，我蹲下用肩把他撑上窗台，他像猫一样灵活地钻进去，再把窗掩上，然后开始"作案"。

我在外面放哨，一旦有人经过就吹口哨通知他停下。用不了几分钟，他就把厚厚的一沓一沓的过期报纸、杂志装进准备好的布袋，递给我，翻窗出来，把窗掩好，留待下次再来。

第一次"作案"，难免心虚，既怕被大人发现，也怕被小伙伴们察觉，我俩怀着忐忑不安的心情，把偷来的书报悄悄背到小南街收荒摊点给卖了。直到把变现的"银子"装进衣兜里时，悬着的小心脏才放下了。真是"众里寻荒千百处，得来全不费功夫"，当其他孩子们还在四处搜寻时，我俩已买好零食边吃边在租书店看连环画了。

有了一次就有二次、三次……直到开学。可能是图书馆书报太多，竟然一直没人发现我俩的秘密，连两家的兄弟姊妹都不知道。如今早已过了 50 年的保密期，但说无妨了。

哈哈哈！

2. "拾荒"老人的竞争

半个多世纪过去了，我国已经全面建成小康社会，如今的孩子再也不用去捡垃圾换零花钱了，社会上靠拾荒度日的现象也似乎绝迹了。人们的生活普遍进入营养过剩的减肥阶段，人们也从过去的大杂院搬进了单元房，从单位宿舍搬进了商品房小区。

新世纪开始后没几年，我也在校外锦绣森邻小区买了套商品房。该小区开发较早，除了几栋十多层高的电梯公寓，大多数都是只有五层高的花园洋房，这和周边后开发的几十层高的电梯公寓形成强烈反差。

小区里林木葱茏，环境优美，夏日常有外面的人进来散步纳凉，还把"锦绣森邻"误会成"锦绣森林"。虽不是"森林"，但也貌似森林。小区里既住有陈彼得这样的著名音乐人，也住有一些被征地的当地农民。

我每天早晚在小区遛狗，总会遇到一个太婆背个蛇皮袋在小区垃圾桶里捡垃圾，捡回的垃圾就堆放在楼梯过道，积攒多了再背到收荒点去卖。垃圾不仅占着过道，还散发出一些臭味，所以同公寓的住户非常有意见，常向物管提抗议，但似乎解决不了问题，毕竟"生存之需"大于"文明之求"。

我小时候也捡过垃圾，还当过知青，深知底层人民之苦，所以见面时都主动和拾荒太婆打个招呼、问个好。最初太婆有点诧异，似乎从没有陌生人向她这样的拾荒太婆问过好。久而久之，太婆对我也热情起来，开始主动和我打招呼，夸我的狗狗小虎"好乖哦"，还时不时向我"通报"小区的一些信息。

随着电商网购、物流快递的迅猛发展，再加上商品"过度包装"，小区垃圾猛增，收荒的太婆也逐渐多起来了，后来还有个大爷也加入了收荒队伍，而且他们相互之间也是悄无声息地在竞争。

因为住三楼，收荒者在楼下垃圾桶搜寻东西的响声我听得清清楚楚。过去搜寻通常是在白天，慢慢地发展到傍晚、深夜、凌晨。我是"夜猫子"，一般都是晚上 12 点后才睡觉，而且入睡慢，至少半个小时才能入睡。

某一天晚上刚入睡，楼下翻垃圾桶的声音就把我吵醒了，害得我重新入睡又起码要半个小时。本想对窗下呵斥一声，又怕搞得更兴奋了，只好作罢。这种烦心事从偶尔发生逐渐发展到时有发生，而且时间愈来愈晚或愈来愈早。

最晚有子时（23 点—1 点）来翻垃圾桶的，最早有卯时（5 点—7 点）来翻垃圾桶的。有时刚有人翻过了，一会儿又有人来翻。足见收荒者的竞争也是相当激烈的。

俗话说"无利不起早"，但垃圾桶里的"利"也太微薄了吧？

有一次遇到一个太婆用行李车拉了废纸箱去收荒点卖，我顺便问了一下纸板多少钱一斤，她说八毛钱一斤。我估摸了一下，可能这一车有几十斤，也就卖几十元吧，也不知是积攒了多少天，和其他拾荒者展开了多么激烈的起早贪黑的竞争才得来的。

几十元对有钱人也就是一份菜钱、一杯茶钱、一盒烟钱，对拾荒者可能就是十天半月的油盐酱醋钱。如今中国虽已实现全面脱贫，但贫富差距还是较大的。

"安得广厦千万间，大庇天下寒士俱欢颜。"愿我们都能有杜甫那样的同情心，别再嫌弃这些拾荒者给我们生活带来的一些影响。相信待到第二个百年奋斗目标实现时，杜甫期盼的"天下寒士俱欢颜"一定会在神州大地实现。

三、"茅私" 的生动意蕴和历史变迁

"茅私"是我家乡眉山土得掉渣的方言，特指用"茅草"搭建的用于"出恭"的房子，也就是今天"卫生间"的意思。正因为其土得掉渣，今天眉山城里已很难再听到有人说什么"茅私"了，也许等我们这辈人百年以后它就完全失传了。方言其实是很生动的，是地方习俗文化的载体和传承工具，由于面临消失的危险，所以应该是需要保护的"非物质文化遗产"。我仅且写下此文给后人留点考据资料，也算是为保护传承家乡方言做点贡献吧。地方方言之所以面临消亡的危险，不仅是因为日益扩大的社会交往、交流需要推广、普及普通话，消除方言障碍，还因为口语方言难以形成统一的书面文字来保留和传承。如何把方言口语变成书面文字，这个"翻译"工作还真值得研究！通常情况下，要把方言口语变成书面文字，人们只能采用音译或意译的办法。音译就是用同音字代替或用拼音字母标注。意译就是用近义词表达。所以有人把"茅私"音译成"茅室"，或意译成"茅房"。但我自认为音译成"茅私"更准确、更贴切、更意蕴生动。首先，"茅室"的"室"是第四声调，与"私"的第一声调不对应；其次，"茅室""茅房"含义不精准，这两个词容易被理解成人居住的屋子，而不是特指厕所。

如杜甫当年在成都草堂寺居住的就是"茅房""茅屋""茅室"，还留下了《茅屋为秋风所破歌》的诗作。当年我下乡当知青也住了三年"茅房""茅屋""茅室"。

我采用"茅私"的文字，就是因为"私"字很形象、生动、含蓄地道出了"出恭"这种生理活动的私密性。所以"茅私"的内涵具有唯一性，只能是特指"出恭"的场所——"厕所"，绝不会造成歧义和误解。在现实生活中，眉山人可以说自家住房是"茅房""茅室"，但绝不会有人说自家住房是"茅私"。经此辨析，"茅私"似乎从"土得掉渣"的方言变成了很有文学意蕴的词汇，而且说不定"茅私"这个眉山方言还是生性幽默、狂放不羁的大文豪苏东坡发明的呢！不过，把"茅私"这样一个"不雅"的东西写成一篇散文搬上文学的大雅之堂，似乎有点滑稽可笑；还要考证其历史变迁，更是有点小题大做，要知道眉山可是被陆游称为"孕奇蓄秀"的"千载诗书城"哟！其实，大雅之堂也是由不起眼的一砖一瓦建成的，更何况"话丑"也能"理端"，梳理一下"茅私"的历史变迁，也是对社会历史发展的管中窥豹。

打我记事起，眉山城里人都使用公共厕所，并没有自家的"茅私"，但大家都习惯把公厕称为"茅私"。当然，家家户户也大都备有马桶和尿壶，以方便行动不便的老人、病人和晚上起夜者。我对"茅私"的初次体验是在农村舅舅家。有一年放暑假，父母亲带着我们兄妹去舅舅家探亲度假。舅舅家在夹江县三洞桥乡的农村，地处丘陵，房子是一个半茅草房、半瓦房的小院子。

屋子周边有大片的松林，我们兄妹和几个表兄妹几乎天天在松林里消磨时光：放牛，骑牛，捞松针，捡松果，捉蟋蟀，粘知了，打雀鸟，雨后还可以采蘑菇，那里不时还有松鼠出现，非常好玩，至今让人难忘。但每天最烦人的一件事就是上厕所。舅舅家的"茅私"其实就是在猪圈房的粪坑上搭的两块木板供出恭而已。黑黢黢的猪圈房没电灯，为节约用油，煤油灯也只有在晚上如厕才使用。早晨起来出恭只能凭借土墙上"猫洞"透进的微弱光线小心翼翼地踩到木板上。一边出恭一边还要听着身旁两条肥猪吃早餐时"吧唧吧唧"的伴奏曲，同时还要用手不停地"指挥"——拍打围绕屁股嗡嗡作响、伺机作案的蚊子，真的很烦人。尤其令人提心吊胆的是，每拉一坨屎都要赶快抬抬屁股，一不小心就有可能被粪水溅到屁股上，这可是有过惨痛教训的。"茅私"里没有今天城里人用的卫生纸，只有猪圈栏上挂着的一小筐出恭专用的竹篾块。好在母亲事先带了一些"火草纸"（当年很粗糙的出恭专用纸）来，否则就得用都不知道怎么使用的竹篾块了。

1969 年下乡当知青后，对"茅私"的体验就更是每天的"家常便饭"了。生产队农民家家户户都有自己的猪圈"茅私"，唯独给我们两男三女五个知青修的土砖茅草房没有自己的"茅私"，我们只能到旁边生产队的大棚储粪池方便。为解决男女之别和先来后到，仅在入口处挂上一块两面写着"有人""无人"的厚纸牌供出恭者翻用。偶尔也会遇到有人完事离开后忘记了翻牌，内急者只好跑去附近农民家解"燃眉之急"。最初粪坑没搭木板，大解只能蹲在坑边，得随时担心腿麻时掉进粪坑。后来向生产队长王学明反映情况，他让保管员王富安在生产队工棚里找了一块木料板搭在粪坑的一只角上，才解除了蹲坑之忧。在农村，"茅私"也不只是农家住宅才有的。20 世纪五六十年代，马路边就有很多供大家使用的"茅公"（嘿嘿，我的发明）。这是附近农民用一个水缸埋在地下搭建的"茅私"，为路人提供方便并收集肥料，一举两得。那个时候可没什么化肥，种庄稼全靠人、畜粪便。城里穷人家的孩子还有捡狗屎卖钱来帮衬家里的。我们生产队学大寨种双季稻，肥料不足，还派人到成都购买大粪，租粪船运回眉山王家渡，再用粪桶一挑一挑担回生产队（此事在《我的知青岁月》一文中有详尽记述）。

回过头来说说当年城里人的"茅私"（公共厕所）吧。政府通常在农贸市场、闹市区建有少量的"茅私"，每个行政事业单位、工厂、居民大杂院也都建有本部门、本单位的"茅私"。不少"茅私"都是因地制宜、各具特色。眉山电影院的"茅私"就很有特点："茅私"架空建在影院围墙边，进"茅私"要爬七八级台阶。"茅私"地面用实木地板搭建，蹲位就在每个隔间的地板上掏出一个孔洞，距地上的粪池很远，有点吊脚楼的感觉。粪坑直通墙外，方便农民直接在外面舀粪、运粪而不用进影院来影响职工和观众。我家最初在电影院旁边的一个居民大院租住过一段时间。我们小孩常在电影院后面的田坝里捉蟋蟀、抓青蛙、放风筝……很快就发现了电影院"茅私"的秘密。当年由于大家的经济都很拮据，电影故事片也不多，能看上一场电影就是很奢侈的享受了。电影院通常只是周末才放电影，每到放映之前，影院就会派人巡查盯守，专门抓捕翻墙逃票看电影的人。俗话说得好，"蛇有蛇路，鼠有鼠道"。我们小孩虽爬不上高高的围墙，但身体瘦小，可以从厕所蹲位的孔洞悄悄爬进厕所，然后就装作解完手走出来，大模大样地走进放映大厅，去找那些位置不好的座位（当时的座位没有甲乙等级之分，都是一个价，这些座位的票通常卖不出去），坐下来美滋滋地看免费电影。此事现在想起来都带着"味道"，但当时却是我们小孩乐此不疲、津津乐道的事情。

另外，父亲工作的眉山师范学校家属院的"茅私"也很有特点：可能是为节省建筑费用，男女"茅私"的隔墙只砌了下边一多半，上边有三分之一都是空的，两边说话的声音毫无隔绝，甚至厕所两边的家人、熟人还可隔着墙说事聊天、吹牛八卦。眉山师范学校有个历史教师王家润，在"文化大革命"初期遭批斗，还被罚劳动改造，每天打扫全校公共卫生，心中自然充满怨恨，难免私底下传一些社会上的"政治谣言"。谣言最后被工宣队追查到他那里，问他是听谁说的，他说是在打扫厕所时听女厕所那边的人聊天讲的，追查也就只能到此为止了。这种"事出有因，查无实据"的厕所八卦新闻当时在各地都有。中国有个成语叫"隔墙有耳"，本意是告诫人说话要小心，祸从口出。没想到这个老师却反其意而利用之，为自己开脱了"罪责"。

城里人真正拥有自家的"茅私"，那是改革开放以后的事了。住房商品化改革后，家家户户住进了单元楼房，每套房屋都配有"茅私"，其名称也变成了更文雅的"卫生间"。这下"方便"真的是很方便了。过去要出恭，即使是电闪雷鸣、倾盆暴雨，也要打着伞去公厕方便，真的是特别不方便。现在无论是大"方便"还是小"方便"，足不出户就可以随心所欲"方便"，真的是很方便了。

卫生间由蹲坑变成坐便器不仅方便了"方便"，还解决了一些其他问题:"便秘"者长时间蹲坑而腿胀筋麻、老年人长时间蹲坑起身后头部血液突然往下流而晕厥等。随着人们生活水平的提高,商品房还配有双卫生间。

最初很多人不理解,认为这是浪费,还调侃说:"一家人难道还要分男女厕所吗?"我 1997 年调入西南财大后分到了一套有双卫的二手教授房,该房原主人已把卧室里的"主卫"改造成了衣帽间,这种情况在当时还很普遍。但随着社会发展,生活节奏加快,仅有"单卫"的家庭还真的出现了想"方便"却很不方便的时候。尤其是几代同堂家庭或遇到客人来访住宿时,早晨往往会发生"茅私"告急:老年人泌尿系统功能衰退急着方便,年轻人要赶上班急着方便,孩子要赶上学急着方便,看来没有"双卫"还真是不方便呢。

"茅私"本是供"方便"之用,但随着历史变迁,其功能也在发生变化。首先是增加了洗漱、沐浴、化妆等功能。大家都熟知,无须赘述。其次是增加了商业功能。李伯清曾在他的散打评书中调侃成都太婆总爱打点"厕所麻将"。可别误会,这不是逃避抓赌在厕所里打麻将,而是指打赌资很少的小麻将,即每番牌按进一次厕所的小钱来计算。

成都市的厕所收费是从 1988 年东城区开始的。收费标准从最初的三角,后来又陆续涨到五角、一元、两元不等。随着旅游业的发展,厕所收费也愈来愈普遍,其商业功能日渐显现。最后,厕所还逐渐发展出了文化功能。改革开放之初,某些人为发泄情绪而私自在公共厕所墙壁上乱写乱画,形成了很低俗的"厕所文化"。经过治理整顿,后来又发展出颇有中国传统文化特色的"厕所对联文化"。最常见的厕所对联就有"大开方便之门,解决后顾之忧""上前一小步,文明一大步"等公益性对联。为扯人眼球,全国各地还出现了很多别出心裁的厕所对联,让人忍俊不禁,过目难忘。

比如:

上联——大小均可入内得轻松,请注意卫生

下联——男女有别来此寻方便,须看清方向

横批——轻松山房

此联可谓文明提示,关怀备至,颇感温馨。

再如:

上联——再忙也需来这里,偶听雨打芭蕉,蛙儿入水响叮咚

下联——减负还要来此地,从不斤斤计较,白纸里面有文章

横批——忙里偷闲

此联真可谓形象生动、幽默风趣、文采斐然。

……

恩格斯说:"任何社会中,妇女的解放程度是衡量普遍解放的天然尺度。"通过上面对"茅私"历史变迁的梳理,我们是否也可以说:在任何社会中,"茅私"的发展水平是衡量社会发展水平的天然尺度?哈哈!

四、吃"宴席"的嬗变与笑话

"民以食为天。"在中华民族几千年的历史岁月中，劳动人民食不果腹、衣不蔽体时有发生，杜甫的"朱门酒肉臭，路有冻死骨"的悲叹震撼人心，成为千古名句。

古代"朱门"盛宴究竟有多奢侈，只能道听途说。据说满汉全席就有 108 道精制菜品。

我是新中国同龄人、城里人，我吃"宴席"的历史嬗变大概就是我们这一辈城市人吃"宴席"变化的一个代表，也是中国共产党领导人民群众艰辛探索与艰苦奋斗，从一穷二白走向强国富民的历史折射。

1. 困难时期的"宴席"

20 世纪 60 年代初，人民生活困难，但城市居民每月还有十多斤粮食和半斤猪肉、四两菜油供应。这个年代的老百姓是谈不上吃什么"宴席"的，姑且把偶尔的开荤打牙祭也叫作当时的吃

"宴席"吧。

上中学之前，我在父亲工作的眉山师范学校和其他家属子女一起吃学生"大灶"。八个小孩一桌，一盆米饭，一盆大锅菜，每个人轮流值日分饭菜。每个月打两次"牙祭"，通常都是吃蒜苗炒的回锅肉。肉盆一端上桌，那叫一个香啊！大家垂涎欲滴。

为了公平分配，分肉要得到大家认可。分肉者把肉盆转动一下，再背对着用筷子叉到哪份就哪份，然后大家就依次从盆里拔出自己那份肉。

孩子们创造的这个"分配制度"算是相当公平了，但仍有个别家长不放心，每次打牙祭时就要来到他家孩子的桌前监督分肉状况，生怕自己的孩子吃了亏。

考上中学后，国家优待中学生，每月猪肉翻倍供应到1斤，每个礼拜都可以打一次"牙祭"。肉与饭的分配方法也是一样，唯有肉汤无法分到桌上，而是装进几口大缸，任意舀吃，可谓吃"大锅汤"。肉汤有限，后到食堂的同学，基本上是抢不到的。

关于抢肉汤还有个小插曲让我终生难忘：有一次我们先喝了肉汤，正在分饭菜，突然有个同学惊叫起来，原来他从缸底舀到了一只烫死了的耗子，估计是饥饿的老鼠闻到了肉汤香味，沿着窗台"赴汤蹈火"，导致"出师未捷身先死"吧。

我们先喝过此缸肉汤的同学都吓坏了：会不会拉肚子、得鼠疫呀？现在想吐也吐不出来了。事后并没有听说谁因此生病、拉肚子的，看来那个时候人们的免疫力还真强呢，喝"老鼠汤"也没事。

2. 知青岁月吃"九大碗"

1969 年，我下乡到眉山象耳公社快乐大队当知青。这个大队地处成都平原，临近火车站，是比较富庶的，父亲亲自了解考察后，我才到这里插队落户。

我在快乐大队吃过几次农村的"宴席"，俗称吃"九大碗"，亦称赴"坝坝宴"。那时候通常是农村青年结婚或老人祝寿才大摆酒席。快乐大队篮球队和宣传队都是我组织成立的，所以队员结婚都会邀请我赴宴，而且特别关照我。

宴席通常以蒸菜、炖菜为主，并以大碗盛装，量大实惠。九个菜品，各地大同小异，大概有：姜汁蹄髈、粉蒸排骨、藿香鱼、全鸡、全鸭、甜烧白、咸烧白、回锅肉、酥肉粉丝汤。

喜酒一般是高粱酒、红苕酒之类的粮食白酒。我对酒不感兴趣，但对满桌的大鱼大肉却是"千年等一回"，毫不客气。别人敬酒，我趁机大快朵颐。与"打牙祭"相比，吃"九大碗"那口福才真叫个过瘾！

农村吃"坝坝宴"的气氛非常闹热，猜拳行令尤其激烈。我受父亲影响，不抽烟，不喝酒，谁劝也不行，结果就被农民"劝饭""劝菜"。

记得有一次，本来我已经"大块吃肉、大瓢喝汤"，酒足饭饱准备下桌了，冷不防有人从后面将一瓢米饭给我盛到碗里。

还有一次，有个社员突然从身后把小半碗姜汁蹄髈倒进我的碗里。不吃吧，太浪费太可惜了，我还是勉强吃了，结果吃得太撑。四川人叫它"反饱"——反饱实际上比饿肚子还难受。这就是所谓"量变引起质变""过犹不及"的辩证法。

3. 剧团演出吃"宴席"

"文化大革命"期间,文化生活比较匮乏,舞台上只有《红灯记》《杜鹃山》《智取威虎山》等八个革命样板戏可演,银幕上只有《地道战》《地雷战》《南征北战》三战可映。

1972年文艺"紧箍咒"略有松动,节目范围放宽,剧团开始招学员排新戏。我考入眉山剧团乐队拉小提琴。剧团先后排演了《八一风暴》《磐石湾》《海岛女民兵》等一批新剧目和《草原英雄小姐妹》《彝家姑娘上北京》等一批歌舞节目,深受群众欢迎,可谓一票难求。

除了商业演出,剧团还有一些慰问演出。慰问演出后通常会有"宴席"招待。规格最高的是部队宴。

眉山当时的"支左"驻军是7862番号的一个团。我们剧团在一个八一建军节前夕到团部礼堂拥军慰问演出。演出完后自然受到部队"宴席"的盛情款待。

菜品十分丰盛,具体菜名记不得了,但酒是啥牌子却记得很清楚,因为那是我平生第一次喝酒,而且喝得还不少。喝的什么酒呢?两块九一瓶的五粮液。

宴席过程中,部队首长挨桌敬酒,敬到我们这一桌时,首先不由分说让我们"满杯",首长说几句致谢话后大家开始干杯,还要连饮三杯,所谓"酒过三巡"。

部队军人喝酒的豪气容不得推辞，就像是下作战命令一样，会不会喝都必须喝。在那种氛围中，我连喝了三杯。

说来也怪，怎么这个酒一点都不辣喉咙，很醇香，不上头，甚至饭后打个嗝都是香的。首长离开后，我们好多学员居然顾不得保护嗓子，主动互敬海喝起来，直到头有点晕乎了才作罢。

那天我可能喝了有二三两酒吧，此后再没喝过那么多酒，也没喝过那么好喝的酒了。

4. 改革开放后吃"宴席"

改革开放以后，国民经济迅速发展，人民群众生活水平得到很大提高。对于我们提前进入小康的城里人来说，"赴宴"已成常态。

除参加各种同辈、晚辈的婚宴、生日宴外，各种层次的同学会、老乡会、战友会……无不都会有"宴席"供海吃海喝。

然而，宴席太多，导致营养过剩、"三高"频发，损阳折寿，得不偿失。所以减肥、减重成为每年体检后医生反复叮嘱的注意事项。

虽然我们小康人家也能常吃"宴席"，但也还没有达到"宴席自由"的程度，更不敢问津高档酒店。

记得当年成都的银杏酒店是富人请客的高档酒店，普通百姓不敢问津。曾经有个经商的同学请成都几个同学朋友周末在银杏酒店相聚，也打电话邀请了我，却逢我周末有个讲座错过机会，遗憾至今未能见识银杏酒店的场面和品味其美味佳肴。

我们几个大学教书匠同学，平时常聚会的酒店是价廉物美的红杏酒店。

当年"红杏"每逢周末均有一道特价菜吸引顾客：18 元一斤的基围虾。这个是我们的保留菜，每次去首先就是点好几斤基围虾，一半白灼，一半香辣。几个正"吃长饭"的孩子尤其高兴，可以实现"基围虾自由"，常常吃得肚胀、打嗝。至今涂教授、戴教授提起此事都还津津乐道。

"银杏"与"红杏"一字之差，生动形象地体现了社会分层。

5. 吃"宴席"的几个笑话

笑话一：

当年剧团下乡慰问演出，乡里招待我们吃大鱼大肉的"盆盆宴"，这在 20 世纪 70 年代可是大饱口福的难得机会啊！

我们在大快朵颐的时候，有个女学员却很少动筷，有人调侃她说"罗××，别装斯文了嘛！"但她仍不动筷，反而离席，边咳嗽边去了室外。

事后我们才得知，这个女学员是被鱼刺卡住了，又不好声张，怕别人说她"抢"，有失体面。真的是"如鲠在喉"，好不容易逮着个吃大鱼大肉的机会，就这样失之交臂。

笑话二：

1985 年，我们西安交通大学哲学助教班的同学去深圳特区考察，好多同学都花 500 元"巨款"（那时大学毕业工资只有 50 多元）从蛇口工业区厂家购买了非常时髦走俏、内地根本买不到的双卡收录机。

我在火车上放邓丽君的磁带，引来周围旅客的羡慕，纷纷打听是哪里买的。顿时，我购买时的心疼变成了欣慰，自以为引领了一把"潮流"。

途经广州时，我应华南师范大学著名哲学家张尚仁老师邀请赴了一次宴。广东本是全国改革开放排头兵，每年两次"广交会"使广州成了与国际社会接轨的现代城市，西方餐饮的一些做法也传到了广州。比如餐桌上每个座位都会放刀叉、汤勺、湿巾、餐巾纸之类的东西，但吃的仍是中餐。在张老师安排的宴席上，我第一次见到了印有暗花的非常精美的各色餐巾纸，简直像工艺品一样。

我真舍不得用来擦嘴，于是趁人不注意，悄悄地把餐巾纸揣进裤兜，准备带回家给亲友们展示，让他们也开开眼界。在火车上玩双卡收录机时还自以为引领了"潮流"，殊不知宴席上一张餐巾纸就把我打回"刘姥姥"原形，自叹四川盆地的"井底之蛙"，只见过簸箕大的一块天。

笑话三：

1997 年我从四川师范学院"跳槽"到了西南财大。

西南财大在全国各地都开办了成教函授班。有一次，我和同年从四川师院调入西南财大的外语系涂教授一起去海南给成教班上课。

授课之余，班长及几个同学代表全班同学给我们接风洗尘，邀请我和涂教授去海口市一家著名的海鲜酒楼吃海鲜。明知"吃人嘴软"，但却之又不恭，更何况本来就是来讲要领的，不妨顺水推舟,一饱口福。

我们来到靠海边的一家酒楼,这里可欣赏窗外海边夜景。入席后,菜肴逐渐上满一张大圆桌,各种海鲜菜品令人眼花缭乱,不少是叫不出名的,真应验了当时社会上的调侃——"九等公民是园丁,海参鱿鱼分不清"。

不仅好多海鲜叫不出名,连如何吃也搞不懂。有一种很小的螺,我用四川"椒盐普通话"调侃着问学生:"这个怎么吃啊?我连火门都摸不到。"学生反问我:"'火门'是什么呀?"涂教授哈哈大笑起来,给学生解释道:"'火门'是四川土话,相当于'窍门''关键''头绪'什么的,意思就是北方人说的'找不到北'。"

满桌的人都笑了起来。然后学生教我怎么用牙签把螺里的内容挑出来,把黑色部分掐去,留下白色的就是可以吃的肉了。

回成都后,涂教授把我在海南"摸不到火门"的笑话在同学、朋友聚会时添油加醋、大加渲染、反复戏谑。

笑话四:

20世纪90年代的出国留学潮,"阴沟流水"(English 英语谐音)让学子们竞相追捧。

涂教授是著名的英语教授,常打"飞的"全国讲学。我儿子能赴美留学就得益于他的英语辅导。有个企业家的孩子被涂教授辅导出国后要请涂教授吃晚宴。当时我们几家人正在青城山度周末,中午刚大鱼大肉聚完餐,哪里还有胃口,所以再三推辞。

企业家听说后说,那就请你和朋友们给个面子,吃点稀饭吧!回成都途中,我调侃涂教授说:"老涂,你把他女儿辅导出了国,他怎么好意思说得出只请你吃点稀饭,哪像个富人哟!"

傍晚回到成都，在一个酒店包间落座后不久，一大钵粥端上桌来，服务员用精美的小瓷碗给每个人分盛了一碗。

我一喝，哎哟，味道还真鲜美，一问，原来是龙虾稀饭。我生平第一次吃龙虾稀饭，逮着机会不放手，狼吞虎咽一连吃了好几碗。真是"刘姥姥进大观园"，丢人又现眼。哈哈哈！

笑话五：

这是从大妹处听来的笑话。

20世纪80年代，日本首创的一次性筷子也开始流行于中国餐饮业。大妹夫家有兄弟在眉山城里以经营石磨豆花、毛血旺出名的龙江饭店请客吃饭。席间有一个来自农村的中年妇女，可能是"陈奂生进城"第一次。席间众宾客高谈阔论，猜拳行令，热闹非凡。而怯生生的她很少动筷，也不与人交流。主人还特别关照她别客气，要多吃点。在宴席结束后，服务员收拾餐具，发现这个妇女用的一次性竹筷还不曾分开，忍不住笑起来："用一根筷子怎么吃豆花、血旺呀？"

这个听来的笑话却有点让人笑不出来，或许这是一个含泪的笑话吧。就像之前在上海张乐平故居看到的那幅令人酸楚的漫画一样，"1万元"贱卖自己的三毛，还不如有钱人孩子买的特价10万元的布娃娃。

在听大妹说这个笑话之前，谁能想象得到还有不会使用一次性筷子的人呢？其实，细想起来，这在当时低收入的人群中，恐怕并不鲜见吧？

可见，不仅贫穷会限制我们的想象，富裕同样会限制我们的想象。看来，要实现十多亿人"宴席自由"，还任重道远！

五、苏东坡说的"孃格儿"话哟？
——散打眉山方言

可能不少读者对题目不甚了了，还是先破一下题吧。

"孃格儿"是眉山方言，相当于四川话里的"啥子"，湖北话里的"么子"，普通话里的"什么"的意思。"哟"相当于普通话里的"呢"。

本文正标题的意思为"苏东坡当年说的是什么话呢"，副标题则是借用了李伯清的"散打评书"创意，对眉山话来一番漫谈、趣谈、评谈，想到哪说到哪。

此外，大家恐怕没见过有副标题的散文吧？既然是不按套路自由搏击的"散打"，本文从标题就开始"散打"，即不按传统散文标题"套路"，而是以学术论文标题（学术论文可以加副标题，而且往往副标题内容才是主题）"出牌"，并自诩为"论文式散文标题"。

为什么突然提出这个怪怪的莫名其妙的问题呢？这还得从2021 年七月份眉山苏祠中学女教师的一段退休感言视频说起。

眉山苏祠中学女教师庄学平 2021 年满 55 岁退休了，被校长要求在"荣休"仪式上发表退休感言。

她的发言被台下同事摄录后放到网上，没想到视频在网上疯传，好评如潮，甚至比那些"小鲜肉"或"网红"们的视频火爆，而其幽默的眉山方言更是令人捧腹，娱乐性堪比李伯清的"散打评书"、周立波的"海派清口"、方清平的单口相声。

实话实说，我也被家乡这位女教师感染了，她的风趣幽默让我觉得她就是一个俏皮的中学生，不像一个年过半百的退休老教师。尤其是她那口"纯正"的眉山方言，是我久违了的家乡口音，让我感到无比亲切，真可谓"亲不亲，家乡音"。

此外，我感觉庄老师的发言似乎充满一种"解放"了的兴奋：

一是终于从繁忙工作压力下"解放"了出来，从此成为她所说的享受"不劳而获"退休生活的麻将一族；

二是从几十年教学的"椒盐普通话"束缚中"解放"了出来（这恐怕是我们川籍老教师的同感），并且在正式场合、大庭广众之下酣畅淋漓地用家乡话一吐为快；

三是终于实现了她自己的梦想，第一次也是最后一次在博雅厅这么大的舞台上发言（可能过去都只能在台下聆听领导发言），所以"有点小激动"。

我特别为庄老师幽默风趣的眉山话拍案叫绝！真没想到眉山方言还有如此"艺术"魅力。可能有朋友还没听过吧，你不妨上网查找其视频听听，一定会让你忍俊不禁。

其实，像庄老师这样幽默的眉山人并非个别，而且相当普遍。

我侄女就是一个特别幽默且优秀的女孩，不管什么场合，只要有她在场，气氛就特别活跃，笑声不断。

她当年在上海外国语大学读研究生时参加全国大学生辩论赛，就曾以她的伶牙利齿和幽默风趣获得全场最佳辩手。她的这种幽默风趣又缘于她从小是在外公家长大，而她外公（我父亲）的风趣幽默在眉山师范学校师生中都是出了名的。

前不久，父亲的一个学生徐康（著名作家、诗人）和我聊天时还特别谈到了我父亲当年是眉山师范学校所有语文老师中最幽默风趣、最受学生欢迎的。

可惜"父传女，母传子"的遗传规律让我继承了母亲的木讷，让大妹继承了父亲的幽默。大妹的风趣幽默在同学、朋友、亲戚各种圈中也是出了名的。而侄女从小在外公和母亲的双重熏陶下，形成了"青出于蓝"的幽默风趣。

其实不仅城里人幽默，乡坝头的贫下中农也非常风趣幽默。

1969 年我下乡插队后，才发现生产队的农民无论是在田里干活，还是在生产队工棚里开会，或是喝喜酒吃九大碗，都特别喜欢说段子、开玩笑，即使一些日常语言也具有娱乐性。

这里不妨以我舅舅乡坝头（当地"儿化音"较重）一父子二人的对话段子为例。

父亲干活回来刚进院子，向孩子喊话：

父："娃儿咧，你在何儿嘞哟？"

子："我在格儿嘞。"

父："你在屋头搞妞儿嘛？"

子："咪有搞妞儿，爪子嘛？"

父："即把床儿撑过来，到该上即买几个楼卜儿回来，今晚黑好炖嘎儿啰。"

听不懂了吧？哈哈，我来翻译一下。

父："娃儿咧，你在哪里哟？"

子："我在这里。"

父："你在屋里干什么嘛？"

子："没有干什么。你有啥子事嘛？"

父："去把船撑过来，到街上去买几个萝卜回来，今天晚上好炖肉啊。"

好笑吧，尤其是"搞妞儿"，非眉山人恐怕都容易把它误会成"泡妞"。

眉山土话很多，不妨将这段对话用其他地方的土话再表述一下。

父："娃儿咧，你在噻壶？"

子："我在这壶。"

父："你在那壶爪子嘛？"

子："咪有爪子。"

父："即把床撑过来，到场上买几个萝卜回来，黑了好炖嘎嘎汕。"

眉山人的这种群体性幽默显然与眉山方言的俏皮话特别多有直接的关系。但眉山人到外地出差或工作后，却总为自己的家乡话土气而自惭。

"文化大革命"时期，眉山城里的一些"操哥""操妹"不仅穿着时髦，而且大多还要"操"点成都话。就像四川方言电影《抓壮丁》里的卢队长一样，进省城学了点省城的"官话"，回乡里就"欧"（四川方言，拿腔拿调的意思）起了"官话"，显摆得很，让王保长羡慕得不得了。

我当时属于"黑五类"子女，虽不是"操哥"，但也开始学"操"成都话。

那是因为 1972 年我以拉小提琴的一技之长从农村考上眉山剧团，剧团演员因唱川戏所需，都说成都"官话"，在这个氛围中，我也随大流开始学说成都话。

1978 年考上大学后，在学校里我也是一直坚持说成都话，不好意思在同学中说家乡土话，久而久之也就习惯成自然了。

大学毕业后留校当了教书匠，课堂上还要"鼓倒"（眉山土话，强制、被迫的意思）说点"椒盐普通话"，几十年下来，一些家乡土话我都逐渐遗忘了。

退休后去上海继续带我的"研究孙"，我也像绝大多数四川人一样入乡随俗说"川普"。（顺便说一下，很奇怪为啥外省人到四川后就很难有人入乡随俗说四川话？这也可能反映了四川人包容、随和的文化性格吧。）

四川人学普通话，是分不清什么"前鼻音""后鼻音""卷舌音""平舌音"之类的，所以我在与孙子的交流中，经常被孙子纠正我的"川普"发音，而且还收到儿子媳妇的劝告："算了喂，老爸，你还是说四川话好些！"（可能怕影响了孙子的标准普通话吧。）

我想也有道理，我大妹的孙子比我的孙子大八九岁，如今不仅说得一口流利标准的普通话，回四川还学得一口比较地道的家乡话，还会说点上海话、外国话（英语），其语言功夫十分了得，还因此成为学校很多活动的主持人。

于是我也开始教孙子学说一段乐山方言段子：乐山的娃儿爬竿竿，落（掉）下来搭（摔）成个憨憨（傻子）。正处于语言发展期的孙子学

孙子学说乐山方言

得还真像，录个视频发朋友圈，赢得众亲捧腹称赞。

同时我也向孙子学说上海话，可惜过了语言期，咋也学不会，只好和孙子来了一段上海话"PK"四川话，结果爷爷败下阵来。

看了庄老师的退休感言视频后，我不再为家乡土话而自惭，反而感到很亲切，朋友们聚会打牌时，我也不时故意说几句土得掉渣的眉山方言段子给大家逗乐子，引得众友哄堂大笑。

眉山方言散打了这么久，还是回到正题吧：苏东坡当年究竟说的"嬢格儿"话呢？

苏东坡21岁考上进士后就离开眉山去外地做官，会不会放弃家乡土话而开始说"官话"呢？

虽无从考证，但可以联想到自己，我是而立之年才"范进中举"考上"学士"（本科）离开眉山，都不再说家乡话了，而人家苏东坡那么年轻就当那么大的官，恐怕是学说京城官话啰？

其实我这是在"以小人之心度君子之腹"。

苏东坡乃何许人也？苏东坡的散文、诗词、书法都达到了极高的造诣，堪称宋代文豪第一人。黄庭坚、张耒、晁补之、秦观都是苏东坡带出来的学生，号称"苏门四学士"，甚至连苏东坡的主考官欧阳修阅其卷后也自叹弗如。

难怪王安石赞叹苏东坡"不知更几百年方有如此人物"。如今千年都过去了，也不见有这样的人物出现。

我们知道，历史上大人物通常都是能改变世界的人物，岂有让世界改变大人物口音的道理。

你看毛泽东、周恩来、邓小平、朱德、陈毅，有哪个大人物改变过自己的乡音呢？更何况苏东坡还有着傲然风骨。

所以苏东坡当年一定是走遍"三州"（黄州、惠州、儋州）乡音不改，而且用风趣幽默的眉山话增添了自己的人格魅力。

苏东坡的初恋是在青神县，王弗出身名门，不仅是个美女，还是个才女，苏东坡对她一见钟情，并最终娶得美人归。

我想，这不仅是靠他的才华，可能也是靠他眉山话的幽默才赢得了女子芳心的吧? 哈哈，瞎猜! 苏东坡成名以后云游四方，广交朋友。当年与好友佛印和尚泛舟饮酒，"冲壳子"，互开玩笑，肯定也是说的幽默的眉山话，否则咋会逗得佛印哈哈大笑呢? 嘿嘿!

俗话说"三句话不离本行"。我的"本行"是哲学，哲学的"本行"是"反思"，像康德那样默望星空的"沉思"。

在对眉山方言反思、沉思后，我突然醒悟：方言土话并不是需要淘汰的落后语言，而是一种地方"文化"。

生物的多样性构成了生态平衡，而只有语言的多样性才能保持文化的丰富多彩。

任何一种方言土话，都包含了当地居民的历史文化变迁。例如眉山土话"噻壶""这壶""那壶"是如何形成的呢? 我想可能就是从四川茶馆文化演变而来。

我们都知道，泡茶需要开水，茶馆火灶上往往有很多水壶同时在烧水，水气缭绕，有时分不清哪一壶烧开了，茶客在老板忙不过来时往往自己去提壶续水，但分不清哪壶水已烧开了，就会问老板"噻壶"（"哪壶"），老板就指着某壶说"那壶"。

由此，"噻壶""这壶""那壶"就演化成了眉山人"哪里""这里""那里"的日常生活用语。

当然，这只是我个人的猜测与分析，但方言土语一定有它的历史演变过程，这倒是确定无疑的。

研究方言能让我们了解民族、地域的历史文化，绝不能因语言的通用化潮流就轻视甚至无视众多地方方言的存在价值。

众所周知，秦始皇统一中国后，"车同轨，书同文"的大一统思想深入人心，有力维护了中华民族的团结与统一。

从本世纪开始，"书同文，语同音，人同心"的宣传也愈来愈多，央视还有公益广告，很多公共场合都可以看到"请说普通话"的标牌提醒。

应该说这对于打破民族、地域之间语言文字交流障碍、加强各民族之间的沟通与团结、有利于社会经济文化的发展无疑是十分必要的。

但这并不能成为否定、淘汰地方方言的理由。正如在大力推广优良品种的同时，不少国家都建立了"植物种子库"，把植物种子保护好，以备将来的不时之需。更何况语言还是一种文化，具有提高民族认同感、增强民族凝聚力的强大功能。

但遗憾的是在大力推广普通话的过程中，地方方言已面临后继无人的困境。连农村幼儿园都是只教孩子说普通话。如果将来孩子们都不会说自己的家乡话了，地方方言恐怕就只有留存在音像图书馆里了。

所以，各地政府是否也可以将地方方言作为地方非物质文化遗产适当加以保护呢？各地教育部门是否也可以学学上海市的做法，在幼儿园、小学开设一些地方方言的"拓展课"，让下一代对自己家乡话也有一些了解和传承呢？

如果我们老一辈人百年之后，后人都只会说标准普通话了，那该少了多少方言乐趣，那是多么单调而寂寞的语言世界啊！

六、别了， 美丽的象耳寺

古人曰："峨眉揖于前，象耳镇于后，山不高而秀，水不深而清。"（唐《通义志》）

象耳寺是苏轼故里眉州八大景之一，古人把象耳与峨眉并提，足见象耳寺的秀丽风景有多么迷人。

20 世纪五六十年代，我母亲在象耳小学教书，我也在象耳小学接受启蒙教育，所以对象耳寺的风景是长期亲身感受，如今历历在目，说来如数家珍，至今记忆犹新。

象耳小学是由象耳寺改建的小学。寺庙依山而建，有上、中、下三层，深藏于茂密的松林之中。上层改建成教室和一个操场，中层改建成办公室、会议室和教室，下层改建成教工宿舍和厨房。

厨房与宿舍之间有个较大的开放空间，权当小礼堂和饭堂，中间安放了一个乒乓球桌，兼饭桌。厨房旁边有一口撑杆水井，井水清凉甘甜。挑夫、车夫常来此井担水解渴。

学校的娱乐设施就是山上的一个篮球场和小礼堂里的一个乒乓球台。所以从小我们家属小孩就喜欢打乒乓球。由于礼堂是开放的, 乒乓球经常被打出室外沿着一个陡坡滚到下面的堰渠里。

堰渠满水时约有两米深, 且水流很急, 我们只能快速跑向下游处一个有石阶可以下渠淘菜洗衣的地方, 等待乒乓球冲过来时用竹竿把球截住。但有时没截住, 就只能眼睁睁看着球被冲走了。

堰渠被高大的树木和灌木丛层层遮掩, 无孔不入的阳光也很难洒进来, 所以有点阴森森的。即使是盛夏, 靠近堰渠也感一股凉意。树丛中蝉鸣鸟叫, 沟渠里鱼游虾戏, 生机盎然。

有一种翠鸟, 羽毛特别鲜艳, 经常蹲守在沟边树丛, 盯着沟里的鱼虾动静, 乘机冲进水里叼着鱼虾又飞出水面。

不知此渠是不是传说中的磨针溪。据明代郑之珍记载, "磨针溪, 在眉州象耳山下。世传李太白读书山中, 未成, 弃去。过小溪, 逢老媪方磨铁杵, 问之, 曰: '欲作针。'太白感其意, 还卒业"。

由于此渠是灌溉渠, 上游引水处会不时关闭闸门。关闸门后, 原来两米左右的深水突然降到一两尺深浅, 沟里的鱼来不及撤退, 一下就暴露出来, 这正是抓鱼良机。

记得有一次上游关闸后, 水位急降, 沟里的红尾鲤鱼正值产卵期, 来不及随水退去, 一大片红尾巴拍得水面啪啪响, 好多大人都跳下去抓。

我那时才七八岁, 几米高的沟坎, 不敢往下跳。但我最喜欢的就是周末到堰渠旁边的醴泉河里游泳, 摸螃蟹小鱼。

从木栏小桥跨过堰渠, 再沿石阶下来就是醴泉河。醴泉河宽几十米, 水不深, 清澈见底。河中一种不知名的水草像海带一样, 在湍急的水流中翩翩起舞, 婀娜多姿。

河里的螃蟹和小鱼往往藏身在河岸边的一些洞穴和大石头下。可用细竹竿伸进洞把螃蟹捅出来，趁它仓皇逃跑之机从它后部捉住它。

河中还有一种叫黄辣丁的小鱼，它的鱼鳍十分扎手，我们常常被扎得鲜血淋漓，但由于其肉质特别鲜嫩，所以还是以冒死吃河豚的勇气去捉它，而且乐此不疲。

记忆尤深的是，有一次我在烈日下摸了一天的鱼蟹，把背晒出了好多水泡，晚上洗澡时被母亲痛骂了一顿。

醴泉河上有一座能通行汽车的公路大石桥，大石桥最中间的主桥柱一端刻有龙头，另一端刻有龙尾。龙头刻得栩栩如生，昂首，瞪眼，吹须，面向上游两百米处的一个滚水坝，似乎有跃龙门之意。

所谓滚水坝，就是为调节蓄水人工修建的堤坝，河水像瀑布一样从抬高的河面上哗啦啦冲下来，久而久之在下面形成了一个深潭，还伴有漩涡，我们游泳时根本不敢靠近。

滚水坝离学校只有两三百米，夜深人静时水声显得特别大，最初影响睡眠，久而久之就能充耳不闻了，枯水季节听不到流水声反倒不习惯了。

大桥两端各有几棵数百年树龄的大榕树，挑担拉车的力夫通常都要在树荫下歇脚纳凉，在桥头小店买上一包烟，在凉水摊上买上一大碗老鹰茶，点上一支烟，摇着大蒲扇，聊天吹牛拉家常。

等歇够后，他们就相互帮衬着把各自的"架架车"（只有两个车轮的板车）推拉上约几百米的山坡。那个年代的长途物流靠解放牌卡车和火车，几十百来公里基本上就是靠架架车。稍有实力的人家养有一头黄牛拉车，穷人家只能让自己的老婆或孩子帮着拉"飞位儿"（在车轴上套上一根绳拉车）。象耳寺那个山坡虽然只有两三百米，但坡度很陡，要拉重车上坡，没有人帮忙是很难的。所以通常拉车人都会在桥头歇歇脚，养精蓄锐，然后相互帮助把车拉上山坡。而从山上下来的板车则相当危险，因为山坡正对醴泉河，而且在坡尽头有一个九十度的转角，一不小心就可能连人带车冲进河里。所以拉车者用肩顶扛着车把，用双脚撑着地面，让车尾一根横杠在地上摩擦着滑行，尽量减缓板车的下滑速度。我曾见过有不熟悉路况的外地司机把卡车直接开进了河里，好在河水不深，人无大碍。我在读完初小后就告别了美丽的象耳小学回城里眉山师范学校附属小学上学。

20 世纪 60 年代搞"三线"建设，成昆铁路经过眉山，象耳寺醴泉河上增添了一座铁路大桥，火车上桥前都会拉响汽笛，白天听来很有气势，晚上听来却很是刺耳。象耳寺山上还新建了一个从上海迁来的代号"505"的半导体工厂，工人上班都是穿白大褂在恒温恒湿的车间里工作，让人羡慕。县政府还在象耳寺山上新建了一个氮肥厂、一个磷肥厂、一个火葬场，高大的烟囱成天冒着浓浓的黑烟或黄烟，拉矿石的、拉肥料的大货车络绎不绝，碎石公路上尘土飞扬，好一派工业化场景。

梦回故里是人之常情。1978 年我考上大学离开家乡后，母亲也退休在家，所以就一直没回过象耳寺。直到 1998 年父亲逝世，我去象耳公墓安葬父亲骨灰，才终于回到了儿时念书的象耳寺。

眼前的场景是：小学已迁走，山上的松林不复存在，山坡上流淌着从氮肥厂、磷肥厂排出的废水，不仅刺鼻难闻，还把流经的山坡都染成乳白色、铁锈色了。

醴泉河里的水也因工厂排的废水变得浑浊不堪，不仅难见鱼虾，连随波起舞的水草也没有了。桥头大榕树还在，但桥头商店、凉水摊、纳凉侃大山的车夫都不见了。

物是人非往往是游子凭吊怀旧的伤感，而此时的我，却因父亲的离世，儿时故地的剧变，产生了物非人非的伤痛！

呜呼哀哉！别了，敬爱的父亲！别了，美丽的象耳寺！

今年（2024年）端午节，我回眉山探亲访友，嫂子陪我再访象耳寺，感触颇深。当年的磷肥厂、氮肥厂已经过整治，再也见不到污水横流、烟囱冒黑烟的景象了。小学旧址已改建为醴泉江印象酒家了。经过酒家投资者的大力改造，昔日美丽的象耳寺又获得了新生，开始展新颜，接待了一批又一批的游客。时任浙江省委书记的习近平早在2005年8月在浙江湖州安吉考察时就提出的"绿水青山就是金山银山"战略谋划，经过近二十年的整治发展，如今已见成效。愿我们的祖国愈来愈富强、愈来愈美丽！

重访象耳寺

七、"川耗子" 的文化性格

四川人从何时起被外省人称为"川耗子"？

据清朝史学家赵翼在其所撰《陔余丛考》中的考证，明代"呼蜀人为川老鼠，以其善钻也"。

此雅号是褒是贬可以两说。贬义讽刺川人鼠目寸光，井底之蛙，胸无大志（所以有"少不入川"之说）。褒义称赞川人狡猾（聪明）机灵，善变多谋，知足常乐。无论褒贬，"川耗子"的幽默则是国人所公认的。

之前成都优品道小区疫情解封居民倒计时欢呼的视频在网上广为流传，其激动的心情好像是劫后余生，其欢呼的场面热闹程度远远超过一年一度的迎新年倒计时，而他们在业主群里商量如何庆祝解封的对话更是令人忍俊不禁：

业主甲：走出去的第一位业主应该要被采访，大家稍微收拾一下。

业主乙：小姐姐，可以化妆了哟！

业主丙：我老公正在刮胡子了。

业主丁：派个代表出去接受采访。

业主戊：我们晚些出去，不能影响小区形象。

业主己：冲啊，同志们，准备好穿好衣服。

这场景不由得令人想起"5·12"大地震四川人劫后余生后那种幽默与调侃，可能一些年轻人还没听说过，不妨在此回顾几例：

地震发生后，埋在废墟中的一个老农被俄罗斯救援队救出，惊奇地看着周围这些高鼻子洋人，不由得感叹道："哟喂！这场地震那么凶哦，把老子都震到国外来了嗉？"

不仅成年人如此幽默，小孩子也是不输长辈，那个被埋了80多个小时的小男孩薛枭获救后说："叔叔，我想喝可乐，最好是冰冻的。"这句天真而幽默的话不知感动了多少中国人（这个"可乐男孩"如今已成了成都可口可乐世界负责人）。

再讲一个我当年亲历的一件事。

大地震把我从午睡中摇醒后，我马上想到住在清水河养老院的八十多岁的老母亲不知怎么样了，电话打不通，通信已中断，急得赶快去开车，谁知交通也几近瘫痪。

好不容易开到养老院附近，停下车心急火燎地就往养老院跑。跑进院子后，只听到哗啦哗啦的一片麻将声，几十个老人都坐在麻将桌上一边打麻将，一边有说有笑，就像啥事都没有发生过一样。

我问母亲："妈，刚才地震了，你们都没躲吗？"母亲一边搓麻将一边不紧不慢地说："往哪儿躲？都是七老八十的人了。阎王爷要收你的话，你躲得过吗？"

然后，母亲指着旁边桌上打麻将的一个五十多岁的大姐说："全院子的人就她年轻点，一个人跑了，这不，跑到院子里摔了一跤，看见大家都没跑，只好抹眼抹眼（四川话"不好意思"）地又坐回来打麻将了。"说完，老人们都笑起来了，而那个大姐则调侃道："不好意思，给你们丢脸了哈！"

我真为母亲及其他老人在生命危急时刻表现出来的镇定、达观与幽默感到由衷地佩服与感动。

四川人的幽默究竟是怎么形成的呢？

窃以为，四川人的幽默不是模仿来的，而是自骨子里生发出来的，是原创的，原生态的，土生土长的，是四川上千年茶馆文化、麻将文化以及火锅文化孕育出来的，它已成为四川人的一种文化性格，所以幽默不是四川人个别人的，而是普罗大众的。

茶馆、火锅、麻将作为老百姓的日常生活方式几乎遍及全国，但是论其普及程度，四川如果只能排第二，估计没有谁能排第一了。

先说说关于茶馆的一件趣事

2005 年，我们教研室组织暑期考察，在敦煌市参观莫高窟后拟晚上乘车去乌鲁木齐市。宾馆要求 12 点退房，离晚上乘车尚早，于是我们准备找个茶馆喝茶闲聊，消磨时光。

谁知顶着烈日找了好几条街都没找到茶馆，问当地居民哪有茶馆，他们也都说不知道。我们都很奇怪，在四川每一座城市，可以说有多少餐馆，就有多少茶馆，这敦煌市虽不大，但咋就找不到哪怕一个茶馆呢？无奈之下，我们只好又去找个宾馆开了午休房睡午觉了。

再说说火锅

以火锅在四川的普及程度，从省城到乡场，从酒店到家庭，火锅几乎无处不在，无时不有。据不完全统计，四川有近四万家火锅店，形成了一个庞大的产业链。

仅为毛肚这一火锅食材，每天就需要宰杀成千上万头牦牛、黄牛、水牛才能满足食客需要，遑论其他食材及配料。

作为四川人，三天不吃火锅就心痒痒。火锅还是社交方式，三朋四友聚会或有客自远方来，通常都要吃火锅。可见火锅在四川人生活中的重要性。

最后说说麻将

民间流行一句调侃："十亿人民九亿麻，还有一亿在观察。"这话虽然听来有些戏谑，但也确实说明了麻将在国人里的普及率那是相当相当高。但四川麻将不仅普及率高，而且在打法创新上也称得上是"领头羊"。

我们海南中南西海岸小区有九千多户，大家来自全国五湖四海，麻将打法原来是五花八门，但现在小区全都是打"血战到底"的成都麻将了。

成都麻将之所以受欢迎，关键在于：

首先，降低技术性，提高手气占比，这样入门门槛低，普及率高。

其次，一局牌中，一家胡牌并不结束牌局，而是未胡的三家继续打，血战到第三个人胡牌后才结束。这样先胡牌的人可以做做牌间操，上上卫生间，轻松轻松，有利健康。

再次，先点炮的人未必是输家，也可能是做大牌赢后两家，从而避免了传统麻将的"划船"做法（扣牌，只打熟张不打生张，宁愿自己不胡牌，让别人去点炮），提高了博弈性和趣味性。

无论是茶馆文化、火锅文化还是麻将文化，三者都体现了四川文化的包容性特点：茶馆不分三教九流、士绅百姓，齐聚一堂，品茗，吹牛，听评书；火锅不拒荤素，兼容"鸳鸯"，五味俱全；麻将不分男女，不拒生人，"三缺一"就是圣旨。

四川文化的这种包容性来自四川人基本上都是外来移民。四川土著居民是川南僰人，从三国时期诸葛亮征伐平定蜀南土著民族到明代四川总兵刘氏父子平叛兴文、珙县两地僰人造反后，僰人基本就消声匿迹了。

移民带来的各种文化经过历史岁月长期的磨合与融合，逐渐形成了包容性极强的四川文化。四川人不排外，这是每一个来过四川的外省人都能深切感受到的。由于是移民大省，四川方言之多在全国也是罕见的。

以成都为例，东、西、南、北四门之外的方言都各不相同。有些方言如乐山话甚至连一些四川人也听不懂。在茶馆、麻将馆、火锅店这些市井娱乐生活场域中，各种方言相互影响，相互吸收，使四川方言的幽默集东西南北之长，显得特别丰富。

举个例来说，四川人把"走路"调侃为"甩火腿"以自嘲。比如，甲在麻将馆打电话催乙："咋个还不到哟？三缺一等到你在，快点快点!"乙："哎呀，我们又没得车子开，又打不起'的'，只能'甩火腿'的嘛!"

四川传统腌制品只有腊肉，并无火腿，这个"甩火腿"应是借用了浙江金华火腿。

四川人的幽默不仅与东北二人转、天津相声、上海海派清口的幽默有极大差别，甚至与重庆人的幽默也有微妙的不同。

还记得20世纪80年代"足球热"时全国流行的两个词"雄起""下课"吗? 后来川渝分家，为争夺其"知识产权"，重庆人和成都人的"口水仗"打得不亦乐乎，都说是自己的"知识产权"。

我当时就认为，"雄起"符合"重庆崽儿"火爆直率的性格，应该是重庆人发明的;"下课"体现了成都"闪眼子"含蓄弯酸的特点，所以应该是成都人的发明。这种看法得到不少人的赞同。

从文化视角看，重庆人的性格是重庆码头文化的体现。"码头文化"重"江湖"，讲"义气"，不来虚情假意。成都人的性格源于成都"茶馆文化"。"茶馆文化"那种悠闲、散漫，伴随评书的八卦、噱头，深深融入成都人骨髓，成为成都人的文化性格。

李伯清就是一个标准的成都"闪眼子"。他常用的口头禅"瓜娃子"尽管流行于西南地区，但其"知识产权"恐怕也非成都人莫属。似骂非骂，褒贬难定。用在生人之间，是一种"弯酸"的责骂，用在熟人或亲人之间，责备中又带有一种调侃的爱意。

可见，文化不仅是孕育人成长的摇篮，也是人性格形成的基因。难怪西方哲学家卡西尔把人定义为"文化动物"。四川人的幽默正是由四川文化孕育而成，是"川耗子"的一种文化性格。

八、"有钱难买回头望"
——"候鸟" 的惊魂之旅

儿时，爱讲笑话的父亲给我们几兄妹讲过很多的笑话。有些笑话其实是很有教育意义的。其中有个关于"和尚"的笑话令人喷饭。

父亲是教中文的，他先用文言文摇头晃脑地背给我们听，背完最后一句话后禁不住自己就哈哈大笑起来，而且眼泪都笑出来了，然后又用白话再给我们讲一遍。在父亲的感染下，我们也都笑成一团。

这个笑话是这样的。

一呆役解罪僧赴府，临行恐忘事物，细加查点，又自己编成二句曰："包裹雨伞枷，文书和尚我。"途中步步熟记此二句。僧知其呆，用酒灌醉，剃其发以枷套之，潜逃而去。役酒醒曰："且待我查一查看，包裹雨伞有。"摸颈上曰："枷有。"（摸）文书，曰："有。"忽惊曰："和尚不见了。"顷之，摸到光头曰："喜得和尚还在，我却不见了。"

父亲借这个笑话教育我们：衙役虽然傻，但他的记事方法还是可取的。

我们虽不傻，但如今年岁已高，容易忘事，有时出门连钥匙都忘带，带来了不小的麻烦。所以有人给老年人总结了这样一句话，出门一定要记住"伸手要钱"，即身份证、手机、钥匙、钱包。

这四个字与傻衙役的记事方法如出一辙，不过还真的管用。

父亲还有一句老生常谈的古训："有钱难买回头望。"

出门在外，只要在哪里坐下休息过，离开时一定要回头看看有没有什么东西给遗落了。

自此以后，我一生都始终铭记这句话，所以从"文化大革命"大串联第一次单独出门，到以后在剧团工作四处演出、上大学来回奔波，以及工作后出差、退休后旅游，我基本上没丢过什么东西。我也老生常谈地将父亲的教诲又"传教"给夫人、儿子、亲戚、朋友。

然而，"智者千虑，必有一失"，何况我还算不上"智者"。这次出门远行，竟然发生了令我失魂落魄的"一失"。

每年冬天，按惯例，我和夫人都要当"候鸟"飞赴海南过冬。2022年，因夫人在上海带孙子，我在成都上完课后一个人先赴海南打前站。由于各地疫情防护要求不统一，我反复查询，确认成都是"低风险"地区，上飞机只需48小时内一次核酸检测阴性报告即可。

于是我在1月25日上午做了核酸检测，下午在手机上看到结果，阴性，没问题。赶快查机票，只有27日上午9：15东方航空从成都天府机场飞海口那班飞机适合。

我让儿子帮我订了机票后才突然发现手机上核酸检测电子信

息只有日期，没有精确到小时，从 25 日到 27 日跨了三天，不知是否超过了 48 小时。朋友劝我保险起见再做一次核酸检测。

于是第二天我赶快去医院再做检测。尽管寒风凛冽，仍然排着长长的队伍。我先排队占位，再进医院打印了纸质报告，上面有精确的送检时间：2022 年 1 月 25 日 9 点 17 分，与我乘坐的那班飞机起飞时间只差 2 分钟。

我一算，刚好是在 48 小时之内，现在都是大数据时代了，应该没问题，没必要再做核酸检测。这个决定真可谓争分夺秒！

由于天府机场在简阳市，路途远，要坐近两个小时地铁才能到。我查了一下高德地图，小区门口地铁首班车是早上 6：10，到天府机场最迟也就是 8 点左右，还有一个小时，应该来得及。我事先把闹钟调成 27 日凌晨 5 点。

27 日凌晨 4 点过我就醒了，心里有事总是睡不踏实。起床洗漱后煮了几个汤圆吃，然后就赶去地铁站。地铁站还没开门，等了约十分钟，卷帘门开启。我第一个乘电梯下去，进站后等了几分钟，6 点 10 分，列车果然准点到达。人不多，我几乎享受"专列"待遇。

在列车上我一直在计算一个小时的时间够不够用，因为"现在而今眼目下"（电影《抓壮丁》中王保长的常用语），疫情使得对旅行者的绿码、场所码、行程码、核酸检测报告的检查格外复杂严格，而且海南不认外地健康码，必须是海南健康码，到机场后还需要下载转换……

从 4 号线转 9 号线，再转 18 号线，我终于到了天府机场站。为了抢时间，一停稳车我就拉着行李箱，挎着包，抢在众人前面冲下列车，直奔机场。

到机场入口处过安检时，突然发现双肩背包遗忘在地铁上了。一瞬间，脑子发蒙，心跳加速，一看时间，距登机只有半个多小时了。咋办？乘机还是找背包，只能二选一，还必须当机立断，容不得半点犹豫。

"两利相权取其重，两害相权取其轻。"背包之利显然高于机票。因为背包里有我两块"蝴蝶牌"乒乓球拍，胶皮也是四百多元一张的进口胶皮，顶配，尤其是二十年前买的那个球拍是"铁牌"，早已停产，据一个教练朋友说是已至少升值几大千。

其实升值多少都无所谓，反正我也不会卖，但那是我每天都要打球的"武器"呀！"战士"怎么能丢掉武器呢？

让我犯难的是，背包能找回吗？如果找不回，飞机又赶不上，岂不是鸡飞蛋打，"赔了夫人又折兵"？犹豫片刻，我还是当机立断：放手一搏，找背包。

于是我拖着行李箱又冲出机场，来到询问室请值班大姐帮我打电话问问车站是否捡到我的双肩背包。大姐打完电话告诉我："你的包已被车站捡到了，在终点站。"我悬着的心终于放下了。

我问大姐："去终点站来回需要多长时间？能赶上飞机吗？"大姐说："来回至少十分钟吧，至于你能否赶上飞机，就要看你的速度了。"我从大姐的眼神看出她是对我这个年过七旬的老人持怀疑态度，只是不愿直接打击我的信心罢了。

我让大姐帮我再打电话请求对方把背包送到站台，然后马上拖着行李箱一路小跑冲进地铁站。刚好有一班列车进站了，我快步冲进车厢，几分钟后列车到达终点站。我迫不及待冲出车厢，在站台上左顾右盼，直到旅客全走完了，仍没见到有人拿着我的包在站台上等我。

我见站台一端有个保安，赶快跑过去问他知不知道情况，他让我回头到另一端去问那个穿制服的大姐。

我又马上折回问"制服大姐"，大姐让我跟她去到一间屋子，拿出我的背包："是这个包吗?"我兴奋地说"是是是"。"你检查一下包里的东西少没少。"我一边接过包一边说"不用了，谢谢！谢谢！谢谢！"

几分钟后一辆列车开进站，我赶快上了车，到机场站后，我又背着背包、拖着行李箱以百米冲刺速度冲向机场安检处，安检完后我一看时间，只有9分钟就停止办登机手续了。

跑去航司柜台想特事特办，谁知又要我出示核酸检测报告。我拿出报告后，办事人员又对我三天前的报告表示质疑。我向她解释，虽然说跨了三天，但仍在48小时范围。她将信将疑，和另外一个大姐商议后才让我去紧急窗口办登机手续。

我一看，紧急窗口至少也有十多个人在排队等候。哪容得排队等候，我直接冲到值机柜台，向排在最前面的一个女孩讲了我的情况。女孩很友好，同意让我先办。

工作人员把登机牌和身份证扔给我后，我终于舒了一口长气，悬着的心终于踏实了。我知道，即使我迟到了，飞机也会等我的。当然我也要尽量快点，不要让机上旅客等我。所以安检后，我仍然小跑着奔向登机口。

往远处一看，登机口已没旅客了，只有工作人员，我赶紧跑过去向工作人员出示登机牌。工作人员让我稍等，说马上开始登机。

真好笑，原以为我是最后一个登机的，谁知我还成了第一名。哈哈！俗话说，鱼和熊掌不可兼得。谁知经过我的负重奔跑,"鱼"和"熊掌"我都得到了。正如毛主席所说:"世上无难事,只要肯登攀。"

我在飞机座位上坐下之后,才发现我的内衣全湿透了。这次出行的失魂落魄似乎到此就应该结束了,谁知还没完。

11点17分,飞机在海口美兰机场降落,打开手机就接到小区朋友发给我的短信,要给我接风洗尘,设午宴,吃鲍鱼、大虾。从机场坐高铁到白马井中南西海岸小区需要一个多小时,我必须乘上12点那趟列车才不至于让朋友等得太久。

于是又一场惊心动魄的与时间赛跑开始了。好在我没托运行李,下飞机后又开始一路小跑奔向机场出口。

机场温度二十多度,"候鸟们"都在更衣室脱去冬装换夏装,我不敢耽误,仍然穿着厚厚的冬装,一路小跑奔向高铁售票处。快到售票处时看到旁边有自助购票机,根据往年经验,售票窗口人很多,想在那里买到12点的车票肯定来不及了。尽管我还没在自助购票机上购过票,我还是当机立断马上就去机器上购票。

点开屏幕后发现距12点开车还剩十来分钟了。买,还是不买,又成了两难。买,有可能赶不上;不买,则下一趟还要等一个半小时。总不能让朋友饿着肚子等我这么久吧。我瞬间做出决定:买!大不了损失50元车票钱。

我用手机扫码付款成功后,就等出票。谁知一等不出,二等不出,拍拍柜机,还是不出。怎么回事?又看了手机,确实已扣款了。等,还是不等,又成了两难。瞬间我又当机立断,时间不允许,只剩8分钟了,不等了。

我马上向车站入口处跑去,问工作人员:"付款成功没出票咋办?"工作人员让我用身份证刷开了通道(后来才知道取纸质车票需进行其他操作），我跑向站台，列车已进站，正在下旅客。由于没票，不知道我在哪一节车厢。询问列车员咋办，答复是上车后可以帮我查。我只能瞎蒙了一节车厢上车，然后在两节车厢衔接处等列车员。

当所有旅客都上车以后，列车员上来了，把门一关后锁上，然后让我拿出身份证。她在手机上查到了我的座号，刚好就是我蒙的这节车厢。真是天助我也！

我找到座位坐下后，早已浑身湿透，额头上还汗如雨下。车上的旅客都是短衣薄裤，唯有我还是厚厚的冬装，真是个"耐温将军"，所以引来不少诧异的目光。

我顾不上"师道尊严"，一个年过七旬的博士生导师开始在众目睽睽下表演"脱衣舞"：先是脱掉防寒服，再脱去两件毛衣，只剩一件衬衣和汗衫。然后又开始脱外裤，再脱毛裤，又把外裤穿上。衣服换好后，浑身舒服多了。

一个小时后白马井站到了。我又拖着行李箱冲出车站，朋友早已驾车等候在外。上车后朋友感慨地说："真没想到你还能赶上 12 点这趟车。"我也调侃道："都是你的鲍鱼、大虾吸引力太大了！"

经历了这次"惊魂"之旅，我对父亲的"有钱难买回头望"更有了切身的体验。望大家吸取我的教训，不要重蹈复辙。

出于教师职业习惯，重要的事情讲三遍：

有钱难买回头望！

有钱难买回头望！

有钱难买回头望！

九、 出身名门的苦命奶奶

奶奶彭瑞荷，虽出生名门，但自嫁入"豪门"后，就饱受恶婆婆欺凌，没过上一天好日子。

奶奶的父亲、我的外曾祖父彭耀章是眉州光绪末期每隔十二年一次由朝廷直接选拔的贡士（相当于今天的地方高考状元），进京朝考合格后派往甘南任县令。

外曾祖父为官清廉，深得民心，并无"三年清知府，十万雪花银"之说。后因当地少数民族搞暴动，于是他弃官回乡倾囊搞教育，创办了私立宏模小学，并亲自教学。

宏模小学的教学质量堪比公立重点小学，引起地方政府重视，委托外曾祖父为眉山、彭山、丹棱、青神四县办教师培训班。

外曾祖父深受百姓爱戴，被尊称为"彭拔贡"。外曾祖父不仅学富五车，而且书法功力深厚，至今眉山三苏祠还留有他题写的"洗砚池"碑刻。

洗砚池为苏轼兄弟青少年临习书画时洗涤墨砚的水池，

"洗砚池"三字由笔者曾祖父清末眉州人彭耀章书

奶奶虽然是名门之女，但自被嫁给青神县大地主辜树棠家后，噩梦就开始了。

外曾祖父虽然才高八斗，但为官清廉，家境并不富裕，所以给女儿出嫁时的陪嫁十分寒碜，这在旧社会是很损夫家面子的。

据父亲的自传，曾祖父吸食大烟不管事，曾祖母为人凶狠刁钻，虐待儿媳妇，对奶奶就像对佣人一样，让奶奶洗衣、做饭、扫地、劈柴、干尽粗活，连吃饭也不能上桌，只能和佣人一起在伙房吃。

恶婆婆在给儿子娶了小老婆后，居然把奶奶和她的三个子女赶出了家门，让他们寄住在佃户辜子云家中，一个月仅给一斗五升米（约45斤），生活十分艰难。

父亲生前常对我们子女讲这段凄惨的日子：粮食不够吃，只能吃"对时饭"（今天中午吃了饭，要第二天中午才又吃饭），还经常吃"鼓眼饭"（有饭无菜）。

烧饭缺柴火，兄妹三人每天都要去松林拾松果，捞丛毛（松针），捡枯枝烂叶。冬天冷得遭不住了，只能到辜子云灶屋里借光烤火。

母子四人相依为命的悲惨遭遇得到辜子云和邻里乡亲的同情和经常的接济，他们时不时地送点红苕、苞谷、绿叶蔬菜之类的。

旧社会的观念是"嫁出去的女儿，泼出去的水"。奶奶从小缠足，未读过书，生性善良、胆小，只能默默忍受，直到大舅公去青神看望妹妹时，才知道了实情。

外曾祖父闻悉此事后，怒不可遏，一纸诉状把辜家告到了青神县衙门。

曾祖母接传票后有点心虚，试图送银圆贿赂知县，但知县敬重"彭拔贡"的人品与威信，拒绝了。后来辜家被县衙判决划给了奶奶母子四人三十亩土地为生。由于家中无劳力耕种，只能靠租佃为生。

父亲到了上学年龄被接回眉山，在外曾祖父办的宏模小学开始启蒙，发愤读书，每年会考成绩都十分优秀，直到后来考上了北平迁来成都的朝阳学院。这恐怕就是忍辱负重、望子成龙的苦命奶奶唯一的精神慰藉吧！

中华人民共和国成立后，爷爷在土地改革中被定性为恶霸地主被镇压了。奶奶的成分最初划定为"小土地出租",后因奶奶虽然被辜家赶出了家门,但并没有和爷爷办离婚,所以复核时仍定为"地主",让从没享受过地主生活的奶奶戴上了沉重的"地主婆"帽子,还让我们这些从未见过地主爷爷的子孙后代也莫名其妙成了地主阶级的"孝子贤孙"。

父亲 1949 年前大学毕业后本已在上海工作,住西藏南路同康里 20 号。突然有一天接到一封"妻亡速返"的电报,犹如晴天霹雳,父亲蒙了,心急火燎地赶回了眉山,才知是奶奶思子心切,找人谎拍了电报,虚惊一场。

家人团聚也是好事,父亲留下了,先在青神税局工作,后改行做了中等师范学校语文教师,母亲也做了小学教师。

中华人民共和国成立初期,百废待兴,经济困难,父母工资加起来不足一百元,全家七口人生活,生活本已拮据,亲历过吃"对时饭"的父亲却还要存钱,用他常教育我们的话来说,就是"常将有日当无日,莫到无时想有时"。

所以父亲平日里相当节俭,像葛朗台一样地"抠门",甚至连吃面放味精也不准多放(20 世纪 60 年代的味精也算得上平民百姓的奢侈品了),我们兄妹都很不满。记得大妹后来先参加工作,发了工资后,她专门买了瓶味精回家,并在瓶上贴了写有"随用味精"小纸条,弄得父亲很尴尬,成为家里的笑谈。

我们兄妹四人,只有大妹出生后请过一个临时保姆,小妹出生后是送到乡下舅舅处,到上小学时也回到了城里。此后除了大哥上中学住校去了,我和两个妹妹全由奶奶带着租住在校外,真难以想象奶奶是如何操劳孙子们的饮食起居的。

我从小和奶奶感情特别深,这与幼时发生的两件事情有关。

第一件事。

我们小时候都喜欢打泥巴仗，我从小扔石块瓦片扔得又远又准。有一次打仗我用瓦片把一个小朋友的头给打破流血了，我吓得转身就逃。

小孩父亲在后面穷追不舍，我终于累得跑不动了，像鸵鸟似的藏到一个土坎下，后被赶到的小孩父亲提起来狠扇了几巴掌。

可能惊吓过度吧，奶奶闻讯赶到时，我都说不出话了。奶奶赶快找人通知了母亲，母亲听说后先就跑去公安局报了案。到医院检查后无大碍，公安局让后来小孩父亲给我赔礼道歉。一连好多天我都变得呆呆的，不能说话。

奶奶听人说是"魂"吓掉了，要招魂。于是奶奶每天在手心放一个鸡蛋，边走边喊"堪儿呢，回来啰！堪儿呢，回来啰！"，也不知喊了多少天我才缓过神来。

另一件事。

有一年冬天烤火，那天火盆还没放架子上，我就踩上火盆沿口想爬上椅子，一下就把火盆踩翻了，一盆炭火倒在我脚上，棉鞋马上燃起来了，脱鞋袜都来不及，右脚背从此留下一个大伤疤。

奶奶个子小，身体十分瘦弱，还是"三寸金莲"，但在我脚烧伤后每天都背着我外出溜达、透气。

我在奶奶背上听到她喘粗气，挺心疼奶奶的，就说了一句稚气的感激话："奶奶，等我长大了，你长小了，我也来背你哈！"奶奶忍不住笑起来，说："我堪儿真有孝心。"此事在亲友圈中传为笑谈，我至今还记忆犹新。

上小学后，我和母亲在离城几里远的象耳小学生活了两三年。每到周末，即使母亲要参加政治学习，我一个人也都要回城看奶奶。周日下午晚饭后依依不舍和奶奶告别，尽管父亲每月给奶奶的生活费很少，但奶奶还是要悄悄塞给我点零花钱。

从小就被称为"精灵鬼"的大妹很快就发现了，吵闹着不公平。以后在大妹的严密监视下奶奶就改变策略，等我走出门外后再把我叫住："堪儿呢，你的领子没理好，来我给你理一下。"

奶奶装作给我理领口，悄悄在衣领下塞进一角钱，然后捏了捏我的肩膀，我心领神会。久而久之，此秘密又被"猴精"的大妹给发现了，奶奶只好一视同仁。

大概60年代初，我从象耳小学回到城里眉山师范学校附小上学。我和奶奶、两个妹妹一起租住在眉山师范学校出后门府街的"邓公馆"一间二十平方米左右的屋子里。尽管屋子距眉山师范学校只有几百米远，但父亲也只是周末才回来看看。所以平时就只有奶奶和我们三兄妹相依为命。

众所周知，60年代初全国人民面临"过粮食关"。记得我们眉山县居民是每月供应17斤粮食，半斤猪肉，4两菜油。为了弥补生活困难，很多人家都养兔或荷兰猪（一种比兔还小一点的豚鼠）。

我家也不例外，兔子和荷兰猪都养过。每天放学回家，我们三兄妹的"家庭作业"就是扯兔草。收麦时节，我和妹妹总会趁周末去城外麦田里捡掉在地里的麦穗，回来用手搓去外壳，然后炒来吃。我们分给奶奶吃，可奶奶总舍不得吃，留下以后又分给我们吃。

当时小学班上有个姓朴的同学，绰号"杜老板"，他的父母亲在眉山糖果厂工作，经常利用工作之便，偷偷把糖果往家里带。所以"杜老板"上学经常带来好吃的糖果，同学们都讨好他，以求能分一点吃。

"杜老板"特别喜欢打乒乓，而我的乒乓球打得特别好，为讨教我，他经常悄悄塞给我好多糖果。

印象最深的是有一种做高级点心用的糖馅，是用猪油加白糖、花生或芝麻做的，又甜又油，特好吃。"杜老板"有时塞给我的糖馅足有馒头大，包装纸全被油浸透了。

我带回家后给奶奶，奶奶也舍不得吃，像宝贝似的珍藏在橱柜里，逢年过节用它来做汤圆馅。

奶奶年纪大了，由于营养不良，又特别操劳，最终得了肾病，但仍然要操劳几个孙子，忍着疼痛没及时告诉父母亲。直到比较严重了，父亲才知道了，周末找了一个医生到家里诊看了一下，开了几服中药。

奶奶边服药边操劳家务，好长时间过去了，也不见好转。奶奶终于累趴下了。由于肾病，不能"躺平"，她只能坐着趴在一个方凳上睡觉。

在商业局工作的二姑见奶奶的病不见好转，从城关镇中医院请了眉山著名中医胡伯安来家里给奶奶看病，才发现有误诊，但已病入膏肓、回天无力。

奶奶在病重昏迷的时候总是喊着我的乳名，我听了难过得流泪："奶奶，我在这儿。"奶奶便抬起头，用浑浊的目光看了看我，又趴下了。

奶奶的病一直拖到我考初中。从小学起我的成绩在四兄妹中就是最好的，可能这也是奶奶特别宠爱我的一个原因。那天，我到学校拿到眉山中学录取通知书后，高兴地连蹦带跳跑回家去给奶奶报告这个好消息。

我跑回家，见奶奶趴在凳子上，我赶紧抓住奶奶枯柴般的手，边摇边喊："奶奶，奶奶，我考上中学了。你看，这是我的录取通知书。"奶奶抬起头，把我细看了一遍，嘴唇微微动着，但已说不出话，对我轻轻点了点头，便又趴在凳上。

我一见情况不对，赶快跑到眉山师范学校告诉了父亲，父亲又马上通知了母亲、二姑、二姑父，大人们都赶回来了。奶奶虽未断气，但已昏迷不醒了。院里邻居们也赶过来帮忙关心。

有个邻居把父亲叫到一边，悄悄说，他有个亲戚就是长期坐在椅子上睡觉，去世后弯曲的双腿会僵硬，装不进棺材，所以要趁人完全断气之前赶快给躺下用木板把腿给压直了。

父亲已是六神无主，众人帮着把奶奶抬到门板上，又找来一块木板压在奶奶双腿上，还要找人站到木板上踩压。父亲和二姑自然不忍、不敢，母亲见状只好说："还是我这个媳妇来吧！"母亲在旁人扶持下小心翼翼踩上木板，父亲和二姑把脸转过去不忍看。

奶奶的腿给压平了，居然没有呻吟声，我悄悄看了一下奶奶，虽然面无痛苦表情，但却有一滴眼泪从奶奶紧闭的眼角慢慢流下来。我忍不住泪如泉涌，扑过去边喊边摇着奶奶。奶奶就这样一句话都没说，和我们永别了。

奶奶在地下长眠了，我再也见不到我亲爱的奶奶了。奶奶以前没照过相，只在 1949 年后照了个"全家福"。

20 世纪 50 年代初的 "全家福"

　　为纪念奶奶，我用炭精铅笔精心画了一张奶奶的肖像，得到亲友们的夸赞，就用镜框装起来，在墙壁上挂了好久。可惜少年时期的这幅 "杰作" 在几十年的历史岁月中未能像《蒙娜丽莎的微笑》那样保存下来。

　　奶奶去世已六十多年了，如今我也成了古稀老人，怀旧之情时时涌上心头。每当想起奶奶临终前从眼角流出的那滴眼泪，我就禁不住泪如泉涌。

十、父亲的家教

中华民族自古以来就注重修身齐家、讲究忠孝礼仪，所以传统家教就是长辈通过言传身教让晚辈学会如何做人、处世、有出息，而非今天的请教师来家里给孩子补习功课。

古人曰："养不教，父之过。教不严，师之惰。"我父亲身为教师，兼具"师""父"双重角色，所以对子女的教育可谓"双管齐下"，尤其严厉。

1. "黄荆条子下出好人"

打记事起，我家有七口人，奶奶、父母亲和四兄妹。

小妹出生后送到乡下舅舅家代养，到上学时才带回，大哥上中学后就住校了。我和大妹从小由奶奶带着，租住在眉山师范学校旁边府街的一个叫"邓公馆"的四合院内。

母亲在离城约几公里路远的象耳小学教书，周末才回家。父亲在眉山师范学校教书，虽近在咫尺，步行十多分钟即可到家，但父亲也只是周末才回家。照理说，一周才见一次父母，应该感觉很亲切，要撒娇什么的，但我们却非常怕过周末，因为每个周末我们几乎都会遭受父亲的戒尺教育。

父亲回到家里，首先会让奶奶说说两个孩子这一周的表现，犯了哪些错误，然后根据错误性质决定打我们多少个手心。

我从小调皮捣蛋，错误当然是最多的，所以挨手心的次数也最多。俗话说十指连心，每打一下，那都是钻心的痛呀！其实，其他人家打孩子都是打屁股，孩子肯定还好受些，肉厚神经少嘛，但父亲作为教师"文明执法"，还是采用传统私塾先生用戒尺打手心的做法。每挨一下打，我都会痛得大叫一声，本能地往后缩手，然后又战战兢兢地伸出手来挨下一个，直到挨完规定数目，手掌就会变得又红又肿。

挨完打，就盼着父母亲早点返校，我们兄妹就会感到莫名地轻松，像出笼的小鸟，又可以尽情玩耍了。这种"周"而复始的戒尺教育直到我考上中学住校后才告结束。

父亲教育我们常用的谚语就是："三岁看大，七岁看老""黄荆条子下出好人""玉不雕不成器，人不学不知义"，"没有规矩，不成方圆"……还别出心裁把"响鼓不用重锤敲"改成"响鼓也要重锤敲"。

父亲的"黄荆条子"虽然严厉，但的确让我们几兄妹从小就学到了不少为人处世的礼节和道理，对今后的人生道路起到了导航作用。

2. 父亲的养生教诲

父亲作为语文教师，在学习上对子女的教育主要是阅读与写作，我们子女受益匪浅，无须赘言。这里特别追忆一下父亲生前对子女的养生教诲。什么叩齿、揉耳、搓鼻、提肛、睡前烫脚、十指梳头、春捂秋冻、"饭后百步走，活到九十九"之类的养生之道，听得我们耳朵都"起茧疤"了，但几兄妹是左耳进右耳出，根本不在意。

大约在我上小学时，父亲教育我们要学会"固齿"：就是小便时要咬紧牙关不说话，同时还讲了中医"肾齿相依、肝眼相旺"的道理。虽然我不懂中医，但看到父亲牙齿很好，而母亲每顿饭后都要漱口清洗假牙，特麻烦，所以相信父亲的教诲有道理。我也开始坚持小便咬紧牙关不说话，当别人问我话时，我也不回答，直到解完手才做解释。不知不觉就形成了习惯，而习惯就成了自然，一直到现在，坚持了几十年。

俗话说："不听老人言，吃亏在眼前。"我的体验是"听了老人言，受益在将来"。大哥和两个妹妹对父亲的教诲都左耳进右耳出，在成年以后牙齿就开始坏掉了，牙疼，补牙，拔牙，装假牙，痛苦不堪。前不久大妹还在电话里告诉我，女儿很有孝心，花了两万多"银子"给她安了种植牙，真后悔当年没听父亲的话。唯独我，年过古稀，至今没有一颗坏牙。

都是一个爹妈的基因呀，看来小便时咬牙固齿的确有其道理。我想将固齿方法作为家训传给儿子，但身为理科生的儿子并不相信中医，总让我拿数据说话，否则免谈。我只有经验，拿不出数据。但事实胜于雄辩，儿子才过而立之年，牙齿就坏了，安上了烤瓷牙。所以我只能开始对孙子进行固齿的传承教育了。孙子还小，比较听爷爷的，有时还主动自我提醒"屙尿要咬牙不说话"。就不知道他能否坚持下去了，哈哈。

除了固齿受益以外，父亲还教育我们喝茶可以明目。从小时候喝父亲的"加班茶"开始，一直到今天，喝茶成了我每天的必然功课。有趣的是，我终生坚持喝茶，居然就终生"明目"，从没戴过眼镜，连老花眼是啥滋味也没有体验过，至今看书、玩手机、开车都很方便自如。这是与喝茶明目有关系，还是与打球练眼有关系，不得而知。也许就是巧合吧。

父亲还严令我和大哥不准抽烟、酗酒，因为烟熏肺、酒伤肝。大哥不理会，抽烟酗酒，打牌熬夜，导致身患重疾，竟然在千禧之夜就英年早逝了。我基本上听了父亲的教诲，终生不抽烟，基本不喝酒。大学毕业宴席上，男生们都相互敬酒庆贺，我则用"鸡汤"回敬，遭到同学们的戏谑调侃。

今天，烟酒之危害已成常识，但固齿之偏方却少有人知晓。其实，有个广告倒是道出了牙的重要性："牙好，胃口就好，身体培儿棒，吃嘛嘛香。"

我古稀之年还能大鱼大肉，饭量远超下一辈，被身边朋友们戏谑为"大卫（胃）·李嘉图"。能吃能睡，必然营养充足、体力充沛，连我的学生球友都说："辜老师的体力比我们年轻人还好。"所以，我常说自己的个人目标是争取见证祖国百年奋斗目标的实现，再去向毛主席汇报中华民族伟大复兴。

3. "身教"胜于"言传"

春雨润物细无声。父亲终生与人为善，为人正直，有几件事对我触动很深。

"文化大革命"初期，父亲被打成"反动学术权威"，又被查出中华人民共和国成立前读书时参加过"三民主义青年团"，因而又被戴上了"历史反革命"帽子。每天在校园里看着铺天盖的批判父亲的大字报、大标语，我们几个子女无不胆战心惊！父亲有一天把我们几兄妹叫到跟前，像交代后事一样，哽咽着对我们说："为了你们的前途，你们都要去贴我的大字报，坚决和我划清界限！争取做'可教育好的子女'。"我鼻子一酸，眼泪禁不住滚了下来。

父亲随即从箱子里拿出一套他珍藏多年的英国花呢西装给我，让我找下西街一个上海裁缝师傅给改成学生装。他又拿出几条花领带给大妹，让大妹用来补花衣服用。大妹年幼无知，为加入红小兵，还真把父亲的领带当成父亲留恋旧社会的"罪证"交给了工作组，此事让大妹悔恨了一辈子。

父亲尽管蒙受了不白之冤，但从未在孩子们面前发过牢骚或表露过对党和政府的不满，还一再教育我们要相信党，要争取进步，做"可教育好的子女"。果然后来党和政府落实知识分子政策，父亲获得平反，还先后当选县人民代表、县政协委员。

父亲身处逆境还对子女做正面教育，此事对我的影响是十分深远的。在我以后几十年的教学生涯中，无论西方敌对势力及某些"公知"如何攻击我们的党和社会主义制度，我都始终坚持对学生做正面教育和引导。

记忆犹新的还有一件事。有一天午饭后母亲去公厕方便，回来后拿出一个牛皮纸信封，对父亲讲，这是刚才在女厕所捡到的一包钱，不知是谁丢的。父亲把那一沓钱抽出来数了数，一共一百多元。这在当时可是笔巨款啊，谁这么不小心？信封里还有两张工资单小纸条，一看，上面写着魏老师夫妇的名字。

父亲说："这个谭×（魏夫人）太粗心大意了！"然后让母亲赶快给他们送过去。母亲很快就回来了，笑着对父亲说："那两口子都急死了，在家吵架，屋里翻得乱糟糟的，看到我把钱给他们送回来了，激动得千恩万谢！"

受父母亲影响，考上大学后我也有过一次抵抗"百元巨款"诱惑的拾金不昧行为，不仅体验和享受了一次做好事的精神愉悦，还意外地在我入党问题上加了分，让我顺利入了党。

父亲还有一件很不起眼的小事让我懂得了什么叫自律，什么叫"君子慎独"。

有一天早晨，父亲洗嗽，在镜子里发现自己的眼睛巩膜发黄，马上怀疑自己得了肝炎，当天就主动分餐单独吃，碗筷自己洗、分开放。午饭后去厕所回来，在家属院公用水龙头洗手，我看见父亲先找来一张纸包住水笼头，然后才拧开洗手，洗完后又走很远将纸扔进垃圾箱。几天后化验结果出来了，虚惊一场，不是肝炎，父亲这才结束了"自我禁闭"的生活。

4. 对"幺儿"的特殊"关照"

对父亲的家教我有一点始终想不明白：俗话说"皇帝爱长子，百姓爱幺儿"，但父亲对我哥就要宽容得多，对我这个幺儿反倒特别严厉。难道是父亲常自嘲是"孤（辜）家寡人"之故？不过后来听奶奶讲，哥在上海出生，是第一个孩子，所以才从小受到父母亲溺爱，任性，爱耍脾气。

如今分析一下父亲的心理：次子可能父亲期盼是个女儿，谁知又是个男孩，所以对我这个幺儿就没有对长子的"优待"了。而大妹相比小妹特别受父亲"偏爱"，可能也就是因为大妹是第一个女孩，满足了父亲"花色品种齐全"的愿望吧。

父亲对我的严厉首先体现在学习要求上。四兄妹中，我成绩最好，在班级中也是名列前茅，却是被父亲批评得最多的。

有一次班主任陈泽忠对父亲讲："你孩子成了个坏榜样，我批评某某同学贪玩好耍，所以成绩不好，该同学反驳我说，人家辜堪生也贪玩好耍，咋个学习成绩又好呢？弄得我一时都不知该怎样回答。"

父亲为此狠狠地责骂我："你有啥骄傲的？满壶水不响，半壶响叮当！你就凭半壶水在那里涮！"考了好成绩还受父亲责骂，弄得我莫名其妙，很是委屈，还和父亲大吵了一架。

还有一事记忆深刻。父亲让我和大妹练习毛笔字，并由他亲自批改，谁吃的"鸭蛋"（写得好的字画个圈标出来）多，就奖励谁。

我自认为毛笔字比大妹写得好，但每次父亲圈阅下来，都是大妹得的"鸭蛋"多，奖金也就归大妹。我不服气，让母亲评理。母亲看后也说："还是堪生的字好一些，小华的字写得歪瓜裂枣的。"父亲却以语文教师权威的口吻说："你懂啥？这叫'孩儿体'。"父亲的偏袒最终让大妹的"孩儿体"保持到了老年，让大妹哭笑不得。

父亲对我的严厉不仅体现在学习上，他在日常生活中更是吹毛求疵，鸡蛋里挑骨头。父亲从来不会做菜，但对做菜却很讲究。有一天，吃饭时，父亲发现萝卜有半圆形的，就批评我："萝卜要切成方形，咋能切成半圆形？"我很生气地怼了回去，说"切不来！"又和父亲吵了起来。

母亲当然还是站在我一边，对父亲说："下次你来试试。"等到又吃萝卜时，母亲真把父亲叫过来："老辜，你来教教我们如何不切出半圆形萝卜。"父亲说："我来就我来。"挽起袖子，操起菜刀，拿着萝卜，东瞧瞧，西比比，切来切去才发现萝卜边沿的弧形根本无法切成方形。我们都笑起来了，父亲也尴尬地笑了。

俗话说："欲加之罪，何患无辞？"有一天吃午饭时，父亲对我做的烧豆腐又开始唠叨挑剌了："豆腐应该切成正方形，你咋切成长方形？做菜嘛，不仅要讲色、香、味，还要讲形……当年你三舅婆做的菜、二奶奶做的菜都是色、香、味、形俱全……"我实在忍不住了，反唇相讥："豆腐吃进嘴里，不管正方形还是长方形，全都变成没有形！"

父亲本来就有家长制作风，孩子敢顶撞他，一下就发怒了，大骂我不孝，父子俩又开始吵起来。母亲实在看不下去了，又跳出来护犊子："辜明昌，你太苛求人了！走，我们去让老师们评评理！"父亲一看母亲发怒了，马上就软下来不说话了。

父亲并不是"耙耳朵"，而是很要面子，家丑不可外扬嘛。

说起父亲很要面子，还有一个笑话。有一次父亲惹恼了母亲，母亲一气之下跑去成都三姨家了。父亲本不会做家务，母亲就是要借此逼父亲"下矮桩"（认错——四川方言）。父亲讥讽道："离了你地球照样转！"

父亲死要面子活受罪，坚持了好多天不向母亲认错，母亲也乐得在成都轻松作客。又好多天过去了，三姨终于接到父亲的电话，让三姨劝母亲回来。三姨说："你不是说离了二姐地球照样转吗？"

父亲调侃道："地球确实还是在转，只不过转得有点椭圆椭圆的。"这种诙谐风趣的变相"认错"，把母亲和三姨都逗笑了，母亲的气也就消了大半。此事在亲友中传为笑谈。

5. "爱之深，责之切"

父亲为什么对我特别严厉，直到父亲离世后我才从母亲那里陆续知道了一些原因。母亲说："你爸常背地里对我说，'一笼鸡总有一只会叫的，我看只有老二才是清华、北大的料'。"原来父亲对我寄予莫大的期望，把我当成"响鼓"，又坚持"响鼓也要重锤敲"，所以对我的教育才特别严厉。

由于"文化大革命"的原因，我没能让父亲如愿。1977 年恢复高考，四川高考试点恰恰选在了眉山。父亲立即督促我报名参加高考。我当时已在眉山剧团工作了，剧团工作生活非常舒适惬意。我不想离开剧团，找了很多借口：年龄大了，高中都没读完，书本丢了十多年了，数理化公式都忘了，来不及复习……总之没去报名。事后父亲狠狠地骂我鼠目寸光、井底之蛙。

第二年父亲又严令我必须参加高考，并请了眉山师范学校数学老师李寿渊给我补习，还以上大学后每月补贴我十五元生活费为"诱饵"。在父亲的软硬兼施下，我只想应付一下父亲，报名参加了高考。没想到居然还"范进中举"，考上了。

我上大学后不久，剧团很快就"夕阳西下"，经营惨淡，不少学员都调离剧团了。在此后的企业改革中，大妹以及很多同代人都成了下岗职工。大妹本来学习成绩还不错，下岗后还抱怨父亲当年咋不逼她也考大学。

正是父亲对我的严厉督促，才彻底改变了我的命运，让我真切感受到了非仇莫父子、父爱如山重的深刻含义。

6. 子欲孝而亲不待

1980 年工资定级，父亲经多轮筛选，最终被评为全县仅有两个名额的"中教二级"，深得领导赏识和重用。但很快社会上就风传"子女接班"政策将废止。为了让大哥进眉山师范学校"顶班"，父亲拒绝了学校领导和教育局一再让他延迟退休的好意而坚持办了退休手续。

退休后父亲继续受聘为学校主编校史，并任东坡诗社理事，受聘主编《眉山图书发行志》一书（该书获四川省"店志书"

一等奖），90 年代初又被聘为眉山育英学校名誉校长。

退而不休，夜以继日，父亲终于劳累过度，在一个酷暑天从育英学校骑车刚回到家便脑出血瘫倒在沙发上。我在外地不能回家尽孝，只能每年寒暑假带着孩子回家探望。

记得有一年春节回家，大年三十晚上全家人照例聚在客厅嗑瓜子、聊天、说笑、看春晚。有首《常回家看看》的歌，直击游子内心柔软处，听着听着，全家人都安静下来了。我努力不让泪水掉下来，悄悄看了一眼坐在轮椅上的父亲，父亲早已是喉头哽咽、老泪纵横了。

看完春晚，母亲打来一盆热水给父亲洗脸洗脚。我赶紧过去帮父亲洗脚，然后搀扶着父亲上了床。第二天，母亲悄悄告诉我，你爸昨晚上床后又流泪了。我说为什么呀，母亲说，昨晚你给他洗了脚上床后，他对我念叨说，"堪生还是有孝心的，当了教授都还给我洗脚"，说着说着就流泪了。

此事给我的触动太深了，让我心里特别酸楚。平生就给父亲洗过这么一次脚，居然被父亲如此看重，恰恰说明自己平日里对父亲尽孝太少，而且还常和父亲争吵，真是悔恨交加，只想今后常回家看看，多孝敬孝敬父母。

1997 年我调到西南财大任教，学校分配给我一套四室两厅住房。这下距家更近了，住房也宽敞了，本打算安顿好了以后就把父母亲接到成都，既方便父亲治病，我也好尽尽孝道。谁知父亲又患肾衰竭住进了县医院。

我课一结束马上赶回眉山，直接去医院看望父亲。只见父亲躺在病床上，挂着水，插着管，骨瘦如柴，脸色蜡黄，目光呆滞。见我回来了，父亲的眼角流出了泪水，十分吃力而又无比伤感地对我说道："堪生，我这次进来恐怕就回不去了！"我紧紧抓住父亲干枯的手，眼泪忍不住夺眶而出。

父亲自偏瘫以来多次住院，但始终很乐观顽强。为恢复身体，每天不要人背扶，自己从四楼用右手（左肢偏瘫）扶着栏杆一步一步倒退着下楼，然后从保姆手中接过拐杖，在院子里散步锻炼。锻炼完后又一步一挪地爬上楼。

这次肾衰竭，父亲渴望生命的顽强精神被病魔击垮了，父亲似乎对生命终结已有了预感，所以才会说出如此绝望的话来。"不会的！不会的！爸一定会好起来的！"我竭力想给父亲一点精神安慰，但眼泪却忍不住像断线的珠子一样落了下来。

父亲终于熬到油尽灯枯，于1998年2月14日合上了疲惫的双眼，永远地离开了我们，享年78岁。父亲的追悼会在眉山师范学校大礼堂举行，很多父亲的学生闻讯从各地赶来参加了追悼会。

父亲的追悼会

父亲最得意的学生、四川省作家协会副主席、巴金文学院书记徐康为父亲撰写了挽联，这副挽联后又被刻在了父亲的墓碑上：学府名师劳碌半世育成桃李满天下，家中严慈勤勉一生留下功德荫后人。

整理父亲书房的遗物时，我发现父亲书柜里居然还保存着我十多年前寄给他的一本学术刊物，里面有我发表的处女作。

我知道父亲本是学财经的，后来教中文，未必能看懂我的哲学论文，但父亲却珍藏着我的学术研究成果，实际上是珍藏了父亲对我这只"半开叫公鸡"的厚爱。等我明白过来时，却已是阴阳两隔，"子欲孝而亲不待"，令人追悔莫及！

父亲已离世二十多年了，值此父亲节来临之际，谨以此文祭奠父亲的在天之灵，寄托儿子的思念之情。

十一、我和母亲"唱《智斗》"

可能一些年轻人还不知道,《智斗》是京剧样板戏《沙家浜》中阿庆嫂与"忠义救国军"司令胡传魁、参谋长刁德一的一场十分精彩的斗智斗勇戏,在我们这一辈可谓耳熟能详、妇孺皆知。

我和母亲并非真的在舞台上演唱过《智斗》这场戏,而是在日常生活中发生过不少"斗智斗勇"的故事。

著名儿童心理学家让·皮亚杰认为,每个幼儿的成长过程都是一个脱离自我中心的过程。

我也冒昧提出一个自己的陋见:每个少年的心智成熟过程大都是一个与父母亲围绕"撒谎"问题展开的"斗智斗勇"过程。

我家四兄妹,只有我和母亲单独生活过好多年,母子感情也最深,当我和父亲发生矛盾时,母亲还常常挺身而出护犊子。当然,我和母亲之间的"斗智斗勇"故事也最多。

幼儿时,父亲在洪雅师范学校工作,我和母亲住在白鹤庵小学,那是一个由尼姑庵改建的小学。母亲每天都要上课,我则每天沿着一条石板路独自走两三里路到城里幼儿园上学,下午放学后又一个人回家。

这在今天是无法想象的。不过当时坏人也少，根本不用担心什么人贩子，路上连自行车也难见，所以也不用担心什么车祸。幼儿时期思想很单纯，没什么"歪"心思，和母亲基本上是和谐共处的。

后来父亲调到眉山师范学校工作，母亲随之调到眉山象耳小学教书，我也进入少年时期，开始在象耳小学念书。

小学时期，我从幼儿的"单纯"变成少年的"猴精"，与母亲的"智斗"故事也就开始了。

每个周末，象耳小学都要组织教职工政治学习，我则乘机下河游泳，摸鱼捉蟹。有一次，太阳太烈，我光着身子弓着背在河里摸了一天的鱼蟹。晚上睡觉前母亲给我洗澡，脱去汗衫后发现我满背的水泡，惊恐地问我咋回事。

我本能地随口就撒了个谎："今天下河洗澡忘了带上毛巾，起来后就弓着背让太阳晒干再穿衣服，所以就晒出了水泡。"

这个谎撒得真是太幼稚了，就算是晒干背上的水，那也只需要一会儿工夫，咋可能晒得满背的水泡呢？而且撒这个谎也太无必要了，下河洗澡与下河摸鱼蟹有啥本质区别呢？为什么可以承认前者却要隐瞒后者呢？

母亲立马责骂我撒谎。我只得如实交代是弓着背在河里摸了一天的鱼虾。此事后果很严重，比"芒刺在背"有过之而无不及。芒刺还可挑去，而水泡则不能挑，一旦破皮极易感染化脓，只能让身体自然吸收。

睡觉还不能躺，只能趴着睡，穿衣也得很小心。结果仍然弄破了一些水泡，为防感染只好用碘酒消毒，痛苦不堪。此事在亲友间广为流传，所以记忆犹新。

记忆犹新的还有偷吃蜂蜜一事。舅舅从乡下托人给母亲带来一大瓶自家蜜蜂酿的蜂蜜，这在当时可称得上是奢侈品。母亲舍不得吃，悄悄放到柜子最里处，准备放寒假后带回城里在春节期间让全家人享用。

嘴馋的我很快就找到了母亲藏起来的蜂蜜，忍不住悄悄地用筷子蘸一丁点儿来吃，以为不会被发现。但一旦尝到甜头，就欲罢不能了。我隔天又蘸一点吃，隔天又蘸一点吃，天长日久，一大瓶蜂蜜居然被我偷吃了小半瓶。

寒假来临，母亲收拾东西，终于东窗事发。母亲审问我，问是不是我偷吃了。这不是"和尚头上长虱子——明摆着"的吗？家中只有母子二人，不是我还有谁？我只得承认是我偷吃了。

审讯继续："为什么不经大人允许就偷东西吃？""我想尝一尝蜂蜜的味道，就用筷子蘸了一点来吃。""偷吃多久了？""只偷吃了几次。""撒谎！不可能几次就吃了这么多！"

天呐，既然自己都承认了偷吃，为什么又要在偷吃次数上撒谎？可能在小孩心目中偷吃次数愈多，错误就愈严重吧。

这种幼稚的行为其实在某些成年人中也会发生，否则咋会有"五十笑百步"的典故呢？就因为撒谎是个品质问题，我不仅尝到了戒尺之痛，到头来还只得承认是长期偷吃的结果。

我不仅和母亲"斗智"，有时还"斗勇"。记忆犹新的还有一事：大约从八九岁开始，我的衣服大都是自己来洗。那时可没什么洗衣机，只能外衣用刷子刷、内衣用手搓。那是冬季的一个周末，我在屋旁一个亭子里的洗衣石板上搓洗自己的衣服，水冰冷刺骨，手冻得通红、麻木，心里直冒火。

这时母亲走过来，扔给我一件内衣让我顺便一起洗，然后就去山坡上的会议室参加政治学习去了。母亲走后，我边洗边抱怨，忍不住骂道："地主婆（母亲出身地主家庭），新社会了还剥削人、压迫人！"

谁知隔墙有耳，被身后经过也去参加政治学习的班主任郑元瑞老师听到了，他去会议室后就笑着向母亲打了小报告："你儿子在下面骂你地主婆，剥削他，压迫他。"

接下来的场景可想而知。母亲怒气冲冲从会议室冲下坡来，一把抓住我："你骂谁是地主婆？你骂谁是地主婆？"我吓得本能地否认说"没骂过，没骂过"。

"撒谎！还不承认，你班主任老师还冤枉你不成？"我知道瞒不住了，但还是倔强地辩解："你的衣服凭啥让我洗？这不是剥削压迫是什么？"

在"以阶级斗争为纲"的岁月里，自己的孩子骂自己"地主婆"，还不认错，母亲非常恼怒，二话不说，就地取材，从亭子里堆的棉花秆中抽出一根主秆来，把我夹在腋下，脱掉我的棉裤，对着我屁股就是一顿痛抽："谁是地主婆？谁是地主婆？"

一开始我还强忍疼痛，一副宁死不屈的样子。母亲见我不认错，不告饶，更加生气，加大了力度和频次，我终于熬不住了，好汉不吃眼前亏，只能向母亲告急求饶："我错了！我错了！再也不敢了！再也不敢了！"母亲这才停了下来。

我用自己那点"小心思"和母亲"斗智斗勇"的故事不知发生过多少次，总是屡战屡败，而且不长记性，又屡败屡战。

直到长大心智成熟后我才意识到，以小孩子的智商，是永远斗不过成年人的。

　　然而，盛极而衰、物极必反是自然规律，人老了以后，性格、智商会慢慢退化到小孩水平，即所谓"返老还童"。我和母亲晚年的一场"智斗"，我终于获得完胜。

　　自从父亲去世以后，我把母亲接到西南财大家里，母子又长期相处了。此时母亲已七十多岁了，身体还挺好的，胃口也好，但来西南财大后没有了往日的朋友圈，没有麻将打，成天只有坐在沙发上看电视打发时间，觉得挺无聊的。孙子上学，儿媳妇上班，都是早出晚归，而我几乎每天都有课，上完课回来又打开电脑写论文、搞课件，很少有时间陪母亲唠嗑拉家常。我知道母亲酷爱打麻将、打门球。当年我还在南充师范学院（后更名为"四川师范学院"，现西华师范大学）工作，暑假回家，父亲调侃母亲是个"三打"运动员：每天上午打门球，下午打麻将，午觉也不睡，晚上看电视就打瞌睡。他让我劝劝母亲少打点麻将。大妹也因母亲忙于打门球、打麻将，很少顾及厨房家务而很有意见。总之，全家人都反对母亲打麻将。唯独我支持母亲。我劝父亲："妈退休了，不像你还退而不休，到处兼职。打门球有利于锻炼身体，打麻将有利于锻炼脑子，这有什么不好呢？"母亲开心地笑了："还是堪儿理解我。"如何解决母亲的麻将娱乐？后来还是媳妇发现了学校老干部活动中心每天都有很多老人打麻将，经过联系，终于解决了母亲这一精神寄托问题。但随着退休人员的增多，场地受限，家属不能再享受活动中心的待遇了。无麻将可打，母亲又有点郁闷了。我想让母亲去养老院，老人们在一起可以互相交流，摆"龙门阵"，还可以打麻将娱乐。但母亲不愿意去，旧社会过来的老人传统观念很深，认为只有无儿无女的孤寡老人才去养老院。我又打电话征求大妹意见，想取得意见一致后再一起说服母亲。谁知大妹传统观念也很深，竟在电话里抱怨我："做儿女的，哪有把老人往养老院送的？你不愿意服侍就把妈送回眉山来。"此事只好作罢。但看着母亲成天待在家里闷闷不乐，也不是办法。我想还是应该送母亲去养老院，但此事不能"强攻"，只能"智取"。

我把自己的想法先在电话里告诉了三姨，请她从侧面给母亲讲讲养老院的好处，动员母亲先去体验一下再说，不行就回来嘛。三姨一直在成都工作，见多识广，观念也新，能说会道，而且与母亲关系又特别好，两姊妹经常互相走动，所以一口应承下来。第二天我下课回家，母亲说三姨来电话了，叫她去玩几天，让我开车送她去。我知道和三姨合谋的"曲线救国"开始了。在三姨家玩了几天后，母亲打电话让我去接她，回来后就让我带她去养老院看看。我装作不知情："妈，你不是不想去住养老院吗？""你三姨把养老院说得天花乱坠的，去看看嘛！"我暗暗高兴，马上在网上查询了一下，离西南财大较近的一个清水河养老院还不错，于是周末就带母亲去考察。

还没踏进养老院大门，就听到了哗啦哗啦的搓麻将声，母亲就像听到了美妙的音乐，面色欣然。进院子后只见院子里、宽大的通道里至少有十多桌麻将正在酣战。服务员带我们去看了房间，每个房间住两个老人。我们又参观了食堂，黑板上写了一周的菜谱，也可点菜。养老院还配有专门的医护人员。考察完后，母亲当即决定住进来。我又马上去给母亲买了个手机，媳妇手把手教了她无数遍如何充电，如何开机、关机，如何查找、拨打亲友电话，无奈母亲还是老出错——毕竟是八十多岁的老人了。离开前，我对母亲讲："妈，我周末来看你哈，有啥事打电话，不会拨电话，就找服务员。"母亲住进养老院后，精神状态马上恢复了。周末去看她时，她还不想离开麻将桌。服务员跟我讲："你妈每天早、中、晚要打三场麻将，精力好着呢！"我终于放心了。

　　两年后母亲生重病住院，可能有不久于人世的预感，一直念叨着去美国留学的孙子。我打电话告诉了儿子，儿子很快买好机票飞回上海，和在上海工作的表姐一起赶回成都看望和陪护奶奶。

父母亲合影

　　那天，母亲见两个孙子同时归来看她，竟然高兴得在病床上手舞足蹈，边比画动作边唱起了他们小时候唱的《小麻雀》老儿歌。

我知道这可能是母亲离世前的"回光返照",心里隐隐作痛。几天后,90 岁的母亲安然离世,我与母亲的"智斗"故事也终于曲终人散。

光阴似箭,往事并不如烟。谨以此文悼念我亲爱的母亲,祝愿你和父亲在天堂幸福快乐!

改革开放后的父母亲合影

十二、"下塘"经商记

在中华民族几千年的农耕岁月里，为解决"肚子问题"，历代王朝都坚持重农抑商的治国政策，而商业活动则被世人视为投机取巧、唯利是图，所以商人的社会地位排在了士农工商的最底层。这种农耕文化、观念直到改革开放后的 20 世纪 80 年代才逐渐被打破，并很快形成 全民经商的热潮。

商业贸易的加速像血液流动加快一样，给经济生产的各个"脏器"带去了丰富的营养，刺激了经济生产走向繁荣。但与此同时，也造成了在居民收入上的所谓"拿手术刀不如拿剃头刀，搞原子弹不如卖茶叶蛋"的"脑体倒挂"。当时出现了不少"万元户"，成都还出了个靠卖蚊帐起家的百万富翁杨祖伟（号称"杨百万"），这对于月工资仅几十元的公职人员确实是不小的冲击。但公职人员聊以自慰的就是自己捧的是"铁饭碗"，旱涝保收。后来停薪留职政策出台后，由于解决了丧失"铁饭碗"的后顾之忧，不少知识分子、党政官员终于按捺不住了，纷纷停薪留职，"下海"经商。我身边的一些同学、朋友也在"下海"后率先富裕起来了，有的还成了富豪。

我从小受父亲家教影响，不求升官发财，没有冒险精神，只求工作稳定，知足常乐。我还记得父亲形容商人的一句话——"一口砂糖一口屎"，生动描绘了商场竞争的风险性。所以，我对能留在高校教书、子承父业是很满足的。我不仅对方兴未艾的经商活动毫无兴趣，甚至连炒股票都不会，这在我们这一辈人中是很少见的。尽管如此，我此生还是有过一次成功的"经商"活动。

那是在 1988 年暑期。我和本单位小谢老师去哈尔滨参加中国社会科学院举办的一次学术会议。当时出差不像今天可以乘飞机，只能坐火车。南充当年不通火车，我俩先从南充坐长途汽车到重庆，再从重庆乘火车去哈尔滨。

我在西安交通大学哲学助教班学习时的一个同学在哈尔滨师范大学教书，听说我要去哈尔滨开会，让我给他带一副麻将去——因为当时四川率先放开了打麻将，所以只有在四川才能买到麻将。

于是到重庆后，我要小谢陪我去买一副麻将。小谢虽然是在农村长大的，但却很有商业头脑，一下发现了商机："既然哈尔滨没有麻将卖，我们何不多买几副麻将带过去卖，赚点差价，少说也可以赚上几个彩色胶卷钱呢！"

年轻人可能不知道，20 世纪 80 年代彩色照相刚刚兴起，日本的富士、美国的柯达彩色胶卷在国内时兴，但价格不菲，十多元一个，对于我们月工资仅五十多元的年轻教师来说也算一种奢侈品了。记得在大学期间我代表学校参加全国大学生运动会重庆赛区乒乓球比赛，虽然"名落孙山"（仅获单打第 7 名）有点郁闷，但回校后领队熊承聪老师用学校的相机和彩色胶卷给我们乒兵球队照了几张照片做纪念,我立刻一扫阴霾,兴奋地拿着照片在同学亲友中到处炫耀。

"旅游"当然是要留影纪念的,我在西安交大学习期间好不容易托人买了一台海鸥相机,这次出差开会正好派上用场,但限于囊中羞涩,只准备了几个黑白胶卷,所以小谢提出的彩色胶卷的诱惑让我心动。但我还是担心:"万一卖不出去咋办?"小谢胸有成竹地说:"辜老师放心,肯定没问题!大不了我们少赚点,总可以低价处理掉,绝不会亏本。"在小谢的一再怂恿下,我终于同意了。

说干就干。当天下午我和小谢就到朝天门码头一个杂货市场去选购麻将了。精挑细选,反复比较,既不能太贵,万一卖不出去就惨了;又不能"图便宜买老牛",质量太差也有卖不出去的风险。我们终于选了一个价位 15 元的品种,并以多购为条件和老板讨价还价,最终以 12 元一副成交,一共买了十副。麻将是硬塑料制作的,很沉,重庆是出了名的火炉城市,我俩把麻将提回旅馆时,已累得汗流浃背、双臂麻木。我们又去市场买了个行李车,把十副麻将捆在行李车上拖着走,这才轻松多了。

第二天我们坐上了重庆到哈尔滨的列车硬座,经过几十个小时才到达哈尔滨。当天报到以后,我马上拎着一副麻将去了哈师大同学家。同学笑呵呵地接过麻将,递过热茶,寒暄一阵后就让我在客厅看电视,然后自己进厨房做菜招待我。同学很热情,那天的凉菜、热菜做了七八个,摆了一大桌,一边不停地给我夹菜,一边还不停地问我:"好吃吗?好吃吗?""好吃,好吃。"其实我对北方口味并不喜欢,只有拔丝苹果这道菜我是第一次见识,真的赞不绝口。

　　回到宾馆后我就和小谢商量如何"倒卖"麻将。第二天会议晚餐后，我俩提着一副麻将出了宾馆，沿着大街寻找机会。大街上车水马龙，人来人往。人们大都行色匆匆，找人搭话都很难，更别说还要慢慢谈"生意"了。走了几条街都难觅"商机"。小谢说："我们还是去那些胡同小巷、居民区转转吧。"果不其然，胡同小巷休闲的居民就多了，在路边下象棋的、打牌的、喝茶唠嗑的……我们来到一处下象棋的地方，按事先商量好的台词，操着"椒盐普通话"问那些围观者："你们买麻将吗？我们从四川来哈尔滨开会，给同学带了一副麻将来，不巧同学又出差了，我们总不能把麻将又带回去，所以如果有人要，我们原价转让。"小谢说此话时一脸诚恳，我俩还掏出工作证给他们看。几个观棋人一下转过身来，先看了看工作证，然后打开盒子查看，用手掂了掂麻将牌的分量，问道："多少钱？""我们都是老师，不是做生意的，就按原价给你吧。""原价多少？"我大起胆子，忐忑地回答："25元。"谎言一出，我可能脖子都红了。"我要了。"对方毫不迟疑地说。我俩接过钱，如释重负，舒心而归。

　　第二天晚饭后，我们又各自拎着一副麻将走街串巷了，当然不能走老路，但套路还是原来的"无奈转让"套路。很顺利，两副麻将又出手了。会期只有三天，会后参观游览太阳岛一天，还剩六副麻将需出手，必须加快速度才行。第三天兵分两路，我俩各自拎着两副麻将分头行动，真可谓轻车熟路，一切顺利。

　　第四天安排参观游览太阳岛，这可是当时红极一时的风景胜地。当时没什么景点星级评选，但著名歌唱家郑绪岚演唱的《太阳岛上》让全国人民都知道了太阳岛。这首歌不仅旋律优美动听，而且歌词画面感极强：明媚的夏日里天空多么晴朗，美丽的太阳岛多么令人神往。带着垂钓的鱼竿，带着露营的篷帐，我们来到了太阳岛上，小伙们背上六弦琴，姑娘们换好了游泳装，猎手们忘不了心爱的猎枪……"尽管还有两副麻将没卖出去，但游览太阳岛是绝不能缺席的，还要多拍点照片。

赚了点钱，有底气，我们一次就买了几个富士彩色胶卷，满怀希望上了太阳岛。殊不知游览后却令人大失所望：歌词明明唱了"猎手""猎枪""篷帐""鱼竿"……说明岛上一定是有原始森林、野生动物什么的，生态环境一定很好。但上岛后才发现全是些人造景点、游乐场所，高音喇叭播放的歌曲震耳欲聋，小商小贩的叫卖声此起彼伏，一片喧嚣，找不到一点原生态的"野"景。好不容易来了全国人民向往的太阳岛，总得留个影做纪念吧。岛上有许多人造景点，拍照的人也不少，全国各地的人造景点都大同小异，毫无意思。虽然我们备足了彩色胶卷，但还没实现"彩色胶卷自由"，回程途中还要去大连、天津、北京游览，所以上岛后不敢乱拍，总想找点有太阳岛标志的风景。后来我们终于在江边找到了一个约几米高的巨大岩石，上面刻有某书法家题的"太阳岛"几个字，这还有点纪念性。我和小谢分别和"太阳岛"巨石留了影。但后来才听说这个岩石也是用水泥造的，真令人哭笑不得。

当天回到宾馆已经很累了，剩下的两副麻将还得处理掉。我确实有点疲惫，决定躺床上先休息一下，小谢拎着麻将先出去了。我躺在床上突然灵机一动，何必舍近求远，不妨找宾馆服务员试试。果不其然，我很快就把自己的任务完成了。一个多小时后小谢也完成任务回来了。这次"经商"大功告成，我们一共赚了一百多元，相当于两个月的工资了。

在返程途中，我们游览了大连、天津、北京，一路风景名胜让人大开眼界，我们留下了不少彩照。尤其是在从大连到天津的海轮上，不仅拍到了成群结队、欢快跳跃的海豚，还拍了一张令朋友们赞不绝口，甚至建议我投稿的海上落日照片。

作者与海上落日

这是一次集开会、经商、旅游于一体的愉快经历，但还是留下了遗憾：哈尔滨师范大学的同学后来来信感谢我千里迢迢给他买麻将，但顺便又说到麻将质量太差，甚至有些牌的大小都不均匀。我真的是羞愧难言、如芒在背。

今天回顾三十多年前的这次经商活动，我自嘲为风平浪静的"下塘"经商，没有经历"海"的"风急浪高"，还全靠小谢的商业头脑和勇气促成。20世纪90年代，小谢终于停薪留职正式"下海"经商并很快跻身富人行列，而我仍然三观难改、固守三尺讲台，年逾古稀仍然乐于给研究生传道授业解惑。

十三、肯尼亚 "历险" 记

退休后我开启了全球旅游模式：巴黎的浪漫，纽约的繁华，圣彼得堡的宫殿，马尔代夫的水屋，以及希腊的神庙、瑞士的湖光山色……无不给我留下了美好的回忆。但最刺激、最难忘的还是 2017 年有惊无险的非洲肯尼亚之游。

那年夏天是个酷热难熬的季节，中央气象台连续 18 天发布高温预警。当时网上流传着一段视频，一位来自加纳的黑人留学生用不太标准的中文说："太热了，我要回非洲避暑。"这被国人当成"段子"，还上了新闻。恰恰我华西医科大学一"毛根"朋友（四川俗语——发小）早早就为我们预订了去非洲肯尼亚旅游。身边朋友笑话我们："国内都热得受不了，去非洲不是往火坑里跳吗？还是别去了。"但签了合同的涉外旅游是难以改变行程的，放弃不去的话"银子"损失太多，更重要的是央视"动物世界"里的非洲野生动物大迁徙对我充满诱惑，让我决心此生一定要一睹为快。所以还是"明知山有虎，偏向虎山行"！

经过辗转飞行，我们终于到了位于赤道线附近的肯尼亚首都内罗毕。在离开机场去城市的大巴车上，游客们不断发出惊叹：

"快看，斑马，斑马！"左边的刚叫完，右边的又在喊："哇！长颈鹿，长颈鹿！"

公路旁散步的长颈鹿

其实，这些动物在国内也能看到，但那是在动物园里，而这里的动物却是在马路边野地里旁若无人地觅食，优哉游哉溜达。导游让我们安静一下，向我们介绍了肯尼亚旅游须知，最后特别告诫我们：肯尼亚正在总统大选，社会秩序不太好，你们上街千万别单独行动，尤其是千万别穿黄色和红色衣服，这两种颜色代表了你支持哪一派，容易遭到另一派选民的攻击……车内本来还很热闹的气氛，似乎一下变得凝重起来，个别戴红纱巾、黄纱巾的大姐悄悄取下了纱巾。刚下飞机就收了个"下机威"，似乎预示这次肯尼亚之游必不寻常。

　　果然，沿途看见路旁的一些电线杆、墙壁上贴满两派竞选人的头像，像国内改革开放初期的"牛皮癣"广告一样。

电杆上的"总统"竞选人

　　到酒店住下后，我们结伴外出到附近一家中国人开的餐馆吃了面，随便看了看街景，也没见什么竞选宣传场景，更没见什么两派纷争。但我们觉得还是小心为妙，早早就回酒店休息了，一心只盼本次旅行别遇到两派骚乱。

　　毛主席说：你要知道梨子的滋味，就必须亲口尝一尝。非洲究竟热不热，只有亲自到非洲走一遭才知道。到肯尼亚后，一点没感到国内的炎热，早晚还有点冷，不过可以用酒店壁炉烤火。难怪人家非洲留学生会嚷着要回来避暑，而我们不知道，还当作笑话。

夏日炎炎，壁炉取暖

夫人是学地理的，做了释疑解惑：国内夏季时，北回归线（23°26′）以南的长江流域地区都处在太阳直射范围，所以很热。而此时的非洲并不处于太阳直射范围，而肯尼亚又地处东非高原，海拔每增高一千米，温度就会低 6 度。内罗毕海拔近两千米，当然很凉爽了。赤道附近还有著名的乞力马扎罗冰山，山顶常年冰雪不化。

第二天的行程安排是去博格利亚湖国家公园观赏火烈鸟。据导游说至少有 20 万只火烈鸟在此栖息。来到湖边，果不其然，其宏大场面令人吃惊！整个湖面几乎被火烈鸟覆盖了，成了红湖。尤其是当它们受干扰腾空飞起时，遮天蔽日，天空都变成一片红色，壮观之极！

看完火烈鸟后，我们又租船去看金雕与河马。

金雕难得一见，但船主有办法，让我们买 2 美元一条的鱼做食饵，然后含着手指吹一声口哨，不久一只金雕从远处飞了过来，船主把鱼饵往天空一抛，金雕从高空箭一般俯冲下来，不等鱼饵掉进湖里，在空中就把鱼饵捉住了。为了照好金雕捉鱼的瞬间，花了2美元，又花2美元……一遍又一遍，"银子"花出去不少，照片仍难如意。看来，没有专业高速摄影相机，手机是不可能捕捉到这种精彩瞬间的。

金雕速度快，拍不好，而河马躺在水里懒洋洋地，对游客爱理不理，随便拍。突然一只河马张开了血盆大口，哇！是打哈欠还是向我们展示其"马威"？游客们异常兴奋。船主也说河马张开大嘴欢迎游客确实是难得一见。

看完河马后我们又去了阿伯德尔国家公园，当晚住宿在公园内著名的树顶酒店。

第一次听说还有建在树顶上的酒店，是为防野生动物吗？这么多年过去了，树木朽了会不会坍塌哟？住此酒店还要多付2 000元钱，值不值哟？预订前朋友为打消我的疑虑，给我做了"思想工作"："你别舍不得'银子'哈，树顶酒店房间特别少，一般是很难订到的，这次是导游找朋友帮忙才订到几间房。住树顶酒店可以足不出户就观赏到在窗外喝水的野生动物。"朋友的介绍真的太有诱惑力了，什么"危险""价高"的疑虑一下就打消了，订了！

到酒店住下后才了解了树顶酒店的来龙去脉。1932年，一位英国退伍军官沃克为了近距离观察野生动物而在一棵300年树龄的无花果树上建了两个房间和一个观景平台。1952年，伊丽莎白公主和丈夫到肯尼亚度假，拟下榻树屋。沃克得知消息后，立即将树屋进行加固并把房间扩充至四间。公主下榻当晚，历史性的一刻发生了：英国国王乔治六世突然离世，王室立即宣布由他的女儿伊丽莎白继位。这就有了"上树是公主，下树是女王"的传奇故事。酒店也因此名声大振，后又多次修缮、扩建、加固。树顶酒店最近一次修缮是在 2014 年，扩建至四层，客房增加至三十五间，支撑酒店的是"水泥树木"，完全不用担心垮塌。女王下榻过的房间常人也可预订，只是价格高得不是"一丢丢"。虽然不去住，也还是可以在女王下榻过的层间免费拍照纪念的。

女王下塌过的房间

为避免影响游客休息，酒店为夜晚前来喝水的不同动物设定了长短不同的蜂鸣声以做提醒，任由游客选择观赏。当晚和第二天凌晨我们在屋子里观赏并拍摄了成群结队前来喝水的野牛、大象、斑马、羚羊……

第二天离开树顶酒店，又经过半天颠簸，我们终于来到向往已久的马赛马拉国家公园。该公园是公认的世界上最著名的野生动物保护区，占地面积 1 800 平方公里，拥有 95 种哺乳动物和 450 种鸟类。央视纪录播放的动物大迁徙就是在此录制的。公园大门口有一个荷枪实弹（防野兽还是防游客？）的"女汉子"把门，检查每一辆进园的车子和清点游客，陡然增添了一丝紧张气氛。

荷枪实弹的"女汉子"

经过严格检查进公园后，基本上就没有什么道路了，只有观光车辆在草原上碾出来的泥泞不堪的"路"。导游说肯尼亚政府为保护草原生态故意不修路。

当晚入住的是草原深处位于马拉河边的一家茅草屋顶、帐篷式风格的五星酒店。酒店不是水泥建筑楼房，道路也是很平整的土路，茅草帐篷房间掩藏在树荫之下，除开酒店四周那道铁丝网，酒店完全与自然融为一体。

入住酒店后，服务员告诫我们不能随便出酒店大门，因为外面有很多野生动物，不安全。离开房间时还要注意关好门窗，附近的猴子常跑到房间"偷"旅客携带的食品。我和朋友还是忍不住悄悄溜出酒店到附近逛了逛，还小心翼翼地在一处巨大的非洲食人蚁巢穴旁拍了照。别小看了这些微不足道的小蚂蚁，据说狮、豹遭到数百万只食人蚁军团的攻击，瞬间都会变成一堆白骨，更别说人了。尽管有夸大之嫌，但我们还是小心为妙，不敢惊扰它们，花"百分之一秒"照完相即开溜。

蚁穴前留影

　　酒店紧挨马拉河，夜晚在酒店的聚光灯下可以看到在草地啃草吃的河马，没想到如此庞大威猛、连鳄鱼也不是其对手的河马居然是食草动物。第二天在开放式餐厅吃早餐时，看到昨晚吃草的那群河马懒洋洋地躺在污泥滩里休息。原来河马是夜食昼伏、阴阳颠倒的动物。

　　突然有人发现了离餐厅仅十余米潜藏在水草中的一只鳄鱼，它仅露了小半个头在水面，不经指点，还很难发现。尽管大家都涌过来围观、拍照，动静不小，但鳄鱼仍耷拉着眼皮，一动不动，真是比余则成还"潜伏"得深。

　　早餐后我们朋友三家人包乘一辆观景越野车出发了。

　　草原上完全没有路，司机都配有对讲机。只要哪里发现了狮、豹捕食的精彩场面，司机们就互相通知，所有的越野车就赶过去抢占有利地形，团团围在四周，让旅客观赏、拍照。狮、豹对游客也见惯不惊了，该捕食照样捕食，该巡视领地照样巡视领地，自由自在。相反，游客却只能待在车厢里，像关在笼里的动物，不敢越雷池一步。第一次和草原雄狮邂逅，我们都全神贯注，屏着呼吸，忙于拍照，摄影。这只雄狮不愧是兽中之王，连看都没看我们一眼，打个哈欠，伸个懒腰，旁若无人地继续巡视它的领地去了。

"辛巴"巡视领地

　　这边雄狮还没走开，另外一边又发现一只猎豹。于是我们又赶到几百米外的地方，一只猎豹刚在水坑边喝了水准备离开。看见我们过来，猎豹驻足观望打量我们，然后向我们走来。离我们仅几米远了，我们的心都悬了起来：莫非要把我们当它的午餐了？一时间我们都有点紧张。其实从国内出发前，听了别人的建议，我专门到村镇夜市地摊上买了一个高压手电筒防野兽袭击，谁知在机场安检时被当成凶器给没收了。刚被没收时我还不甘心，辩解这只是手电筒而已。安检人员说没扣留人就是好的了，我只好悻悻离去。现在手无寸铁，我们难免还是有点心虚。司机告诫我们赶快关窗，朋友担心地悄悄问："它跳不跳得上来？"他老婆说："如果它跳得上来的话，那就惨了！"其实我们都知道，猎豹上树、爬窗、跳跃的本领十分了得，一纵几米高，不是它跳不跳得上来的问题，而是它想不想跳的问题。好在这只猎豹还没饿，所以没搭理我们，打量我们一会儿就慢悠悠离去了。哇，真的太刺激了！

近在咫尺的猎豹

当天，我们在草原上四处游荡，尽览草原上的大象、斑马、水牛、瞪羚、长颈鹿、角马等一切食草动物和狮子、猎豹、花豹、鬣狗、胡狼等肉食动物。我们当天几次去到马拉河角马大军迁徙涉河处，但很遗憾，只见到潜伏在此的众多鳄鱼和零星的角马以及一些动物尸骸，始终没能见到动物们千军万马跨越马拉河的壮景。

参观完动物，导游诱导我们去参观马赛人的原始部落。这个是行程外的自费项目，如果愿意，每人要交门票费、司机小费、绕路油费共 30 美元。在全体游客交完费用后，司机马上开车前往马赛人部落。几分钟后，车停下来，导游招呼大家下车。原来部落就在几百米外，步行都可以到达。部落也没什么大门，就是一个个窝棚连成的"村子"。所谓门票费、绕路油费都是挣外快的借口而已。一个头人走过来和导游悄悄接洽（估计是在分钱）后就领我们去参观部落。

村子里的苍蝇估计是闻到了生人的异味，成群结队嗡嗡嗡地迎面扑来欢迎游客，吓得我们不停用手挥舞，拒绝它们的热情。有些大姐被苍蝇扑到脸上，吓得惊叫起来。虽然我们从国内出发前都被要求打了埃博拉、黄热病等非洲瘟疫的预防针，但还是被眼前景象给吓坏了。

头人首先带我们参观了一家马赛人的窝棚。窝棚是用黄泥拌牛粪糊在篱笆墙上建的，门洞低矮，通道窄小，连我这样的小个子也得猫下腰侧身才能进去。这家父母亲的卧室有个小小的墙洞透进一点光线，没有任何家具，床是一个类似榻榻米的土台，上面铺了一张牛皮，也无被褥、枕头等床上用品。另外一间半开放式卧室是几个小孩睡觉的地方，"床"是用树枝搭的，上面铺了个拆开的编织口袋当毯子，其他啥也没有了。

我给几个小孩送上事先准备好的清凉油、小食品等小礼物后，小孩很高兴，乐意和我照相留念。

作者与三兄弟合影

第二个项目是参观由当地中国企业援建的一所"学校"。它其实就是一间铁皮板屋，墙面上挂有一小黑板，用木条搭了几排"桌""凳"，地面也是"处女地"，未经硬化，显得相当寒碜。不过和马赛人的窝棚比起来，"学校"已算是部落唯一的"现代化"建筑了。

刚进屋子，二三十个小孩就在老师指挥下给我们唱起了马赛语的欢迎歌，末了居然还用中文向我们熟练地喊出了"欢迎，欢迎"的口号。看来，商业化也深入了原始部落。

第三个项目就是参观马赛人"钻木取火"：在一根木头上挖出一个小孔，小孔旁边放一些易燃的绒毛，再用一根细木棍插进小孔，双手不停地来回搓转，不一会儿小木孔就开始冒烟，火星点燃了绒毛，再用嘴吹一吹，火苗就腾起来了。没想到史前人类的钻木取火就这么简单易行，真的是长见识了。

马赛人钻木取火

第四个项目就是欣赏马赛人跳舞。马赛人跳得真高,轻轻一纵就跃起一米多高,可能是长期拿着梭镖为保护牛群追逐狮豹练就的。我觉得他们稍加正规训练,参加奥运会拿个跳高冠军是没问题的。肯尼亚的黑人运动员获马拉松赛世界冠军的就不少。

马赛人与游客联欢

第五个项目就是自由活动。马赛人的地摊上有他们制作的手工艺品。但工艺品没什么档次，所以游客看稀奇的多，购买者少，都忙着拍照。

马赛人的地摊

第一次深入原始民族，了解了马赛人狩猎、畜牧、生活的原始风情，大家都感觉不虚此行。

回酒店以后，导游又给我们推荐了第二天的一个自费项目：每个人花300美元乘热气球去高空俯瞰草原动物和草原日出。三家朋友有一家明确表示不参加，我们和另一家一咬牙：来都来了，此生就这一回，去！

第二天凌晨四点钟，导游就叫醒了我们，到乘气球的地点还有几十公里，必须赶在日出之前到达，否则拍不到草原日出美景。大家带着惺忪睡眼登上一辆大巴车，本想在车上继续睡觉，但"道路"确实太崎岖不平，乱石太多，车颠簸得根本无法入睡。几十公里路程开了近两个小时。

到达目的地时，草原茶点已经摆好了。我对西式早点不感冒，匆匆吃了点填肚子，然后抓紧时间打个盹，太困了。结果被朋友拍下了"不雅"照。

太困了，小憩一会儿

吃完早餐后，已经有热气球开始在充气。我们乘坐的是由一对欧洲白人夫妇驾驶的热气球，藤编箱里除驾驶员外还可乘坐 6 名游客。工作人员教我们如何在气球充满气、摇晃不定时爬上吊篮，升空后该注意些什么，尤其是要保护好随身携带的物品，帽子要系紧，手机要套在脖子上。

热气球升空后，草原晨风还挺大的，我们的"包厢"在空中晃悠，幸好我们没恐高症，但也是把性命交给了两个素不相识的外国人呀！突然，另一个气球上的游客发出惊呼，原来是一个游客的旅行帽给吹落，正在空中飘荡。太阳很快喷薄而出，其实草原日出和其他地方的日出大同小异，并不像导游吹嘘的那么壮观神奇。倒是下面草原上的动物才是令人惊喜的景观。大批的角马、斑马、水牛正在集结队伍，准备横跨马拉河。

气球愈升愈高，视野也愈来愈宽广，动物们的身影也愈来愈小。大约一个小时后，气球停止充气，慢慢下降回到地面。

乘上大巴返回酒店途中，真正的险情终于发生了。这大巴可能还是英国殖民者留下的吧（有点夸张），早已破旧不堪，再加上道路实在坑坑洼洼、崎岖不平，坐着颠簸得难受。夫人见副驾座位空着，就笑着跟司机比划沟通一下翻过去坐上了。刚坐上去不久，突然大巴右前轮竟然擅自脱离岗位独自向路边草地滚出去两百多米远，全车人失色惊叫！瞬间，大巴车失去控制，一头撞到路边停了下来。我只觉得左膝关节一阵刺痛，捞起裤子一看，膝盖破皮而且淤青了一大块。

左膝受伤，留照为据

夫人则一头撞向挡风玻璃，把玻璃都给撞破裂了，但头皮却没破，真的是奇了个"怪"了。

我忙问"怎么样",夫人居然笑着说"没事"。我怕留下脑震荡后遗症就麻烦了,赶快为日后打官司拍照取证。结果证明是杞人忧天,夫人原来是个"铁榔头"。其他游客虽有小伤,但均无大碍。当晚导游为致歉,特意出钱请马赛人给我们搞了一场歌舞联欢为大家压惊。至此,肯尼亚之旅就结束了。

"这个是我的头撞碎的"

第二天,我们返回内罗毕准备回国。谁知在半路上又出了"幺蛾子":在临近内罗毕时交通阻塞,大货车、大巴车、小轿车、摩托车,排成长长的车龙,望不到头,横挎冲锋枪的士兵在路边警戒,气氛紧张!这显然不是普通车祸事故导致的,难道是总统竞选出现两派冲突?我们都很担心,千万别耽误了乘当天下午回国的飞机啊!司机在车上与警戒士兵沟通,叽里呱啦说了半天仍没有放行。后来导游请司机去找当官的"勾兑"一下,司机拿着个小包下车去了。不一会儿,司机回来了,手上拿了个批条,交给警戒士兵,又交谈了几句。士兵看了条子后马上打开警戒线,指挥我们从另外一边绕过去了。大家悬着的心才终于放下了。交通戒严的原因是什么？司机与当官的是如何"勾兑"的？我们都无从得知，能安全回国就很庆幸。

总结一下这次肯尼亚旅游的历"险"之处：出发前冒"跳火坑"之"险"、到达后遇总统竞选冲突之"险"、夜宿树顶酒店怕坍塌之"险"、入住危机四伏的草原酒店之"险"、"豹视眈眈"的猛兽之"险"、参观马赛原始部落冒染黄热病之"险"、乘热气球高空追踪野生动物怕失事之"险"、乘破巴士遇交通事故头破血流之"险"、归国时荷枪实弹留下"买路钱"之"险"。从头到尾，真可谓险象环生。但实际上除了交通之险，其他都是有"惊"无"险"，而且这个"惊"主要还是惊喜之"惊"。故写下此文向朋友们推荐：非洲之游，刺激之游，难忘之游。

惊险刺激的马赛马拉大草原

十四、圆梦西沙， 爱国之旅

20 世纪 70 年代，在祖国的南海发生了一场西沙保卫战，电影《南海风云》生动展现了我军民联手、浴血疆场、保卫西沙的感人场景，而《西沙，我可爱的家乡》的电影插曲唱遍祖国的大江南北，堪比现在任何一首流行歌曲。

电影中西沙群岛的美丽风光给我们这一辈人留下了梦幻的憧憬。那个时候是没什么"旅游"之说的，所以只有"憧憬"。

"憧憬"变"现实"

改革开放以后，旅游逐渐成为人们美好生活的重要内容。2014 年办理完退休手续以后，我终于实现了时间自由，而年龄已65 岁了，时不我待，必须赶快抓紧时间旅游。我的策略是"兔子先吃国外草"。

短短几年，在东南亚、欧洲、北美洲、非洲、印度洋我都留下了足迹，唯独没想过去圆曾经的西沙之梦。没想到，一场席卷全球的疫情却给我圆梦西沙提供了机会。

2021 年，由于疫情肆虐，不仅出国旅游大门关闭，连返乡之路也"危机"四伏，我们一群"候鸟"只好困守海南岛。

由于近年来南海又起风云，海南某旅游公司在我们小区推出了赴西沙的爱国之旅，并放宽条件，七十岁以上的老年人只要身体健康、腿脚灵便也可报名参加。

真的是"踏破铁鞋无觅处，得来全不费工夫"，年轻时对西沙风光的憧憬居然可以实现了！我马上邀约住同一小区的西南石油大学徐教授夫妇同行，双方一拍即合。

报名点工作人员现场检测并将我们三个年过七旬的老人（我夫人免检）健步快走的视频发给公司，报名很快就顺利通过。

西沙群岛是中国南海边陲的岛屿，距北京两千多公里，距海南三亚也有三百多公里。

由于 20 世纪西沙保卫战的历史背景，西沙群岛具有浓厚的神秘色彩和无穷无尽的魅力。2013 年西沙群岛中的银屿岛、鸭公岛和全富岛经政府批准成为旅游地之后，据导游说，到过西沙群岛的游客仅三万多人，比到过珠穆朗玛峰或南极洲的人数还要少。

我们为这次能成为这三万多名游客之一而感到无比地自豪！

3 月 18 日下午，我们四个老人在三亚凤凰岛码头测量血压后顺利登上了"长乐公主号"邮轮。

这是一艘由滚装船改装的邮轮，设施简单，但也齐全。其满载量为三百多名旅客，由于疫情期间不能满载，六人房间只安排四人居住（"划得戳"），我们四个老人正好安排在了一个房间。

安顿好住宿后，大家都来到甲板上观景拍照。很快，邮轮鸣笛起航，三亚湾凤凰岛渐渐远去直至消失。游客们在甲板上欣赏了大海落日和灿烂晚霞后，纷纷回舱休息，而邮轮仍不知疲倦，夜以继日地航行。

游览"白富美"的全富岛

第二天早起观赏大海日出时，发现邮轮已抛锚停泊了，原来是目的地到了。导游通知早餐后上午游览全富岛，下午游览银屿岛。

早餐后游客们分期分批乘快艇来到全富岛。该岛号称是永乐群岛中的"白富美"，无人居住，东西长 360 米，南北宽 240 米，岛上全是细软的白色海沙，赤脚踩在沙子上一点都不扎脚。

"白富美"的全富岛

四周海水特别清澈、透明，凭肉眼就可看到海底游动的海鱼和许多珊瑚礁盘。岛上一片雪白，没有一丁点垃圾，难怪号称西沙群岛的"白富美"。在导游的叮嘱下，游客也自觉用垃圾袋带走矿泉水瓶、食品包装等所有垃圾。

有"白富美"之称的
西沙全富岛

听完导游对西沙群岛的爱国主义讲解后，大家开始自由活动。除了观赏纯净的大海、雪白的沙滩，自由呼吸没有病毒的新鲜空气外，剩下的自由活动项目就只有拍照留影了。

虽然游客大多是旅居海南的老年人，但大家的兴奋却不输年轻人。尤其是穿红戴绿的大姐们，挥舞着纱巾，摆弄着各种各样的姿态，甚至腾空跃起，试图抓住青春尾巴不放的场面，让人忍俊不禁。

游客中有一位来自山东的书法家，他从背包中拿出一幅他在家里亲笔写下的条幅"缘聚西沙"与同行者拍照，引来围观，很是热闹。真是个有心人，太有意义了。

我不揣冒昧地向他提出了借"缘聚西沙"条幅留影，他不仅十分高兴地答应了我的要求，还主动与我们合了一张影。

和书法家"缘聚西沙"合影

全富岛不大，在大姐们拍照"疯"够之后我们就返回邮轮吃午餐，稍做休息准备下午去银屿岛。

与"055"缘聚西沙

午餐后游客们都在甲板上休息，等待下午去银屿岛。这时，另一艘南海邮轮也刚驶到，在我们对面抛锚停泊，游客们纷纷拿出手机拍照。

突然，一个转业军人指着远方惊喜地喊道："快看！快看！我们的舰队！是我们的！一、二、三、四……有八艘军舰呢，哇塞！还有'055'大驱！"

尽管我不是军迷，但也知道055型万吨大驱是令"美丽国"也胆寒的当今世界最先进的导弹驱逐舰。顺着他指的方向，我也隐隐约约看到了远方海面上的确有几艘舰艇，但视力不佳，也分不清什么大驱小驱的。想用手机拍下来，但距离实在太远，根本拍不下来。

图 3　邮轮远处的驱逐舰

好在有个游客手机性能好，能拉近 50 倍，拍下了 055 万吨驱逐舰的轮廓。我赶快用手机翻拍了对方手机里的照片，并马上转发给深圳一军迷同学求证。

同学马上发来信息："的确是'055'大驱，你们的运气真的太好了！"运气可遇不可求，有缘千里来相会，山东书法家的"缘聚西沙"也许就是暗喻此事吧。

想当年西沙保卫战，我军四艘小型舰艇与南越四艘大型美式战舰激战永乐环礁。这是一场力量悬殊的较量，我军四艘舰艇总吨位才 2 530 吨，而南越方仅 5 号"陈平重"驱逐舰就超过了两千吨。

我英勇的人民海军发扬了近距离"拼刺刀"的精神，在 389 号舰艇严重受损的情况下，艇长肖德万命令全速撞向敌舰，不惜与敌舰同归于尽。两舰相撞后，敌舰也遭到严重损害。

我军战士将舰上原准备补给岛上民兵的手榴弹像雨点一样投向敌舰，炸得敌人血肉横飞。我军最终在两艘猎潜舰援军赶到后集中火力击沉了敌舰，其余三艘敌舰吓得落荒而逃。我们乘势收回了被占岛屿。

如今我们不但拥有了 055 型万吨导弹驱逐舰，还有了航空母舰，今非昔比啦，还有敢犯我中华者，必诛无疑！

远处有军舰的消息传开，甲板上一下就沸腾了！能在西沙亲身体验到祖国的强大，这种民族自豪感使游客们血脉偾张，情不自禁发出"祖国万岁！保卫西沙！"的呐喊！

银屿岛一游

下午我们乘快艇驶向银屿岛。途中导游向我们讲了岛上"海上鲁智深"保卫西沙的神奇故事，引起我极大兴趣。临近岛屿，一栋三层楼的建筑最先映入眼帘，导游介绍说那是居委会办公楼。

四老合影

上岛后，游客们都兴奋地四处游览、拍照。我们四个老人也在旗杆台前展开五星红旗，举起拳头，高呼"保卫西沙"。

拍完照片后，我独自登上那栋三层楼，想去居委会拜访了解一下"海上鲁智深"的事迹。楼上空无一人，但有一个村委会的展板，详细展示了银屿岛的历史与现状。

银屿岛名称的来源据说是清朝时期海南潭门镇渔民在此地发现了满载银锭的沉船，故为该岛取名"银屿岛"。银屿岛是附近岛屿的居委会所在地，是最有商业气息和人间烟火味的小岛。

岛上这幢三层楼建筑称为"五合一"综合楼，集居委会办公地、居民活动中心、避风避险所为一体，还有边防警察常驻值班。

岛上渔民大都来自海南潭门镇。渔民原来住的板房常遭潮汐、台风袭击，既潮湿又很不安全。

2015 年，政府出资为岛上十户渔民修建了五幢十套钢筋水泥新居，下层为架空层，防潮汐，也可放置渔网工具杂物，上层住人，配备了电视、空调、冰箱等电器。

2017 年完工后，十户渔民正式拎包入住。渔民除了打鱼外，家家户户都有摊位做海鲜生意。每个月有四趟邮轮从三亚来到西沙，不仅为渔民带来蔬菜、粮食、淡水等生活物资，还带来众多观光游客。

岛上渔民的海鲜大排档、海产品干货都非常受游客青睐，所以渔民每个月的收入大都能上万元。

尽管经济收入还不错，但在祖国的边陲小岛上生活却是常人难以想象的艰辛。

三沙流行着这样一句话："三天天堂，七天人间，十天地狱。"意思是，来这里观光游览三天犹如身处天堂，住上七天就平淡无奇，住上十天就能感受到地狱般的痛苦。

然而，岛上居民却是长年累月亲历着"三高"（高温、高湿、高盐）炼狱般的考验，这种艰辛是普通游客体验不到的。

展板上果然介绍了当年"海上鲁智深"李遴君的英勇事迹：

2015 年 7 月 21 日，银屿东北方向 3 海里处发现一艘外籍渔船在进行非法捕捞作业。我执法人员和民兵赶到后，这艘渔船仗恃人多（对方 11 人，我方仅 4 人），仍然无视驱赶，继续作业。

李遴君跳上对方渔船，一拳就打翻对方一个人。对方人多势众涌上来。李遴君想，擒贼先擒王，直扑对方船长。船长拿起鱼叉刺向李遴君，李遴君右臂被鱼叉刺伤，不顾鲜血淋漓，扑上去一拳把对方船长打下了大海。

对方船员被李遴君的英勇气势吓蒙了，救上船长后只得束手就擒。

又是一次以少胜多的奇迹，和当年西沙保卫战以弱胜强何其相似！

经过这次执法，李遴君"海上鲁智深"的名号不胫而走。正如李遴君接受采访时所说："民兵也是兵，也要有兵的胆气和血性。"

了解了李遴君的事迹，我更是决心要找到他，目睹其风采，向他致敬，和他合影。

楼下导游用扩音喇叭通知游客们举行升旗仪式了，游客们很快都聚集到升旗台周围。

司仪简短讲话后带领大家喊道："我爱祖国！我爱西沙！"接着奏国歌，升国旗。全体旅客向国旗庄重敬礼，高唱国歌。五星红旗徐徐升起，在小岛上空迎着海风高高飘扬。

升旗仪式结束后，全体游客在五星红旗下合影留念。

这里还有个花絮必须插播一下：喇叭里国歌一奏响，岛上唯一的狗狗马上跑到人群中来，蹲坐下来，抬头仰视着国旗缓缓升起。

"参加"升旗仪式的小狗

导游介绍说每次升国旗奏国歌,狗狗就会跑来参加。不知道是不是有人训练,但这已不重要了,大家都感到狗狗太可爱了。我赶快拿起手机给爱国狗狗照了张相以做纪念。

下海游泳,表达爱国情怀

早在出发之前我和徐教授就商量过,到过西沙旅游的只有三万多人,但能到西沙大海里游泳的恐怕不会有三百人吧。我们如果以在西沙大海里游泳的形式来表达爱国情怀,岂不更有意义!所以我们事先就带上了游泳裤,寻机下海游泳。

升旗仪式结束后,我和徐教授来到大海泳场,果然没有几个人游泳。我俩商议,一人游泳,一人摄影,然后互换角色。

作者在西沙大海里游泳

在西沙大海游泳

徐教授让我先游，他在岸上一边摄影，一边配音解说："辜教授，蓝天游泳，搏击风浪！"

事后我称赞徐教授配的解说词简明扼要，抑扬顿挫，声音洪亮，同时又戏谑徐教授，什么叫"蓝天游泳"？徐教授也笑了，解释道：本来想说"蓝天下游泳"，不知怎么就说成了"蓝天游泳"，可能是潜意识中觉得有个四字韵律吧。

后来我给徐教授摄影，也套用了这段解说词，只是把"蓝天游泳"改成了"下海游泳"。

游泳后差不多到了返回邮轮的时间，造访"鲁智深"的事只能放在第二天。回邮轮途中顺道从海上遥望了一下由珊瑚礁盘形成的鸭公岛。

因去年受台风袭击影响，鸭公岛正在维修重建，所以暂停开放。为我们驾驶快艇的船长正是鸭公岛上的渔民。

纯珊瑚贝壳
构成的"鸭公岛"

再登银屿岛，拜访"鲁智深"

第二天再登银屿岛。导游安排我们先乘玻璃船观赏海底生物。西沙海水特别清澈，号称"玻璃海"，能见度可达 40 米深。

所谓"玻璃船"，其实就是船底用透明的玻璃所做的船，游客坐在玻璃船两边，透过船底就能观赏到海底各种各样的珊瑚和色彩斑斓的海鱼、海龟，甚至还有海蛇。

观赏了海底世界后，导游带领我们游览参观全岛。

银屿岛上由于缺雨水、泥土，绿色植物很少，只有一些人工栽种的棕榈树。

导游特地带我们参观了岛上唯一一株土生土长的植物——马鞍藤。

我们都十分惊奇，在烈日炙烤下，马鞍藤居然还能在沙砾里生长蔓延，其生命的顽强令人感慨！这不正是岛上警民为保卫祖国海疆远离家乡，扎根西沙群岛的英勇顽强精神的体现吗！

顽强生长的马鞍藤

岛上可参观的东西不多，有一个类似农村土地庙的袖珍祭庙（低头才能进）也成了参观对象。

庙宇有副对联："庙小乾坤大，银屿正神威"，横批"英灵显赫"。庙里供奉的是潭门渔民先民，据说当年他们在银屿岛勇斗"海盗"，后不幸遇上风暴葬身大海。

参观完祭庙，导游就解散队伍，让大家自由活动，逛逛海鲜市场，尝尝海鲜。岛上有十来家海鲜大排档，各种各样的海鱼色彩十分斑斓。

其中一款石头鱼吸引了我的目光，它长得像礁石一般，一点都不像鱼。老板介绍说，此鱼有剧毒，但味道特别鲜美，不用怕，他给我们加工好，可以放一百个心吃。

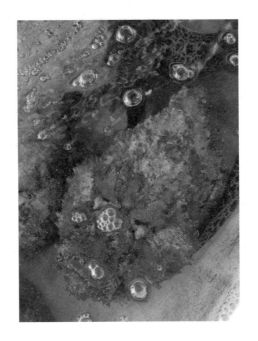

石头鱼

"吃，还是不吃?"这确实是一个值得考虑的哈姆雷特式的问题：吃，可能有风险，不怕一万就怕万一。不吃，可能此生再也没机会吃了，终生遗憾。

我和徐教授商量：古人尚有"冒死吃河豚"的精神，怕啥！老板有经验，肯定没问题，吃！

我们选了一个（都很难说"条"）中等大的石头鱼，价格不菲，四百元，老板配送了四只海胆蒸鸡蛋。

不到半小时，老板就把石头鱼端上桌来。果不其然，肉质雪白细嫩，味道极其鲜美，我们都吃得赞不绝口。值！

品尝完石头鱼，我向老板打听"海上鲁智深"在哪里能找到。老板说："你找我们居委会主任啊，就是他。"

顺着老板所指，我看到了在另一个摊位上经营的光头黑壮汉子，赶快走过去和他打招呼，讲明来意。

"鲁智深"十分豪爽地接受了我的采访……末了，我故意提出和他掰掰手腕子，想试试"鲁智深"的臂力究竟有多厉害，怎么一拳就把对方船长给打下海了。

和"鲁智深"掰腕合影

"鲁智深"会意地笑了，握着我的手，也不用力，知道就是摆个姿势留个影而已，哈哈！

亲自采访了海上英雄李遴君，为我这次西沙爱国之旅画上了一个圆满的句号。

当晚，"长乐公主号"起锚返航。站在甲板上，望着渐渐模糊的小岛，我心里突然产生一种惜别之情：此生可能再也不会来西沙，再也见不到"鲁智深"和岛上居民了。别了，美丽的西沙群岛！别了，英勇顽强的西沙警民！

十五、我的"三意"学生

圣人孔子据说有"弟子三千，贤人七十二"。所谓"贤人"，可能就是弟子中才学出众、特别有成就的"研究生"吧。在我从教近四十载的生涯中，虽无"贤人"，但也有不少优秀的学生。其中，乐山师范学院的余德刚教授是我众多弟子中很有"意思"的一个学生，我戏谑地称他为我的"三意"学生。所谓"三意"，是指德刚在求学中的执意、工作中的创意、生活中的情意。

1. 求学中的执意

我和德刚相识于 2002 年。那年我应邀去乐山师范学院做学术报告，德刚当时是政法系办公室主任，他热情接待了我。报告之余，我受院长委托，为学校马克思主义学院做了点"附加招生广告宣传"——因为当时很多学生都不知道西南财大也招收马克思主义理论研究生。经此宣传后，不少同学纷纷前来咨询，张莉、宋淑梅两位同学和余德刚主任都先后报考了西南财大，并成

师生合影

了我带的研究生。德刚决心报考西南财大马克思主义学院博士研究生时已过不惑之年,由于招收名额太少,德刚屡遭挫折,两次名落孙山。但德刚并不甘心,执意再考。功夫不负苦心人,德刚终于在 2012 年"三进宫"后被录取了,成了我带的博士研究生。这种求学的执意可见一斑!

德刚读的是在职博士,要做到工作与学习两不误,这种压力是常人难以承受的。众所周知,不少领导干部读在职博士通常是很难到学校听课学习的,而德刚在课程学习期间,虽然肩负系总支书记之职,工作繁忙,但从不落下任何一堂课,经常是一早从乐山驾车到成都,听完课后晚上又赶回乐山,第二天又准时上班。其辛苦程度可想而知。德刚的刻苦求学精神一度在马克思主义学院师生中传为佳话。这种求学的执意又见一斑。

德刚的执意也曾让他在求学路上吃过"大亏"。要完成并通过博士论文，选题十分关键。德刚大学期间学的是英语专业，只是在西南大学完成了思想政治专业硕士生学业，所以马克思主义理论功底不是那么深厚扎实，而博士论文能否通过省内外专家评审的两道关卡，理论创新是很重要的因素之一。而德刚恰恰在马克思主义理论功底上不具优势，因此，我为德刚的博士论文选题煞费苦心。德刚曾和我谈起过他在戒毒所工作的经历，我还带我的研究生们去参观过德刚曾经工作过的眉山戒毒所，了解到吸毒者生理上的毒瘾相对好治疗，最难摆脱的是心理上对毒品的迷恋和依赖（俗称"心瘾"），所以出戒毒所后复吸者比较多。我突然想到，要让吸毒者摆脱毒品"心瘾"，不单有心理上的疏导问题，同时也有人生观、价值观的教育问题。将思想政治教育理论应用到戒毒工作中，不仅是戒毒工作的一种创新，而且在思想政治理论上也是一种创新。我很高兴地把我的思考告知德刚，让他以此为论文选题。德刚在经过一段时间思考后，勉强接受了此选题。

谁知在半年过后即将开题审核前，德刚将其开题报告发给远在海南过冬的我时，其选题却变成了"我国高校大学生思想文化意识形态安全问题研究"。我十分惊讶：怎么变换选题都不和导师商量？德刚真有点"吾爱吾师，吾更爱真理"的倔强。我询问了德刚变换选题的理由。原来德刚在做开题报告过程中，发现在网上很难找到用思想政治理论指导戒毒工作的相关研究成果和材料，甚至全国没有一篇博士论文或硕士论文是关于戒毒工作的，所以开题报告做不下去。相反,关于大学生思想意识形态安全问题研究的成果很多,开题报告好做。而且德刚长期在高校工作,对这个领域也很熟悉。我觉得我的一片苦心不能因德刚的倔强付之东流,只好又耐心地开导他:其一,正因为这个选题领域是理论研究的薄弱环节,所以选题的创新性、开拓性是不言而喻的。其二,你现在做的选题在国内几乎已被做滥了,虽然写起来容易,但很难做出新意,作为硕士论文还勉强,作为博士论文很难通过评审。但时间已来不及了。果不其然,德刚自作主张的选题在选题评审会上被专家们给"枪毙"了。德刚大半年的心血付之东流,只好又回到我给他选的戒毒人员思想政治教育上来。我帮德刚重塑信心:戒毒问题你就是专家,评委反倒是外行,不可能给你提出很多刁难问题。然后我又在如何运用马克思主义思想政治理论指导戒毒工作的具体细节上给德刚以指导,终于让德刚信心满满回归原来的选题。经过精心准备,从德刚的再次开题到预答辩以及省外专家的评审,德刚都一帆风顺、顺利通过。德刚的论文得到了专家一致肯定:五个省外专家有两个评分在九十分以上,三个在八十分以上,这在博士论文评审中是很优秀的。毕业后,德刚的博士论文还以专著形式得以正式出版,对戒毒工作做出了贡献。德刚求学中的执意再见一斑!

2. 工作中的创意

德刚攻博期间任职乐山师范学院保卫处处长。在工作中,德刚表现出了其他高校保卫处长很难有的"创意",这里略举几例:

（1）运用思想政治原理，做好保安思想政治工作，让保安思想稳定，工作积极，他工作的校园连续三年无任何伤亡事故发生。

（2）不仅亲自设计了学生宿舍的消防逃生窗，获得了专利，还亲自设计了学校保安专用帽徽，获得了版权。

（3）与公安部门合作成立嘉州红袖标队伍，这一举措使学校全部保安合法成为辅警。

（4）亲自创作了《校园卫士之歌》并获出版发表，此歌后来成为四川高校保卫学会会歌。

（5）在全省率先训练新生军训教官，承训本校新生，并组建大学生预备役队伍。

（6）2016年在武汉大学参加了首届全国高校学生安全教育教学能力大赛决赛，在入围的93名选手中，以其工作上的创意名列第9名，荣获二等奖。

以上这些工作成绩恰恰表现了博士保卫处处长非同一般的工作创意。

3. 生活中的情意

德刚在生活中还是个爱憎分明、十分有情意的人。1996年，德刚还是个辅导员，他对学生的关爱是感人至深的。有一次有个流氓带着刀和自制火药枪到校园寻衅滋事，欺负德刚班上的学生。德刚闻讯后怒不可遏，带着学生会主席一起赶过去把那个流氓打翻在地，缴了其火药枪和凶器，并把他捆绑起来交给保安。

后来那个流氓趁保安不注意，挣脱跑了，德刚又马上去追。流氓逃到大渡河边，跳上一艘小渔船，威逼船工把船开走了，还回头对德刚挑衅："朋友，后会有期！"德刚恨得牙痒痒，拳头捏得嘎嘣响，也高声回应："后会有期！"真是"出言必应"，此流氓携枪滋事，引起公安机关高度重视，一个月后就被抓了，后来判了刑。德刚的事迹引起很大的社会反响，当年被评上了优秀共产党员，还被"重奖"了一把雨伞。

德刚成为马克思主义学院博士研究生时已过不惑之年，按传统观念，他应该是个成熟稳重、不苟言笑的中年人。然而，德刚却是最谈笑风生、风趣幽默、多情多义的"顽皮"学生。正如他自己调侃的："我在西南财大马克思主义学院读书时，看起来像老师实际上是学生，而马克思主义学院年轻老师刚好相反，看起来像学生，实际上是老师。"正是这种貌似老师、实则学生的身份，使德刚在马克思主义学院如鱼得水，深受老师和同学们的喜爱。

在马克思主义学院，德刚有很复杂的"身份"：张莉和宋淑梅在乐山师院读书时都是德刚的学生，而她俩都比德刚先考入西南财大马克思主义学院做研究生，所以当德刚考入马克思主义学院读研究生时，他便成了两位学生的"师弟"了。此外，德刚还有一个"师妹"叫余周唱晚，该"师妹"其实是德刚的女儿，大学本科是学汉语言文字的，硬是被德刚三番五次怂恿报考西南财大马克思主义学院研究生，后来终于也考上了，成了父亲的"师妹"。父子同学、师生同学、夫妻同学的情况只是在"文化大革命"结束后恢复高考的 77、78 级中出现过，二十多年后又出现这种情况，在全国都实属罕见。

　　女儿"余周唱晚"的姓名也是德刚的"创意"：爸爸姓余，妈妈姓周，借《渔舟唱晚》这首古筝名曲为女儿取个复姓名，不仅打破了传统随父姓的旧习俗，还表现了爸爸妈妈的浪漫爱情，真让人忍俊不禁、过目不忘。

　　中华民族有"一日为师，终身为父"的古训。不知从何年何月起，学生每年都要给我举办生日宴会。德刚无论多忙，都要从乐山赶来参加，宴后马上又赶回去。弟子们的这份情意让我终生难忘。

十六、垃圾处理的变迁与反省

当今时代，垃圾处理已成世界难题。通常来讲，垃圾处理与社会经济发展水平和人们的文明状况呈正相关关系。我是新中国同龄人，亲历了新中国垃圾处理的历史变迁，也体验到了扔垃圾的自由与烦恼。

垃圾处理的历史变迁大概经历了四个阶段：

第一个阶段大约在 20 世纪五六十年代。那个时候，每家每户每天产生的生活垃圾是拿到居民生活区统一的用砖砌的垃圾坑去扔，然后有专人定期来把垃圾用垃圾板车拉走。而出门在外产生了垃圾，人们普遍是随手扔，随便扔，也没人管，很是自由。那个时候经济落后，社会关注的焦点是吃饱肚子穿暖衣。

第二个阶段大约是 20 世纪七八十年代。那个时候经济有了一定发展，生活水平有了一定提高，人们普遍住上了通阳台走廊的楼房，阳台走廊的两端有通向一楼的垃圾通道，人们把垃圾从每层楼的垃圾通道口直接倒下去，再由专人定期把垃圾运走。这虽然方便了楼上大多数住户，但苦了一楼住垃圾通道旁的住户：不仅臭气四溢，而且苍蝇、蚊子、蚂蚁特别多。

　　这个阶段由于经济水平的发展，城市环境也得到了改善，大街上不允许随便扔垃圾、吐口痰。不少地方设立了监督员，一旦发现违规者，就会制止批评，还要罚款。罚款数额也随当地的经济水平而定。有的地方规定随地吐一口痰罚款 2 毛，也有的地方是罚款 5 毛。当年还流传一个笑话，说有个外地人到了某城市，随地吐了一口痰，被监督员逮个正着，罚款 5 毛。外地人很不满意，但也无奈，掏出一元硬币，监督员一时却找不出 5 毛零钱，外地人说，"算了，不用找了"，又吐了一口痰。

　　第三个阶段大约是 20 年代九十年代到 2019 年。这个阶段，社会经济发展更好了，住房商品化，人们普遍住上了单元楼房。而小区实行了专职物业管理。每家每户的生活垃圾必须提下楼扔到楼下放置的加盖垃圾桶里。有了物业专职保洁员每天打扫卫生，收拾垃圾，小区环境更加优美了。人们的环保意识大大增强，出门在外也比较自觉，不再乱扔乱吐。

小区里的垃圾桶

第四个阶段是在 2019 年以后。这一年上海正式实施《垃圾管理条例》（以下简称《条例》），开始强制垃圾分类：干垃圾、湿垃圾、有毒垃圾、可回收垃圾。

《条例》规定：屡次投错且拒不改正的，个人最高罚款 200 元，单位最高罚款 50 000 元。很快，"上海人快被垃圾分类逼疯了"登上抖音热搜榜第一名。说"被逼疯了"当然是有点言过其实，但有些人为此感到烦恼大概是真的。

当年 9 月份我去上海带"研究孙"，也亲历了上海人扔垃圾的烦恼。如何区分不同类型的垃圾确实令人头疼。比如，什么是有害垃圾，什么是有毒垃圾，过去的知识就不够用了。我原来只知道旧电池是有毒的。而现在的各种电子产品、塑料制品等大都属于有毒、有害垃圾。另外，在厨余垃圾中，如何区分干、湿垃圾也很复杂。有一天收拾餐桌，我把桌上的鱼骨头、猪骨头一股脑儿全都扔到湿垃圾桶里，立马遭到儿子的批评纠正。原来猪骨头还要细分，排骨等小骨头属于湿垃圾，腿骨等大骨头就属于干垃圾……孙子在幼儿园也接受了如何分垃圾的教育，也比我会分干湿垃圾。在经过好多天的"培训教育"后，我才逐渐搞清楚了干湿分类。

原来下楼即可扔垃圾，但这次来上海，楼下垃圾桶没有了，必须到小区统一的垃圾站去扔垃圾。将几个垃圾袋拎到小区垃圾站后，要当着工作人员的面把不同袋子里的厨余垃圾分别倒进干、湿不同的大桶里，把包装盒、发泡塑料等可回收垃圾又放到指定地点，倒也没挨过什么罚款之类的。即使有人分错了，也有专职垃圾员给改正过来。

上海人民很快在实践中摸索出区分垃圾种类的方法，并编出了很容易记住的顺口溜：猪可以吃的就是湿垃圾，猪都不吃的就是干垃圾，猪吃了会死的是有毒垃圾，卖了可以买猪的是可回收垃圾。猪成了垃圾分类的"试金石"，真的让人捧腹！

很快，"新冠"肆虐，上海也封城了。第二年3月，我们从海南带着孙子回上海上幼儿园，刚回来几天，就遇到上海疫情。孙子幼儿园也关闭了，上不成幼儿园。从浦东封到浦西封，从周封到月封，再到季度封、半年封，从单元封到楼栋封、小区封……两千多万人口的大上海一下沉寂下来，人人足不出户，上班族终于舒服轻松了一阵子，但很快就为失去"自由"而发"疯"。我为了加强锻炼，每天坚持提上两桶农夫山泉在客厅与厨房之间转圈子。

三天两头的下楼查核酸成了小区人民活动筋骨的机会，扔垃圾也成了珍贵的散步机会。每天每户按楼栋分时间段（早、晚各两个小时）投放垃圾，所以扔垃圾的苦恼也变成了一种快乐。小区有个舞蹈队，我的老伴是她们的舞蹈老师。一天，听到老伴在电话里与舞友的对话内容：很久没见过面了，怪想的，在扔垃圾的时间段里，约着各楼栋的舞友去垃圾站会个面、聊下天。

上海解封后，我一个人立即乘机返回成都，准备给学校 MPA 研究生上课，似有轻松之快。谁知成都市也很快封城了，给研究生上课也只能在网上进行。

不过成都封城时间不长，很快解封了。我乘机把长期不用导致自动冲洗功能坏了的马桶更换一下。

马桶很重，新的马桶有工人送上门安好，但旧的马桶他们不管，我自己又无法搬下楼，于是向物管求助。物管派了两个工人上楼帮我把马桶搬到小区垃圾场，人力费要价 100 元。我说：垃圾场就只有一两百米远，能不能少点？工人师傅说，他们搬到垃圾场后还要把马桶敲碎成小块，垃圾车才能运走。工人挣点苦力钱也不容易，我也就不再讨价还价了。

由于几年前腰椎间盘突出，治好以后，医生告诫不要睡软席梦思，最好睡硬板床。我的席梦思已睡了好几年了，睡硬板床也不舒服，干脆换个硬一点的席梦思。旧席梦思其实还保护得挺好的，扔了怪可惜的。我在小区问了一些清洁工需不需要，她们都不要。又问了一些住在小区工房里的花木工人，他们也不要。所以在网上买了一个品牌席梦思换好以后，又遇到了同样的烦恼：两个年轻力壮的搬运工人放下席梦思就急匆匆走人。我赶快叫住他们，请求他们帮我把旧席梦思搬到小区垃圾场，并答应付劳务费 100 元。小伙子说时间紧得很，我反复央求他们学一学雷锋，也可能是"学雷锋"触动了他们的心灵吧，他们问垃圾场有多远，我说下楼只有一两百米远，至多耽误你们十分钟。小伙子这才在我的引导下把席梦思搬到了垃圾场，靠在墙边，收了钱后匆匆离去。我想，如有人需要，还可以旧物利用。

回到家后，我往新席梦思上一躺，很舒服，长舒了一口气，以为万事大吉了。谁知一会儿物管小妹的电话就打来了，问我垃圾场墙边的席梦思是不是我扔的。我很奇怪：你们怎么这么快就知道是我扔的？物管小妹说发现席梦思后调监控看到的，并把小区大件垃圾处理办法读给我听，让我找人搬走。我说，垃圾场不让扔，你让我往哪里扔啊？物管小妹说你去外面找人来拉走。我说，我不知道找谁，你能不能帮我找找。物管小妹说，我找找看，但那是要付费的。我说付多少钱你先帮我垫着，我用微信转给你。当天傍晚，物管小妹终于找到人把席梦思给运走了。

不仅自己不要的垃圾需要付费处理，而且帮别人处理垃圾也得付费。退休后在西南财大换了一套二手房，为处理原主人的洗衣机、电冰箱、电风扇、桌椅板凳之类的大件垃圾颇费脑筋。千方百计打听怎么处理也没人知道，后来一个装电梯的工人师傅告诉了我一个电话号码，说此人可以处理。我喜出望外地打电话过去，对方问了一下要处理的物件，开口要价八百元，不讲价。能找到人处理就不错了，谁还敢讨价还价。

突然回忆起 20 世纪 60 年代，那个时候家里要添置一件家具，那是非常地难。父亲在眉山师范学校分有一间十多平米的屋子，安放了一张大床和从学校借用的一架学生高低床、一个书桌，还有一口装衣服用的香樟木的大箱子。周末母亲从乡下回来时，从食堂打回饭菜，没有饭桌，就在箱子上铺上报纸当饭桌。家里还有一辆父亲买的东德生产的"三枪"牌自行车。这可是家里唯一的一件奢侈品了。由于房间狭小，白天自行车只能放在屋子外面的通道上，晚上再放回屋子。那时候年轻人结婚，能购买木料请师傅打上一个三开门的大衣柜也就是非常稀罕的了。

所以当时在课堂上听到老师讲美国人如何奢侈浪费，用旧了的电冰箱、洗衣机甚至小汽车都是扔到垃圾场了事，我们都很惊奇，认为那是资本主义制度的腐朽。

毛主席曾说过，贪污和浪费是极大的犯罪。我们往往忽视了后者。今天人们终于认识到了地球不是取之不尽、用之不竭的聚宝盆，开始重视节约资源，反对浪费，提倡"光盘行动"、节约用水、节约用电……唯独没有节约家具、节约服装的宣传。其实，家具也好，服装也好，都是耗费了不知多少水电、多少物质、多少人力才制成的东西。

几年前去非洲肯尼亚旅游，我目睹了非洲草原民族近乎原始人的生活状况。突然间，我似乎也有了一丝"犯罪感"！

十七、周公解梦， 斯文扫地

"周公是谁？不认识。"这是若干年前在一次学校学术著作基金委员会审核我的专著《周公评传》时一些委员的疑问。不知他们是调侃还是真不知，审核结果当然是未能获得出版基金资助。

我很沮丧，向当时的王校长诉苦：由于周公的史料太少，研究难度太大，学术界至今还没有一部周公的专著，我这本书是"十年磨一剑"、填补海内外学术空白之作啊！我国著名学者、中山大学博士生导师李宗桂教授在得知我写了此书后很高兴，说他的国家重点课题《中国大思想家丛书》虽已出版，但遗憾的是没找到人写周公，现在好了，算是一个弥补，为此给我的《周公评传》写了几千字的长序（书还没问世，"序"就在《孔子研究》以论文发表了，此乃后话），做了很高的评价。咋还会通不过呢？我这番"拉大旗作虎皮"的申诉还真起了作用，王校长耐心听完我的申诉后，爽快地用他的校长专用资金资助了拙作的出版。该书后来获得了四川省省政府社科优秀成果三等奖，算是没辜负王校长的偏爱。

其实，非专业人士不了解周公也是很正常的，因为周公离我们当今时代三千多年，不是专业人士，谁知道他呢？我不是学历史的，对周公本也只略知一二，之所以后来专门研究周公，是受我的同学四川大学古籍研究所所长舒大刚教授的委托和再三请求，而勉强应承下来的。在每周三十余节课的繁重教学任务下，为减轻负担，我还把刚分配到西南石油大学任教的一个年轻朋友李学林也拉上了"贼船"，一起来研究这个神秘的"陌生人"。通过多年研究，愈来愈发现周公在中华民族历史长河中是个当之无愧的划时代的重要人物，但却不为后人所重视。有关周公的史料太少，除了《尚书》尚可信，其他大多为二、三手资料，难以为信。所以专家学者对周公的研究不多。此外，毛主席曾说"从孔夫子到孙中山，我们应当给以总结，承继这一份珍贵的遗产"，唯独没提到周公，这恐怕也是专家学者鲜有研究周公的另一个原因吧！所以，借此文向大家宣传、纪念一下为中华民族做出巨大贡献的大思想家、大政治家、大军事家周公。

我们都知道中华民族以"礼仪之邦"著称于世，然而三千多年前，殷商时代却是非常野蛮、愚昧的。20世纪初，考古学者在殷墟发现了一百多座杀人祭祀坑，出土人骨将近六百具，其中的两个坑内还埋有十七具惨死的幼童。一起出土的甲骨文显示，他们死于商朝血腥的祭祀典礼。殷商统治者敬畏天象而草菅人命，是殷商灭亡的重要原因。

武王灭商建周三年后就病死了，其子成王年幼，由武王胞弟周公旦摄政。周公不仅平叛安定天下，更吸取殷商因暴政灭亡的深刻教训，亲自"制礼作乐"，开创了以"礼"治国。一部《周礼》，内容极其丰富，不仅包含统治者治国大政方针之"礼"，也包含老百姓日常生活、举手投足、为人处世之"礼"，故有"经礼三百，典礼三千"之谓。很多礼节如"尊老""孝道""礼让"一直传承到今天，使中华民族从此赢得了"礼仪之邦"的美誉。

汉代著名学者贾谊如此评价周公："文王有大德而功未就，武王有大功而治未成，周公集大德大功大治于一身。孔子之前，黄帝之后，于中国有大关系者，周公一人而已。"周公可谓上马能平叛，下马能治国，武可定国，文可安邦。更为难能可贵的是，在个人权势达到顶峰之时，他却急流勇退，主动把王位还政给侄儿，自己退居臣位。权重而不擅权，居功而不自傲，称得上是"德艺双馨"。

到了战国时期，"礼乐崩坏"，天下大乱，群雄逐鹿，百姓遭殃！孔子对诸侯、大夫们僭越礼节、乱了纲常痛心疾首。例如，《周礼》规定，只有周天子才可以享受"八佾之舞"（一佾为八人，八佾即六十四人；诸侯为六佾，卿大夫为四佾，士为二佾）。有个大夫季氏是正卿，只能享受四佾，但他却"八佾舞于庭"，让孔子气得捶胸顿足，连呼"是可忍也，孰不可忍也"。孔子认为，天下大乱就是因为"周礼"被破坏了，所以为恢复"周礼"四处奔波，游说列国诸侯，但却四处碰壁，最后沦落到饥寒交迫，像一只"丧家之犬"（孔子自嘲）。但孔子却"明知不可而为之"，继续为他的"克己复礼""仁政德治"理想而奋斗。晚年的孔子自知有生之年难以见到周礼恢复了，十分感慨："甚矣吾衰也！久矣吾不复梦见周公。"用今天的话说就是："我衰老得很厉害了，我好久没有梦见周公了。"

孔子对周公可谓魂牵梦绕，以致后人尊孔子为"至圣"，而以周公为"元圣"，可见周公对孔子的影响至切至深，称得上是孔子的精神导师。上海新民晚报记者跟我索要《周公评传》后，在《新民晚报》以"谁是孔子的老师"为题的专版报道中对本书做了报道。武汉大学哲学系博士生导师李维武教授、四川大学哲学系博士生导师贾顺先教授、四川省社科院博士生导师张国祺研究员等著名学者以及郑丽娅副教授、都兰军副教授都为本书写了书评，高度评价了该成果的学术价值。

作为儒家创始人，孔子在中国可以说是家喻户晓、妇孺皆知，而孔子的"精神导师"周公却鲜为人知。甚至"文化大革命"时"四人帮"大搞"批林、批孔、批周公"运动，广大群众对"周公"也并不了解，以为就是"四人帮"影射、批判周恩来总理。直到改革开放以后，随着经济发展，市场繁荣，人们在酒足饭饱之后，开始追求精神生活，一部不知猴年马月何人所写的《周公解梦》开始在地摊上"热销"，顿时让周公成了知名人物，令人啼笑皆非。周公这个在中华民族历史上重要的思想家、政治家、军事家、改革家，如今却沦落为摆地摊解梦算命的阴阳先生，不知周公在天之灵做何感想？为什么有人要假周公之名来写占卜算卦之书？推究起来，可能跟孔子不时"梦见周公"有一丝丝关系吧。"梦见周公"与"周公解梦"，二者没有半毛钱关系，写书者真可谓鱼目混珠、借鸡下蛋，别有用心。

我的《周公评传》出版后，出版社仅送了我 20 本书。我将书选择性地分送了部分同学、朋友，还应邀在扉页上题字签名。一次同学聚会时，省委党校哲学教授曾小波同学对我颇有微词，说他在新华书店看见了我写的《周公评传》，咋不送他一本。他说他是坐在书店地板上一口气读完全书的。我既感动又遗憾，小波酷爱读书在大学期间就是出了名的，我确实疏忽了，应该送他一本。但我仅存了最后一本。问了一下出版社，由于本书读者少，印量不多，出版社也没有了。想在网上旧书店购一本，没想到网上被"炒"卖到一百多元一本，我也不舍得买，当然普通读者更不会买，不过就是网络炒作而已。尽管如此，我也似乎有了一点点"成就感"。

然而，大约一年之后的一件事又让我的"成就感"丧失殆尽！

我也有在旧书摊淘书的习惯，也不时淘到一些书店买不到的好书，价格还非常便宜。一天在青羊宫附近一个旧书地摊上突然发现了我的《周公评传》与《周公解梦》摆在一起，顿时让我脸红耳热。我拿起自己曾引以为豪的专著，翻开扉页一看，果然是我题字送给一个朋友的，而且全书根本没有翻看过的迹象，我不禁汗颜了！其实，扪心自问，不少朋友送我的专著，由于非我所学专业，我不也只是随意翻看一下就放回书架上了吗？

退休后，由于搬迁新居，我整整三个大书柜的书如何处理成了一个心病：学理工科的儿子明确表示绝不继承，而卖废书又太可惜。后来终于想到一个好办法：让我的研究生弟子们来挑选。近水楼台先得月，成都的弟子们闻讯后，先先后后、高高兴兴、大包小包地选了自己喜欢的书籍。余下的数百册书我就让购房者处理给收荒匠了，其中当然免不了有朋友送我的专著。

至此，我终于明白了，俗话说得好，"打饼子熬糖，各有一行"，隔行如隔山，所谓专著、论文，不过就是某个学术圈子内的"专家"们或为评职称、或为评奖出名的"自娱自乐"罢了，反倒是《周公解梦》更受大众青睐。真可谓：

礼仪之邦，誉美天下。周公解梦，斯文扫地。呜呼哀哉！哈哈哈！

下篇
岁月人生回顾

　　恩格斯说："辩证法不过是关于自然、人类社会和思维的运动和发展的普遍规律的科学""辩证法的规律是从自然界的历史和人类社会的历史中抽象出来的。辩证法的规律无非是历史发展的这两个方面和思维本身的最一般的规律。"

　　"一滴水也能反映太阳的光辉"，一个人的人生轨迹也是历史岁月的缩影。我是新中国的同龄人，我成长的人生轨迹与新中国的历史发展完全同步，虽不能"一叶知秋"，却也能"管中窥豹"。

一、 我的童年

1949 年，我在苏轼故里眉山城里一个四合院里诞生了。

打我记事起，家中只有七口人：奶奶、父母、哥哥、大妹、二妹和我。我们从来没见过爷爷，父亲也从不给我们讲为什么，直到"文化大革命"结束以后，父亲才向我们透露了原因：爷爷1949 年前是大地主，土改时期就被镇压了。父亲还讲到了以前曾祖母虐待儿媳妇，给爷爷娶了小妾后就把奶奶和父亲三兄妹赶出家门，他们一直寄居在佃户辜子云家中的悲惨往事。

我从小和母亲住在她工作的洪雅白鹤庵小学。父亲在相隔不远的洪雅师范学校工作。依稀记得我上幼儿园的情景：每天我独自沿着一条通向城里的石板路进城上幼儿园，放学后也是一个人边走边玩回到白鹤庵小学。这在今天难以想象，幼儿园的小朋友居然可以独往独来几里（1 里等于 500 米）路。这说明那个时候路上没有什么汽车、摩托车的交通安全问题，也没有什么人贩子拐卖儿童的事情。

不记得是什么原因，后来我和大妹由奶奶带着住在洪雅城里关圣街的一个院子里，旁边有个叫"中山堂"的大坝子。每天清晨都能听到大街上传来"谷粑，热的!"的叫卖声，我和大妹就期待着奶奶给我们买谷粑吃，觉得特别好吃，又香又甜。那个时候小孩能有零食吃都很难得。我和大妹还有过合伙"盗窃作案"的经历：晚上街沿边有一个点着油灯卖"酸鼻子"（一种水果，学名叫鼻涕果，现在市面上看不到了）的太婆，我假装在前面问价格挑选，挡住了油灯摇曳昏暗的光线，而大妹藏在我身后，悄悄地抓上一把酸鼻子往兜里揣，并扯一下我的衣服示意得手，我就故意嫌贵表示不买了。然后我们就离开分享"胜利成果"去了。这恐怕是创纪录的最小年龄盗窃案吧，连"少年犯"都称不上。

童年时还有一件事儿令我印象很深刻：有一次，在洪雅中学上学的表哥放暑假以后带我去大姑家玩。大姑家是农户，在洪雅县中山坪的山里，我们先前都没去过。大哥也吵着要去，不知什么原因，母亲不准他去，大哥就开始躺在地上哭闹耍横，母亲找来一根篾片抽打他，结果他把农民的胡豆地都压倒了一大片。表哥带着我走了恐怕有二三十里山路才到大姑家。大山里面突然来了一个城里人，哪怕是个小孩，似乎都成了一个新闻。和大姑父刘德钊同姓不同宗的生产队长为欢迎我的到来，马上提着一支砂枪上山打麂子去了。不知过了多久，生产队长就提着一只麂子回来了。当晚大姑父和生产队长乘机喝了一台酒。麂子肉究竟是什么味早已记不得了，只知道肉嫩好吃。大人们还叮嘱我，晚上别出门，山里还有豹子。可见当时的生态环境还是相当好的。

大姑家附近就是原始森林，下过雨后的第二天，树林里就有很多蘑菇冒了出来。表哥教会我辨别毒蘑菇：凡是色彩鲜艳的蘑菇，大多是有毒的。我只认准一种灰色的、当地人叫"三塌菌"

的蘑菇捡。为什么叫"三塌菌"？因为这种菌子只要发现了一处有，必定还能在附近发现两处有，所以叫"三塌菌"（四川人把"地点"叫"塌塌"）——其实它就是今天叫的鸡枞菌。三塌菌是野生蘑菇，无法人工培育，味道极其鲜美，今天野外已很少见，但当年我在大姑家旁树林里常能捡上几十朵。树林里还常常能见到松鼠，我很想捉一只回去养，还找表哥帮忙，但根本捉不到。在大姑家玩了一个暑假，表哥也开学了，我也就跟着表哥回城里了。

二、我的小学生活

无忧无虑的童年很快就过去了。1956 年父亲从洪雅师范校调到眉山师范学校工作，母亲也随之调到眉山象耳小学工作，我也在象耳小学启蒙读书。

象耳小学是由古眉州八大景之一的象耳寺改建的学校，依山傍水，风景秀丽。那个时候没有什么家庭作业，放学以后学校的家属小孩儿就聚在一起玩。周末教职工都要政治学习，我们家属小孩儿就像放了"敞马"（俗语：没有缰绳的马）：或打"逮捕战"、捉迷藏，或下河洗澡（还谈不上游泳）、摸鱼抓螃蟹，或用弹弓打鸟、用竹竿粘知了，或在礼堂打乒乓球（没想到打乒乓球成了我的终生爱好）……真是少年不知愁滋味，无拘无束玩得真开心。

在象耳小学，我也有过一次"自己动手，丰衣足食"开荒种地的经历。那个时候吃饭通常是在学校食堂打饭吃，但有时候也要自己在家下点面、煮个菜汤之类的。从学校到象耳镇买菜太远了，很不方便。有一个星期天，母亲去参加政治学习前，给我布置了一个任务，到山上去开垦一小块地种菠菜用。我很不情愿地扛着锄头来到学校最上层的山坡上开始挖地。听着其他小朋友打闹游戏的声音，心里面充满了怨气，免不了"磨洋工"，一个上午仅仅挖出了至多三平方米的地，清除完杂草、石块后就回家交差了。母亲上山检查了以后，倒也没说什么，就把菠菜种子撒到地里，盖上一层泥土，浇完水，然后就布置我每天早晚各来浇一次水。大约七八天后，我发现菠菜种子开始发芽了，泥土上密密麻麻的一层绿色。我心里面也充满了一种惊喜：这可是自己的劳动成果啊！此后，我每天浇水的积极性就大大提高了。随着菠菜幼芽长成叶片后，母亲和我一起把密集的菠菜匀去不少，让我把晚上起夜的尿水稀释以后给菠菜上肥。看着菠菜一天天长大，叶片一天天肥厚，劳动的喜悦之情油然而生。采摘以后母亲用它做菠菜蛋汤或下面，都觉得分外地香。在今天看来，这就是没有施过化肥的有机生态蔬菜啊！

在象耳小学上完初小以后，我就转入城里眉山师范学校附小读高小。奶奶带着我和两个妹妹租住在眉山师范学校旁边的邓公馆一间约二十平米的房子里，大哥则在眉山工读中学住校学习。上高小期间正值三年困难时期，吃不饱饭是常事。为了增加营养，父母买了兔子让我们喂养。我们在厨房的一端搭建了一个悬空的窝棚，兔子的屎尿可从筛网中漏下来，下面铺垫一层蜂窝煤灰接住。尽管每天都要清换打扫，但窝棚仍然臭烘烘的。不过很快我们也就适应了，正如古人所云：入芝兰之室，久而不闻其香也；入鲍鱼之肆，久而不闻其臭也。我们几姊妹每天放学回家第一件事就是提着竹箢去扯兔草。兔子食量很大，一天到晚都在不停地吃、不停地拉，但兔子的繁殖力也很强，一窝兔就可以下七八只。随着兔子长大，我们扯草的任务也就愈来愈重。为了增加母兔哺乳期的产乳量，我们专门去扯一种"奶浆草"来喂母兔。这种草是灰白色的，茎叶一断开就冒出像奶一样的白浆，所以叫"奶浆草"。尽管扯草很辛苦，但兔子肉却能让我们增加营养、饱口福。

少年时代我学会了游泳。那个年代没什么游泳池，更没什么教练。我的游泳技能是在眉山师范学校旁边的月儿塘扑腾学会的。月儿塘不大，直径大概只有二三十米，但水也挺深的。眉山师范学校的家属男孩一到放暑假，都喜欢到月儿塘扑腾玩水，学习游泳。从"狗爬"、仰泳到"剪刀叉"（类似自由泳），我们都学会了。很快，在月儿塘游泳满足不了我们，我们开始到城外的岷江河支流马家渡去游泳。虽说是支流，但河面也有一百多米宽。我们尝试了几次后，终于都能游到河对岸了。河对岸是个沙滩，游过去之后我们就躺在沙滩上晒太阳，或者相互追逐打闹、玩篮球，玩得挺开心。

那个时候没空调，酷暑难耐，来马家渡游泳纳凉的人挺多的。据说是每年都会有人淹死，因为前一年的"淹死鬼"要找"替身"才能重新"投胎转世"。这种迷信的说法我们当然不会相信，但我们也确实目睹了两次淹死人的事情。

有一次我们游到河对岸后在沙滩上玩耍，有一个大人从河对岸开始往这边游，游到河中心就开始挣扎起来。我们以为他是在搞恶作剧，并不在意，因为有人喜欢开这样的玩笑，而且当天风平浪静，并无激流漩涡。但后来看见他越来越不行了，才发现他可能是脚抽筋了，真的危险了。我们赶快把随身携带的一个橡皮篮球向他扔过去，但距离太远，根本扔不到他跟前。很快，这个人就沉没了。事后才知道这个人是县里某个局的一个领导。

另外一次事件是有个同学在马家渡玩跳水：站在他自己带去的一个汽车内胎（当年的汽车轮胎都是有需要打气的内胎的）上空翻跳水。他的水性挺好的，喜欢在同学们面前炫技。但那天太不走运，他后空翻时突然把轮胎给踩翻了，轮胎气门芯刚好打在他太阳穴上把他打晕了，他沉入水底再也没浮上来。

我们自己也确实遇到过一次危险，那是在考上初中后的第一个暑假。有一天我们几个小伙伴相约去马家渡游泳，一到江边就见江面开阔了不少，而且水势十分湍急，原来是上游下暴雨发大水了。我们见水势凶险，都不敢照往常一样游到对岸沙滩去玩，只想在岸边游玩。谁知有个小伙伴挑衅地问："今天敢不敢游过去？都是胆小鬼吗？"我们都以为他是在"冒皮皮"（四川俗语：吹牛），反讥他："谁是胆小鬼，你敢游过去，我们也敢。"谁知他真的就带头向对岸游去了。话已出口，我们也不能让他笑话是"胆小鬼"，今后在同学面前抬不起头，只好硬着头皮跟在他后面游。那天的江面真的太宽了，游了很久，已经筋疲力尽了，但距对岸还有点远。我担心游不过去发生危险，心想算了，生命诚可贵，当个"胆小鬼"又何妨，于是调转身准备往回游，但回头一看距岸边更远，只好又转过身继续往对岸游。那天真的感觉到了死亡的威胁，但求生的欲望支撑着我们，几个小伙伴用尽了吃奶的力气终于游到了对岸。游倒是游过去了，但没有力气了，怎么游回来啊？由于岷江改道，马家渡是个废弃的渡口，没有渡船。上游王家渡有几公里远，而且身无分文，去了也不知道船老板是否愿意免费搭载我们过河，所以我们仍在原地休息，养精蓄锐后再沿着河岸寻找到一处水势往对岸打的地方，利用水流的力量终于游了回去。此事想起来都有点"后怕"，真的是刻骨铭心！

营养不良瘦骨嶙峋的小伙伴们（中间为作者）

除了喜欢游泳，我们家属小孩还特别喜欢上房掏麻雀窝。常言道，"费头子（四川俗语：捣蛋鬼）娃儿，三天不打，上房揭瓦"。小时候我们大多数家属娃儿都是"费头子"，也确实经常上房揭瓦掏麻雀窝。那个年代的男孩子没掏过麻雀窝的恐怕凤毛麟角。当时正值三年困难时期，吃不饱饭，掏麻雀窝不仅仅是为了好玩儿，也是补充营养的好办法。

眉山师范学校的两层教学大楼就是我们经常光顾的地方。暑假期间大楼里无人，我们从二楼天花板的一个维修洞口爬上屋顶，上面的麻雀窝特别多。只要是见到瓦片下面有干草和羽毛，揭开瓦片一定有一个麻雀窝。有的窝里是麻雀蛋，我们捡起来放在带去的饭锅里，装满一锅后就用绳吊下去。有的窝里是麻雀幼鸟，它们惊恐乱叫，一抓，必定是一泡鸟粪给你撒在手上。掏完眉山师范学校教学大楼的麻雀窝以后，我们又到附小的教学大楼继续上房掏麻雀窝。掏的麻雀蛋直接煮来吃，抓到的麻雀则开膛洗净，用盐腌好，风干后再煮来吃。麻雀肉是纯瘦肉，吃起来非常香。

虽然贪玩好耍，但是我学习上也不甘落人后，通常成绩都在班上前几名。而且我的作文特别好，经常被老师作为范文在全班同学中朗读。这当然得益于教中文的父亲对我的指教。1962 年，我小学毕业了，顺利考上了眉山中学。我最亲爱的奶奶却因营养不良、积劳成疾而永远离开了我们。

三、 我的初中时代

我初中就读的眉山中学是四川省重点中学，与大文豪苏东坡故居（三苏祠）仅隔一个有四百米跑道的运动场。当时在县份上能有这么大的一个运动场是很难得的，所以不仅是县里的田径运动会，乐山地区的田径运动会也在这里举办，但记忆中从来没有办过足球比赛。这个运动场还是县里开群众大会、公审大会的地方。

大约是在眉山中学上学的第二学期，有一天学校突然停课，让全体学生带上锄头去运动场开荒。到了运动场，只见人头攒动，人声鼎沸，已经有很多单位组织人在这里开荒了。可能是因为经历了三年困难时期，经济还十分困难，县里面开了会，允许各单位到运动场开荒搞生产自救，谁开的荒就归谁所有。眉山中学是所完中，初中、高中有七八百名学生。那个时候中学生设有劳动课，我们到工具房领了锄头、铁锹后就整队来到运动场。我们人多力量大，很快有小半个场地都被我们眉山中学开垦了。

那个时候上中学都是住校学习，学生都是在学校食宿。政府对中学生有特殊待遇，中学生每个月供应三十二斤大米、一斤猪肉、半斤菜油，相比于城市居民每个月只有十七斤大米、半斤猪肉、四两菜油的待遇那可是好多了。但几百名学生每天的蔬菜供应却是个难题，那个时候也没有什么大型的蔬菜农场，所以学校开垦出来的土地主要是用来种蔬菜，特别是产量极高的厚皮菜。

中学时代正是年轻人长知识、长身体的时候。眉山中学是著名的省属重点中学，教师个个都挺棒，涨知识没有一点问题，但长身体却要有充足的营养才行啊！虽然政府对中学生都有很大的物资供应优惠，平均每天有一斤大米，这在今天肯定是足够了，但在当时缺少油荤的情况下则是另一回事。每个月只有一斤猪肉，要分成四次吃，每个礼拜打一次"牙祭"。今天年轻人可能很难听到说什么"打牙祭"了。所谓"打牙祭"，本意是古人为求风调雨顺或生意兴隆，在阴历每月的初二、十六作牙，以鸡肉、猪肉、鱼肉等肉类祭品祭拜土地神，乞求保佑。祭拜完后，供品当然要吃掉。所以，"打牙祭"就是泛指开荤吃肉。

每次"打牙祭"的那一天，都是同学们异常兴奋的时候。大家上午第四节课时就已经无心听课了，急切盼着老师提前一点下课。哪个老师如果因内容没讲完而拖堂，教室里就一定会响起或用筷子敲碗或用勺子敲盅的"交响曲"，以示"抗议"。为什么呢？那个时候是分桌吃饭，八个人一桌。开饭前，炊事员早已在每个桌上摆好一盆饭、一盆菜。每桌同学到齐以后，就轮流由两个同学分饭、分菜。分饭还挺考验技术，因为用饭盆蒸的饭有时不是很平，有一边高一边低的状况，如何把厚薄不同的饭通过面积差别而达到体积基本相等，这完全要靠经验积累。饭、菜在盆里分成八份后，肯定不可能绝对均等，所以轮值第一个选饭菜的同学还不能看着选，只能背过身，然后分饭菜的同学将盆转一两圈，选饭菜的同学背着身用筷子在盆里一叉，叉着哪份就是哪份，其余七个同学就依次从盆里拨出自己那份饭菜。我们在 20 世纪 60 年代初"创立"的这个"公平分配"的办法，居然在今天才被写进专家学者们的《管理科学》中，真有意思！

既然饭菜是这样分配的，那为什么"打牙祭"那天同学们都急切盼着老师早点下课？原来是因为鲜美的肉汤是无法分到桌上的，而是装在几个大缸中，由同学们自己取用，先到先取，后到的就没有了。所以同学们第四节课下课后要以百米冲刺的速度跑到食堂，先舀肉汤喝，然后再分饭菜。为抢肉汤喝，还有一段令我终生难忘的轶事：有一次我们抢完肉汤喝了以后正在分饭菜，突然听到有个女同学"哇"地一声大叫，原来她从缸底舀上来了一只死耗子。同学们一时都蒙了：肉汤里怎么会有死耗子？估计是当时家家户户坚壁清野，把粮食保护得好好的，耗子找不到吃的，也在"过粮食关"，闻到了瓮子锅里煮的猪肉香味，想偷吃却"一失足成千古恨"，给烫死了。呵呵，瞎猜测。耗子肉虽然可以吃，而且很鲜嫩，但那是在剥皮、开膛、洗净、盐渍、烟熏火燎以后吃，哪有这样喝"耗子汤"的？得了鼠疫怎么办啊？此时想吐也吐不出来了。没抢着肉汤喝的同学都很庆幸，抢喝了肉汤的同学都忐忑不安。我也是抢喝了肉汤的，只能听天由命吧！事后也没听说谁得什么鼠疫，甚至连拉肚子的也没有。真是奇了个怪了！也许是同学们的免疫力还行，也许是老鼠携带的病菌被高温杀死了吧！

上初中以后，我仍秉性难改，贪玩好耍。我们班有三个同学是最爱结伙玩耍的，我就是其中之一。同学们给我们三个都起了绰号：潘同学常穿一身灰衣裤，绰号就叫"大灰狼"；赖同学则根据他姓氏谐音起个绰号叫"癞蛤蟆";我比较狡猾机灵,就给我起了个绰号"狐狸"。我们三个"野生动物"耐不住"圈养",经常结伙跑出去玩,虽不敢逃正课,但晚自习、午睡时间却成了我们自由活动的时间。中午去校外打麻雀、河沟摸鱼虾……晚自习去操场捉迷藏、偷营打"逮捕战"……所以经常遭到班主任陈泽忠老师严厉批评。但是我的成绩并不差,经常考班上前几名。有一次陈老师在政协开会遇到我父亲,就向我父亲打了"小报告":"你那个儿子不仅自己贪玩好耍,还成了坏榜样。我批评赖××贪玩好耍导致学习不好,赖××却反问我,人家辜堪生也贪玩好耍,成绩不照样也很好吗?"后果是不言而喻的,周末回家我遭到父亲一顿痛骂,其他的不记得了,唯有"满壶水不响,半壶水响叮当。你就是凭半壶水在那里涮!"这句话我倒是记得很清楚的。

球队集训,互相切磋(右三为作者)

上中学以后，我的乒乓球技术越来越好了，学校里连高中同学也没人打得过我。高65级有个叫周华君（后来成为乐山地区有名的画家）的同学乒乓球打得很好，球削得特别好，约我比赛过多次，都败在我手里。每到周末，我就到县工会打乒乓球，会各路高手。县百货公司的钟得重、财政局的庄太生，还有个叫刘大光的乒乓球爱好者，都常和我打比赛，比赛可谓"球逢对手"，非常激烈，十分好看，引起围观。县体委主任颜风培发现了我这棵苗子，后来把我和同班同学刘国清、初66级的罗家成、初67级的刘芙娜、工读中学初67级的陈俊文、眉山一中初67级的辜小华（我的大妹）一起选进县代表队去乐山地区参加地区乒乓球比赛，又聘钟得重、庄太生分别当我们男女两队的教练。

俗话说，山外有山，天外有天。到乐山参加比赛后，我们眉山的"井底之蛙"终于见了世面，开阔了眼界。乐山代表队的黄尚凯、张林，仁寿县代表队的邱本寿是我最敬畏的对手。尤其是邱本寿发的强烈上旋球，我一触拍就冒高或直接飞出台外，根本不是人家的对手。这次乐山之行让我第一次知道了什么叫"上旋球"，如何发上旋球。

上中学以后，我又有了一个新的爱好，那就是集邮。男同学中有一半以上都爱上了集邮。那个时候集邮不像现在可以购买整年的邮册，而是从信封上一张一张地撕取。全校近千人的学生信件都是放在高中部大门外的信架上，各人自取。邮递员每天送信件的时间也比较固定，通常是在上午九点左右，我们就在第二节课下课后，利用做广播操时间飞快地跑到邮架前翻找信件。只要见到贴有纪念邮票的信件，马上就小心翼翼地把它揭撕下来，回去再用清水浸泡，清除糨糊、胶水后晾干收藏。一套纪念邮票往往有很多张，很难收齐，所以必须在集邮者之间互通有无、互换邮票。凑齐一套邮票的那种乐趣与兴奋是非集邮者无法体验的。记得当时一套黄山的纪念邮票一共有五十张，高面值的还不少，其中一张面值二十二分的"石猴观海"极其难找，这套黄山邮票我找到了四十九张，就差这一张。为寻找这张邮票，我还到校外一些集邮爱好者中寻找，费尽了千辛万苦也没找到。后来还是无意中在同班同学奚建康那里发现了这张"石猴观海"，并花了很大代价换到了这张邮票。真是"众里寻他千百度"，蓦然回首，此票就在同学中。集齐这套"黄山"邮票，成了我的一大骄傲。集邮本是一项增长知识、陶冶情操、增进人际交流的兴趣活动，没想到在市场经济中却变成了一种商业活动。2017 年南京保利专场拍卖会，一版"猴票"居然拍卖到两百万元。我当年集的邮票，包括后来"文化大革命"中集的"文化大革命"邮票，我一直保存到今天，本以为应该是很稀有、很珍贵的，但却没有"资本"的商业炒作，也就没有市场价值了。

中学时代，我最大的遗憾就是没能加入共青团。与我关系最好的球友刘国清，家庭出身为贫下中农，小学、中学我们都是同班同学，上初中后他很快就加入了共青团。我也很想入团，写了申请书，但都是泥牛入海无消息。当时贯彻阶级路线，对家庭出身不好的人，党的政策是"有成分论，不唯成分论，重在政治表现"。班上有个出身不好的女同学，不仅成绩优异，表现也很好，每期都评为"三好学生"，最后还光荣加入了共青团，成为全校学习的榜样。虽然我的成绩也很好，但家庭出身不好，"政治表现"（不守纪律、贪玩好耍）也不好，想入团那是"门都没有"。其实，我父母亲都是人民教师，奶奶也是被恶婆婆赶出了家门的，我连地主爷爷都没见过，却莫名其妙成了地主阶级的"孝子贤孙"。我想不通，就给人民日报社写了一封信，反映了我的这种情况，咨询一下我的家庭成分究竟该填什么。没想到人民日报社还给我回了信，信中说，我的这种情况应该按父母的职业填革命干部。我非常高兴地回家对父亲讲，我们应该到公安局去改成分。父亲也很高兴，带着我去了公安局，把有人民日报公函的回信给了他们看。但接待人员看了信以后冷冰冰地说了一句"我们没接到过这样的通知"，就把信扔给了我们。

家庭成分改不了，入团的愿望也就泡了汤，直到初中毕业，我也未能加入共青团。

20 世纪 60 年代初，祖国搞"三线"建设，从上海迁来一家邮电部的工厂，代号"505"。我们眉山师范学校的几个家属小孩利用暑期去 505 厂打工挣钱。由于我们是享受政府"特殊供应"的中学生，在当时还算是个小知识分子（相当于旧时代的秀才），所以分配给我们的工作不是挖土方、搬砖的粗活，而是给盖好的楼房安装电线管道。除了在工作台上给管子套丝口费点力气外，剩下的工作就是削木塞堵管口，相当地轻松，一天还能挣 8 毛钱。

每天最累的倒是从城里去 505 厂要走七八里路。每天下班回城的公路上，只要有卡车经过，我们就去爬车，能爬上车的就对没爬上的小伙伴得意地招手道别。爬车还是有点技术含量的，那个时候公路上的架架车、鸡公车、行人都同行，没有分道，所以汽车车速都不太快。汽车快经过时，必须提前跑起来，等汽车从身边一过，就加快步伐追上去，从车尾吊住车的厢板马上收腿，然后就翻进车厢里。司机明知道有人翻车，通常也不管，因为他即使停车轰我们下车，等他一起步，我们又翻上去了，索性做个顺水人情。但有一次我们爬的是个翻斗车，司机一见我们翻上了车，就稍微放慢点速度，然后把翻斗车车厢翻起来，想把我们倒下去。我们赶快抓住车斗前板或边板才没滑下去。事后我们此"历险"经历还为小伙伴津津乐道。

四、 我的高中时代

1965 年，我初中毕业了。好朋友刘国清因家境贫寒选择了考成都无线电工业学校。那个时候读中专是免费的，不仅包吃住，还包分配工作。我不想和朋友分手，也想和好朋友一起考成都无线电工业学校，但父亲坚决反对，让我考高中，以后考大学。新任班主任蒲明岗老师也坚决反对我考中专，并多次给刘国清做工作，让他也考高中，但没成功（多年后，刘国清告诉我，如果蒲老师再找他谈一次话，他就会动摇了，重新选择考高中）。

当年，刘国清如愿考上了成都无线电工业学校，我也以优异成绩考上了眉山高中，被分在高 68 级一班，班里的很多同学都是初中的老同学。班主任仍然是蒲老师。

1. 迷上装半导体收音机

蒲老师是教物理的，他生动风趣的教学方式，让我对物理学产生了莫大的兴趣。我至今还记得有个物理学问题一直困扰着我：汽车牵引力越大，速度越慢。我多次向蒲老师请教，蒲老师耐心地用 $P=FV$ 的公式给我解答：P 是汽车的功率，F 是汽车的牵引力，V 是汽车的瞬时速度。当汽车的功率确定以后，牵引力 F 越大，其速度 V 当然就越小。从数学公式来说当然是这样，但从生活经验来说，我愈使劲跑，为什么速度反而愈慢呢？至今我也没想明白，因为我始终没弄懂汽车的扭矩是什么。

虽然没弄清楚牵引力与速度的关系，但物理学让我对半导体无线电产生了极大兴趣。上小学时我捣鼓过矿石收音机，非常简单，用一根金属探针接触到黄铁矿晶体的一个针尖大小的点位，调整其在矿石上的接触点，可以找到有半导体效应的接触点，利用该点的半导体效应，对调幅无线电波进行检波，从而得到音频信号。这音频信号很弱，只能用耳机听，而且时断时续。但是，当第一次从自己装的矿石机中听到"中央人民广播电台"的声音时，其兴奋程度不亚于"打牙祭"吃回锅肉。

上初中时我开始用晶体管组装收音机。受经济条件制约，我买不起电烙铁、喇叭，三极管也只能买一支，就选择一个单管机图纸，在厚纸板上画好线路图，再将二极管、三极管、电容器、电阻等零件穿过纸板，将漆包线两端用砂纸磨去绝缘层，再缠绕在零件脚上，直到完成整个线路图。戴上耳机，慢慢微调可变电容器，就可收听到很多频道的电台节目了。

上高中不到一年，"文化大革命"开始了。学校停课了，很多同学都参加了"造反派"组织。我既不上课，又不参加运动，成天就是打篮球、打乒乓、下象棋、打扑克、还有就是装半导体收音机。

为了买二极管、三极管、喇叭、电容器，我骑着父亲那辆东德生产的"三枪"牌自行车到过彭山、新津、龙镇等周边县镇，还到过成都。老朋友刘国清在无线电工业学校，我通过他买了几只比市面上便宜得多的三极管。我还因大串联机会吃尽苦头到了北京，在天安门留了影。由于不是红卫兵，我胳膊上并没有戴红袖章，但也捧了一本《毛主席语录》。

1966 年 12 月天安门留影

我虽不是红卫兵，但还是有幸参加了毛主席在天安门城楼第八次也是最后一次接见红卫兵。尽管距离天安门城楼较远，看得不是很清楚，但毕竟是亲眼看见了伟大领袖毛主席，激动的心情是不言而喻的。

到北京还有一个最大的收获，就是在王府井百货大楼买到了我梦寐以求的"武汉机盒",这可是收音机组装爱好者可望不可即的紧俏货,连成都市百货大楼也没有卖的。当时同学们都是自己用五层板自制机盒,装出的收音机外观显得十分土气。

从北京回来后我马上就开始组装收音机。我在图书馆各期无线电杂志上收集了很多款半导体收音机的线路图,经过反复比较,最终选了一款"四管再生来复式"半导体收音机线路图。

零件备齐后,我就向同学借了一个电烙铁,开始熬更守夜组装收音机了。在胶木板上布线路,穿孔,上铆钉,插零件,然后用烙铁、焊锡膏、松香来焊接零件和连线,再安装上磁棒天线、可变电容器,反复调试……几天后,收音机就装好了。精心调试后,效果好极了!音质纯,音量大,噪音小,收台多。装进武汉机盒后简直就和商场里出售的收音机一模一样,与那些土了里吧唧的层板机盒收音机比起来就像是"正规军"与"游击队"的差别。难怪人们常说"人是桩桩,全靠衣裳"。嘿嘿!这是眉山中学第一台用"武汉机盒"组装出来的半导体收音机,所以全校一下都知道了,好多同学都跑来欣赏,目光里无不充满了羡慕嫉妒!

然而,天有不测风云,乐极会生悲。有一天,解放军7861师部文工团来眉山演出,我好不容易托人搞到一张下午场的票,于是吃了午饭就去眉山剧场看演出了。演出结束后我回到寝室里,第一件事就是打开箱子拿收音机出来收听。正想开锁,突然发现木箱背后的饰件已被人破坏。心里一惊,感觉要出事!果不其然,我打开箱子,发现收音机不见了。我当时脑子"轰"地一响,完全蒙了!惊呆了!……真是欲哭无泪!别说多年积累的零花钱一下"银子化为水"有多心疼,也别说废寝忘食、熬更守夜投入的精力有多大，最让我心疼的还是那个引以为傲的"武汉机盒"了！连成都都买不到的"武汉机盒"啊！总不可能再去一趟北京购买吧?！呜呼哀哉！我的"武汉机盒"收音机！

当夜无眠，我躺在床上仔细思考怎么办。当时我和一个同班同学从住十多人的大寝室搬进了篮球场旁的一个单间小寝室，室内仅安放了两张高低床，都是下铺睡人，上铺放箱子杂物。既然寝室里只有两人居住，我当然首先怀疑同室居住的同学及当天来寝室找过他并在寝室待过的那个乡下亲友。但没证据也不好直言相问，我只能先问他那个亲友去哪儿了，他说已经走了。我说：我搁在箱子里的收音机不见了，你知道吗? 他也表示很惊奇，并积极协助我找原因。他一下就发现窗户被破坏了。我一看，窗户还真的损坏了。这似乎就证明是有盗贼破窗入室盗窃（排除了撬门锁入室，从而也就排除了他的嫌疑，因为只有我俩有钥匙）。但仔细勘查痕迹，我发现窗户不应该是从外面损坏的，而应该是从里面损坏的。而且窗外就是个篮球场，从早到晚都有人打球，盗贼岂敢大白天破窗入室盗窃? 因此不会是从外面损坏的，只能是从里面损坏的。既然是从里面损坏的，那就是先入室后再破窗，这对于盗贼有何必要呢? 什么叫"欲盖弥彰"，什么叫"此地无银三百两"，中国成语真是个智慧宝库啊！我心里一下就有底了，此案的重大嫌疑人就是积极协助我的这个同学及他的那个亲友。

该同学是从眉山二中考上来的，加入了"9408"造反派，还是个小头目。我不露声色，当晚去找了与"9408"对立的造反派组织中几个高66级要好的同学，说了我对该同学的怀疑，请他们帮忙助威审讯一下他。我和这几个高年级同学平时几乎天天都在一起打篮球、打乒乓、玩扑克，他们中还有热衷于组装半导体收音机的发烧友，大家关系都很好。他们一听说"9408"的人有偷我收音机的嫌疑，马上就答应帮我助威审讯他。

第二天吃过午饭后，助威同学一起来到我俩的寝室，然后我就当主审官，开始审讯他了。我当然不是指认他偷了我收音机（给他留点面子，好配合我的工作），而是指认他的那个亲友有作案嫌疑，请他协助调查、找人。然后我向他指出了窗户破坏痕迹的可疑之处，请他解释在门锁未损坏的情况下是谁在室内破坏了窗户和我的木箱。不是你那个亲友难道是你吗？（这是运用逻辑学中的"排中律"设计的二选一的难题）"快说！""快说！"几个助威同学也在旁厉声吆喝。这个同学一下就惊慌失措了："不是我，不是我！""不是你是谁？""是他。""他现在人在哪里？""他有个亲戚住在大南街，可能他在亲戚家吧。""走！带我们去！"这个同学只好灰溜溜地带着我们去找他那个亲友。

学校就在大南街背后的三苏公园旁，我们十分钟后就来到了大南街那个亲戚家。那个人不在屋里（肯定是躲避了）。说明来意后，他亲戚见一大群年轻人气势汹汹的阵仗，不敢怠慢，立马从里屋一个搁杂物的大木桶里把我的收音机给翻出来了。我还没来得及去接，有个同学抢先接过来，举在头上欢呼起来，"找到了！找到了！"然后我接过心爱之物，同学们簇拥着我一路欢呼回到学校。到学校后，有个同学接过收音机，举在头上，大声吼道："'9408'的人偷收音机啰！'9408'的人偷收音机啰！"大家就跟着一起附和呼喊！在校内游了好几圈后才罢休，他们也趁机羞辱了一下对立派。

不到两天就成功破案，这个速度称得上"神速"吧！我这个业余侦探也称得上"神探"吧！哈哈哈！总结一下这次破案经验：一是得益于自己的逻辑思维还不错（我从小就特喜欢看《福尔摩斯》之类的侦探小说，现在也特喜欢看《潜伏》之类的间谍片。但除少数间谍片外，大部分的国产间谍电视剧质量低劣，缺乏逻辑的严密性，剧情经不起推敲。如请我当顾问指导，肯定会大大提高票房和收视率（哈哈，吹个牛，调侃一下）。二是善于利用"敌我矛盾"。本来我是游离于学校两派造反组织之外的"逍遥派"，但我利用两派对立情绪，调动了另一派力量为我所用，建立了"破案统一战线"。

2. 大串联上北京

很快，首都红卫兵全国串联，带动了全国的红卫兵也到处串联，形成了一股全国大串联的浪潮。红卫兵乘车不要钱、吃饭不要钱，全国各地都成立了接待串联的红卫兵的接待站，地方接待站负责红卫兵登记，安排食宿，还要发毛主席的纪念章、语录牌，以资纪念。

我的大串联首站当然是北京，但当时中央已宣布暂停大串联，待明年春暖花开再恢复。父亲认为不能等"春暖花开"，要出去就赶紧！我一个人乘火车到成都火车北站后，只见人山人海拥挤在站内，原来车站已停止办理去北京的车票。在车站结识了一个14岁的重庆小崽儿（不记得姓名了），他要跟我搭伴一起走，我也觉得多个伴壮个胆。由于回避了目的地北京，很顺利，车站给我们开了两张去广元的票，我们才得以进了站，挤上了北上的列车。车厢内，过道、行李架上、座椅下、厕所里，全塞满了人，我们挤在两节车厢接口处，双脚都很难站踏实，虽是 12 月份了，但热得满头大汗，棉衣都湿透了。就这样踮脚挤着，直到过了马角坝站，沿途下了一些人，我们才能坐下来。两天后，终于听到广播里"首都北京到了"的播音，好高兴！此时，已是晚上了。车站内人山人海，按广播指示，公交车把我们载到了首都工人体育场，我们在零下二十多度的寒冷中等待了几个小时，然后又被公交车拉到了朝阳区电影院。一进电影院就感到暖和了，然后每人有一包饼干、一杯开水，我们就在看电影中继续等待。折腾了大半夜，我们被安排到了呼家楼小学食宿。一个教室的地铺大概睡二三十个人，一个军代表领队。

3. 智斗虱子

由于睡地铺，几十个人紧挨着，我发现那些北方人睡觉脱得赤条条的，裤衩也不穿一条，我们都奇怪为什么还有这种陋习。后来很快发现他们为什么不穿裤衩了，因为北方人很少洗澡，身上长满了虱子，脱光内衣，可以避免虱子晚上影响睡眠。由于睡连铺，我们很快也惹上了虱子，领口上、裤衩上、头发里都有很多虱子和虱子蛋，密密麻麻，痒得睡不着，我们也只好把内衣全部脱光。南方人消灭虱子的办法是把内衣内裤放到开水里烫，但出门在外，没这个条件。由于北方特别冷，我想了一个主意，晚上把内衣脱下来，挂到窗户外。零下二三十度的气温，早晨起来虱子全冻僵了，提着衣服使劲一抖，虱子纷纷抖下来了。但虱子蛋抖不下来，就用指甲掐，叭叭地响。连续如此几天，虱子也就少多了。

身上长虱子很不舒服，好在呼家楼小学街对面有个公共浴室，我到那去洗过一次澡。但是冲回屋子后，头发上的水珠都结冰了。我终于体会到了啥叫"滴水成冰"。

4. "提劲打靶"的"小崽儿"

还有一个小插曲让我记忆犹新。由于睡地铺，小崽儿和邻铺的一个东北大学生发生了纠纷，小崽儿不仅骂得一口重庆方言的脏话，还先动手抓住大学生胸口的衣服，把脚上一双破翻皮皮鞋一脱，说："走！我们到外面去单挑！"大学生起码高小崽儿一个头，但被小崽儿的凶狠劲吓倒了，用文绉绉的东北话说道："我就不出去，别说你一个，两个也不会怕你！"在众人劝解下，两人分开，换了床位。小崽儿还骂骂咧咧不休。这是我第一次领教了重庆崽儿！

"文化大革命"时四川流行一种说法："成都操哥提劲，重庆崽儿亡命。"这反映了两个城市的人的文化性格："提劲"是"虚"，雷声大雨点小，虚张声势；"亡命"是"实"，是来真的，哪怕破罐子也敢破摔。

5. 见到了毛主席

在呼家楼小学呆了几天后，军代表通知我们第二天参加天安门毛主席第八次接见红卫兵。其实，肯定有很多像我这样出身地、富、反、坏、右的"黑五类"子女混到北京，尽管也算是"文化大革命"的受害者，但对毛主席也是十分崇敬，能亲眼见见毛主席也是做梦都不敢想的。记得 20 世纪 60 年代农村有个劳动模范和毛主席握过手，就舍不得洗手，回到家乡后乡亲们都兴奋得争着去握他的手。库尔班大叔骑毛驴到北京见到了毛主席的事迹更是家喻户晓。

第二天凌晨四五点钟，军代表就把大家喊起来了。吃了早饭，每人领了两个馒头和几块咸萝卜就排队出发了。我们在大街小巷转来转去，一直到上午十点左右才上了东长安街。然后重新调整队形，经过天安门广场时大约是十多个纵队并排前进，我们纵队靠中间一点，隔着一个金水桥，隐约能看见毛主席和一些领导人在城楼上不时向红卫兵挥挥手，"毛主席万岁"的呼声震耳欲聋！

很多红卫兵激动得热泪盈眶，"毛主席万岁"的口号已喊呼得声嘶力竭。很多人根本就不想往前走了，无论军代表怎么样大声招呼指挥也不听，而后面的队伍还在源源不断涌来，广场陷入一片混乱。

我们被后面涌来的队伍推搡着前进。当天很多红卫兵队伍根本连长安街都没进，更别说见毛主席了。怎么办？后来广播通知毛主席第二天继续接见红卫兵（老人家也确实辛苦，一站就是好几个小时），游行结束。鉴于头一天的教训，第二天改为毛主席乘敞篷车接见红卫兵。军代表把红卫兵安排在北京市的一些主要大街两边，让他们坐在地上等候毛主席经过。毛主席的车经过哪里，哪里就是一片欢呼雀跃，本来坐着的红卫兵又激动得站起来了，后面看不见的也只能跟着站起来往前涌，秩序又大乱了。本来徐徐前行的敞篷车只好一溜烟地开过去，好多红卫兵实际上根本就没看见毛主席，气得捶胸顿足、号啕大哭。这是毛主席最后一次接见红卫兵了。

6. 必须铭记的经历

列宁说：忘记过去就等于背叛。高中时代还有一段亲历是必须被铭记的。我有几个最优秀的老师在"文化大革命"中先后自杀，给了我很大的刺激。一个是我的数学老师余君五，是我同班同学余铁生的父亲，"文化大革命"初期他被打成"双皮老虎"（两种罪名的意思）。一个是我的政治课老师张宾岩，他年轻时参加大革命，很有才华，在周恩来手下工作。大革命失败后，他脱离了组织，因此在"文化大革命"中被打成"历史反革命"。还有一个是我的几何老师徐智，他和我父亲新中国成立前就是很要好的同学，我们两家关系都很好。他的儿子徐康（著名诗人，巴金文学院书记）是我父亲的得意门生，而我则成了徐智的学生，这是真正的"易子而教"。由于三年困难时期，徐智向组织写过三次"困难补助申请书"，陈述了家中"父子共胶靴"等困难，所以在"文化大革命"中被查出历史老账，三封申请书被定性为射向党的"三支毒箭"。

三个老师经常遭到造反派组织的批斗。因不堪忍受造反派无休无止的肆意凌辱，余君五和张宾岩两位老师先后跳进学校莲花池溺水而亡，徐智老师则是跳井自杀，被人发现救起，但从此落下了半身不遂。

前事不忘，后事之师。这段荒唐的历史早已被拨乱反正，成为前车之鉴。

五、 我的知青岁月

1969 年，我高中毕业了，随知识青年上山下乡运动的洪流，于 1 月 19 日来到眉山县象耳公社快乐大队第三生产队插队落户，当上了"新式农民"。

1. 初尝稼穑苦，方知农民艰

三年多的知青岁月，让我初次尝到了稼穑之苦，体验到了农民的艰辛。正如托尔斯泰在《苦难的历程》中所说："在清水里泡三次，在血水里浴三次，在碱水里煮三次，我们就会纯净得不能再纯净了。"对广大知青而言，上山下乡虽谈不上这种炼狱般的苦难，但也算是在苦水中泡了几年，我们无论是在体能意志还是思想情感上都得到了锤炼和升华，为自己的人生历程奠定了坚实基础。

（1）天寒地冻"踩耙渣"

来生产队落户后，我第二天就开始出工劳动。由于我什么农活都不会，生产队队长王学明派我和另一个知青盛宇康去"踩耙渣"。春耕开始的时候，头年撒播在田里的油苕叶，有一部分被割来喂猪，剩下的就被农民在耙田过程中翻泡在水田里沤绿肥。春耕耙田的时候，那些没沤烂的根茎会缠在犁耙上，隔一会儿就需要把缠在犁耙上的耙渣抖下来。所谓"踩耙渣"，就是下田去用脚把这些耙渣踩到淤泥里面去。

看起来这项劳动既不需要技术，也不需要体力，很轻松。其实不然，"踩耙渣"非常艰苦。只要想想这项劳动是在什么时候进行的就清楚了。春耕时期尚在"数九"，一月二十号那天早晨，雾气尚未散完，呼气就成白雾，田埂上的草覆盖着一层白霜，天气异常寒冷。我们把鞋袜脱了，光是站在田埂上就已感到脚心刺骨的寒冷。这时田里的农民朝我们发出了笑声，我感到茫然：笑什么呢？低头一看，我和盛宇康的双脚很是苍白，而农民的双脚却是黝黑黝黑的，和我们形成了鲜明的对照。我俩不好意思，赶快用田埂上的泥土把双脚搓了一下。我试探着把脚伸下去，刚一接触到水，马上就收回来，脚就像伸到开水锅里一样地疼，耙田的农民又笑起来了。无奈，只好硬着头皮一下子踩进田里，双脚马上像有无数的钢针在扎，那感觉不是冷，而是疼！我们都疼得不敢动，直到脚麻木了，才再深一脚浅一脚，战战兢兢地去"踩耙渣"。这就是下乡后第一天的劳动，至今记忆犹新。

（2）夏日炎炎栽晚稻

栽秧打谷是在农村必须学会的技术性劳动。说技术性还一点不假，比如说打谷，先把谷子打到拌桶上，再提起来，此时必须把谷把在拌桶上抖一抖，否则谷子就会被甩到田里去。栽秧只能用食指和中指两根手指将秧苗插到田里去，如果是用三根手指

（加大拇指），插下去的秧苗待会儿就浮起来了。我们快乐三队土地很多，人均三亩多（每年人均分谷子八百多斤，这也是我选择该队的重要原因），全生产队老老少少（小学生也要参与插秧，帮家里挣点工分）加起来只有二十多个人插秧，要在半个月左右把秧苗插到三百多亩田里去，人均几乎每天要插一亩。所以我们快乐三队的农民无论老少，插秧速度都是其他公社、其他生产队的人远远不及的。我也练就了一手插秧好技术，和农民的速度不相上下。我体会到，插秧快主要取决于分秧快，右手插秧的时候，左手要马上把秧苗分开。农民给我们讲，插秧是所有农活中最艰苦的，比牛都苦。牛犁田都是往前走，而插秧是弯着腰一步一步往后退，插完秧人的腰都快断了，筋疲力尽。据说旧社会地主请短工插秧，都会把他们照顾得很好的，一会儿送醪糟汤圆，一会儿送咸鸭蛋，就怕农民磨洋工耽误季节。

栽秧很艰苦，但是栽晚稻则是苦上加苦。一方面，种晚稻时是七月份最热的时候，炽热的阳光把水田变成蒸笼，而且水面上还不时漂浮着刚泼进田里尚未与水土融合的粪便"蛋花"，恶心得很。另一方面，早稻刚收割，谷桩还留在田里很扎脚，田土一时也泡不软，插秧容易浮秧，手指也很容易被磨伤。

我们生产队土地本来是很多的，不种双季稻粮食都够，有时一季中稻产量比早稻、晚稻两季加起来还要多，真是既赔夫人又折兵，瞎折腾。但是全国农业学大寨，必须学大寨种双季稻，这是个立场态度问题。我们眉山是全国农业学大寨的先进县，所以我们生产队也有种双季稻的任务。因此要提前春耕种早稻，早稻收割后，马上把稻田灌水翻泡。生产队还要派人到成都去收购大粪，四角钱一挑，用船运回家乡码头，再用粪桶一挑一挑地挑回生产队、泼在田里。

下田插秧前，我看见农民们都用一根谷草捆在自己的额头上。我和盛宇康私下嘀咕，以为这是他们的一种迷信风俗。心想，我们知青才不信那一套呢！谁知下田不到五分钟，就大汗淋漓，汗水顺着额头流进眼角，眼睛被汗水渗得很疼。想擦擦汗水，但双手又都是粪水，手臂上也是汗，只能用甩头的方式把汗水甩出去。甩出去的汗水掉到水面，溅起了点点浪花。这时我才开始后悔：为什么不在额头上捆根谷草呢？原来农民捆谷草就是为了挡汗水，让汗水顺着谷草流到面颊两边，不流进眼角。栽完那茬秧子后，我俩赶快找水把手洗干净，老老实实去找谷草来捆在额头上。

古人云，"纸上得来终觉浅，绝知此事要躬行"，栽晚稻的实践劳动才让我真正领悟了小学语文课所学唐诗"锄禾日当午，汗滴禾下土。谁知盘中餐，粒粒皆辛苦"的深刻内涵！正如黑格尔所说，同一句格言"失败乃成功之母"从年轻人嘴里说出来，总不如从一个饱经风霜的老人嘴里说出来具有的内涵深刻。栽稻这段经历我常用以教育自己的下一代。儿子上中学后，吃饭老是把饭撒在桌上，也不扒干净饭碗里的饭就下桌了。记得有一次，儿子吃完饭准备离桌，我喝令儿子"等一下"，然后命令儿子把桌上撒的饭粒捡来吃了，碗里剩下的饭也要一粒不剩地吃干净。儿子很不情愿地照做后，我就叫他背《锄禾》的唐诗，解释为什么"粒粒皆辛苦"。我把栽晚稻的经历讲给他听，跟他说老爸当年是如何"汗滴禾下土"的。也不知儿子是当"天方夜谭"故事来听还是有了一点感触，但成人后的儿子在同龄人中也是非常节俭的，也从不追求名牌，这个品质还是令我感到很欣慰。这段亲身经历后来也成了我大学讲台上几十年不弃对大学生进行人生观、价值观教育的生动案例。

（3）长途跋涉挑大粪

前面说到了为栽晚稻生产队派人到成都买大粪一事，这在今天恐怕是天下奇闻！当时农业生产基本都是用有机肥，尿素之类的化肥不仅难买还挺贵，成本太高。生产队派农民到成都走街串巷一家一户地收购大粪，再倒入停在府南河边租用的木船，沿岷江顺流而下，运回家乡王家渡码头，然后几乎全生产队的人马都出动去码头，把大粪一挑一挑地担回生产队。

生产队在县城西门外约五六里地，王家渡码头在县城东门外约七八里地，加上穿越县城，两地相距近二十里之遥。这次挑大粪对于我们知青而言，无异于红军二万五千里长征那般艰苦！贫下中农也挺照顾我们知青，只给我们装了大半挑，约有六七十斤重。刚开始还行，但还没穿过县城，就已经觉得苦不堪言了：头顶烈日，汗如雨下，粪挑在双肩频繁地换来换去，肩头上的皮都磨破了，被汗水一湮，痛得要命！当时也没什么创可贴之类的，只能用毛巾垫在肩上缓缓，挑一段路停下来歇一歇，再挑一段路，又停下来歇一歇……眼看着身强力壮的农民一个个从我们身边轻松而过，我和盛宇康只觉望尘莫及，不由哀叹：这又不是什么粮食之类的宝贝，而是人的大便啊，怎么就当成宝贝似的不远百里从成都购回，还不远二十里之遥挑回生产队？当时真恨不得把大粪一倒了之。哀叹归哀叹，大粪还得挑回去。三步一停，五步一挪，回到生产队时已是临近黄昏，我们把大粪往生产队公厕坑里一倒，如释重负，又跑去西来堰洗澡，然后才回家烧火做饭吃。这段地狱般的磨难让我终生难忘！

以上三种农活仅仅是农民习以为常的普通劳动，但对我们知青却是凤凰涅槃般的历练。我们的老一辈常教育我们年轻一代"苦不苦，想想红军二万五"。如今，我们也老了，也想对下一代年轻人说，"累不累，想想知青老前辈"。这种老生常谈的唠叨尽管可能让年轻人感到厌烦，但他们老了以后，也一定会把"老生常谈"继续下去。

2. 成立宣传队，挣"耙耙工分"

1968 年，"广阔天地炼红心，扎根农村干革命"的标语口号传遍全国，我们都很清楚上山下乡无可逃避，但也知道到农村成立宣传队可逃避一些苦力活，还可挣点"耙耙工分"。所以我下乡之前就为成立宣传队做好了准备工作。

（1）苦练乐器做准备

"文化大革命"期间，只有《红灯记》《智取威虎山》等八个"革命样板戏"可看，人民群众的文娱生活十分贫乏，但各种毛泽东思想宣传队却像雨后春笋般在全国各地涌现出来，深受大家喜爱。我从小酷爱打乒乓球，中学时就已成为县代表队队员，还参加过乐山地区的乒乓球比赛，而且我也的确没有表演天赋，所以从不参加什么唱歌跳舞之类的活动。记得初中时我被硬推去参加一个相声节目，背了好多天，上台表演时，台下居然没有一点笑声，令我尴尬不已。

所以，为成立宣传队，我开始苦练乐器。最先练吹竹笛，然后是拉二胡。我从小在洪雅师范校和眉山师范学校里面长大，师范生吹拉弹唱的素质好，整个校园到处都能听到琴声、歌声，每学期都有很多文娱晚会。受这样的音乐氛围影响，我的乐感、节奏、音准都挺好。很快，不到一个月，我的竹笛就练到可以独奏的水平了。有一天我正在屋子里吹笛子独奏曲《小八路勇闯封锁线》，这是"文化大革命"中最流行的一首笛子独奏曲，其模仿马蹄声的"单吐""双吐""三吐"都有相当的难度。眉山师范学校有个经常表演笛子独奏的叫夏光普的学生走进门一看，惊奇地说："哎哟，我还以为是朱小苗在吹呢。"朱小苗是邻居朱校长的儿子，吹竹笛多年了，水平挺高的。顿时，我的信心大涨。练竹笛之余，我又练习拉二胡。这也是受我大哥的影响，他一直在拉二胡和吹竹笛，在眉山与胡先华、李有均等二胡名流都是好友。很快，在大哥的辅导下，我的二胡技术也取得了很大进步。

（2）成立大队宣传队

下乡后，当年冬天我就把我们快乐大队的宣传队成立起来了。队员来自我们大队的下乡知青和一些喜欢文艺的农村青年。我主要负责乐队排练、拉二胡和吹笛子。

歌舞类节目由其他知青负责编排。我们利用空余时间编排出一台节目后，就开始在大队六个生产队巡回演出。当时农村非常缺乏文艺生活，既无收音机，更没电视看，半年左右才能看上一次坝坝电影。虽然每家每户都安有一个有线喇叭，但只能听到公社放的一些革命歌曲和通知。现在能够看宣传队演出，贫下中农们都很高兴，早早收了工，把晚饭弄来吃了，就抬着小板凳到生产队晒坝里面来等着看。

尽管我们的节目水平不高，但生产队仍像过节似地闹热，尤其是孩子们，在晒坝里跑来跑去，打闹着，非常兴奋。我的笛子独奏《小八路勇闯封锁线》水平相对高一些，成了保留节目。女队员中有个叫饶仁淑的大姐是成都知青，跳舞很有点水平，跳白毛女喜儿还能踮起脚尖来。所以《北风吹》也是我们的保留节目。

当然更令人暗自高兴的是，宣传队利用闲暇时间排练和演出，生产队还要给我们记工分，这就是所谓的"耙耙工分"。比起通过栽秧打谷挣工分来，真可谓"高高兴兴排节目，得来全不费工夫"。

（3）成立公社宣传队

后来公社召开知青大会，我又和其他知青一起商量成立公社宣传队。大家一拍即合，很快，公社宣传队在公社袁秘书的支持下成立起来。公社宣传队就比大队宣传队实力强多了。乐队阵容扩大了，有个知青刘正龙的竹笛吹得相当好，后来我俩都考上了眉山剧团。我的笛子独奏《小八路勇闯封锁线》就此谢幕了，而刘正龙的《扬鞭催马运粮忙》成了保留节目。我们乐队还有了几把小提琴，由于我师从四川音乐学院张季石教授学过小提琴，水平相对高一些，自然成了乐队的首席小提琴手。

下乡前我只是学过二胡，怎么又拉起小提琴来了呢？所以还得补充说明一下。过去小提琴是很贵的，大家通常都买不起，所以很少有人拉小提琴。眉山大南街有个叫庄俊辉的未婚大龄青年，他的小提琴拉得很好，在眉山音乐界很有点名气。我去学校的时候路过他家，经常被优雅的琴声吸引，悄悄站在门外听他拉小提琴，用今天的话说就是成了他的"铁杆粉丝"，羡慕之情油然而生。后来我拉的第一首曲子——优美动听的《牧歌》，就是从他那里学来的。

　　当时我攒的零花钱只够买点竹笛、二胡之类的民乐器。一次偶然的机会，表姐夫万天星从他兄弟兰州大学万天成教授那里带回一支小提琴，说是兰州那边在清查销毁西洋乐器，他们舍不得，就带回了眉山，送给了我们。我当时也非常想得到这支小提琴，但争不过大哥，最后小提琴被大哥拿去了。由于受庄俊辉的影响，我实在太想学小提琴了，于是我巧施"刘备借荆州"之计，向大哥提出能不能让我拿回生产队拉一场，下次赶场就给他带回来（那时是五天赶一场）。大哥酷爱拉二胡，也不会拉小提琴，所以就同意了。我拿回生产队后就东拖西拖再也不拿回城了。记得父亲后来还调侃我说，你这一场还真"长"呢！虽说拿到了小提琴，但当时眉山也没有什么乐器培训之类的机构，靠自己摸索练习小提琴怎么行呢？

　　真是"无巧不成书"，"想瞌睡遇到了枕头"。没过多久，四川音乐学院到眉山中学开门办学，有个叫张季石的小提琴老教授长期驻扎在眉山中学，免费为广大工农兵爱好者教授小提琴。我马上找到他并表明来意，张教授欣然接受。从阿尔法特初级小提琴练习曲到开塞中级小提琴练习曲，张老师耐心施教，每次都布置给我一首练习曲，下次回来检查，合格后又新布置一首。每次拿到作业回生产队后，我都利用一切空余时间练琴，直到深夜。5 天后赶场回城，我就去找张老师换课，基本上都能得到张老师的肯定和指教。就这样为以后报考剧团打下了基础。

小提琴独奏
"渔舟唱晚"

　　话说回来。我们公社宣传队通常是在冬天农闲的时候集中在象耳小学排练节目。几十个知青集中在一起，兴趣爱好相同，有

唱有跳，有说有笑，那是大家最快乐的日子。排好节目以后就到
处慰问演出。有一年冬天，我们到永光电站去慰问演出。当地农
民工光着脚踩在冰冷刺骨的污水里挖淤泥、挑土石、夯基脚、干
得热火朝天，但他们的伙食却很清淡，主食是红薯加米饭，蔬菜
以厚皮菜、红苕尖为主，油水很少，难得吃上一回肉。我们宣传
队的演出不仅受到贫下中农热烈欢迎，还享受到了蒜苗回锅肉的
款待。我们都很过意不去。当今有种认为公有制度"大锅饭养懒
汉"的说法很流行，这在我们这辈亲历者看来，即使不是有意丑
化老一辈人的勤奋，至少也是以偏概全。就像一篇文章所说的，
中国今天的巨大成就是靠最吃苦耐劳的一代人干出来的，而他们
已经老了！

　　王佑贵创作并演唱的《我们这一辈》不知让多少中国知青潸
然泪下。我恰好是"和共和国同年岁"，对此歌更是充满深情，
百听不厌。在此将《我们这一辈》的歌词摘录于此，供年轻人了
解我们老一辈人的经历和感情。

《我们这一辈》

　　　我们这一辈，

　　　和共和国同年岁。

　　　有父母老小，

　　　有兄弟姐妹。

　　　我们这一辈，

　　　和共和国同年岁。

　　　上山练过腿，

　　　下乡练过背。

我们这一辈，

学会了忍耐，

理解了后悔，

酸甜苦辣酿的酒，

不知喝了多少杯！嘿哟！

我们这一辈，

和共和国同年岁。

熬尽了苦心，

交足了学费。

我们这一辈，

真正地尝到了，

做人的滋味，

真正地尝到了，

做人的滋味。

人生无悔！

3. 成立篮球队，练就神投手

下乡后，我说服生产队保管王富安成立生产队的篮球队，教大家打篮球。牛高马大的王富安身强力壮，是个打篮球的料，他爽快地同意了。于是我们就把生产队的木料做成篮球架，栽在晒场里，又买回了篮球，收工之余我就开始训练大家打篮球。

后来象耳公社组织运动会，篮球是主要项目，我们快乐篮球队就是在我们生产队篮球队基础上成立的。在公社运动会上，我们快乐篮球队取得了第一名的好成绩，让大队朱书记高兴得合不拢嘴。

我们快乐篮球队越打越有名，周边的篮球队几乎都打不过我们。后来眉山火车站的职工代表队邀请我们去火车站和他们比赛，结果我们胜了，快乐篮球队更加名声在外了！

眉山太和镇有个英勇篮球队，在全县是相当有名气的，他们篮球队队长人称"姜大汉"，他有一米九左右的高个子，是眉山县篮球队的主力球员。他带领的英勇篮球队经常背着米（农村没粮票）到外县去打比赛，有点像今天的俱乐部球队。姜大汉听说我们象耳公社快乐篮球队很厉害，慕名而来挑战我们。

比赛那天，大队来了好多农民观赛、助阵。对方一开始就领先我们好多分，然后慢慢地放松了警惕，我们又逐渐缩小了差距。我是组织后卫，过了中线三四米，我投球就比较有把握了。我的那些球员抢球厉害，抢到球以后几乎全传给我，有时两三个人掩护我。我一投一个准，那个时候没有三分球的规定，远近都是两分。清楚地记得有一次我投出的球还在飞行过程当中，旁边两个观众还在争论，一个说进不了，一个说可能要进，话音未落，"嗖！"，进了。第一次比赛，我们胜了。在大家的欢呼声中，对方有点沮丧。没隔多久，对方又来挑战我们，结果又输了。临走时姜大汉给我下了战书，要我们改日到他们大队去比赛。当时也没有什么"主客场"观念，我欣然同意，去就去，谁怕谁啊？无非过去了你的啦啦队员多一点而已嘛。第三次到他们大队比赛，我们又把他们打败了，从此姜大汉再也没来找我们比赛了。

4. 针灸历险记

"文化大革命"中，中医针灸特别时兴，有个头疼鼻塞的，不用吃药，扎一下针往往就能解决问题。

其中，针刺麻醉挺神奇，开刀居然不用打麻药，在相关穴位上扎针就可以了，这在全球各地引起了轰动，有很多报道，还发行了纪念邮票。

再比如，中国医疗队在非洲用小小银针使聋哑人说了话。有一首歌《千年铁树开了花》就是为歌颂这件事而创作的："千年的铁树开了花，开了花！万年的枯藤发了芽，发了芽！如今咱聋哑人说呀说了话，感谢毛主席恩情大，恩情大！"这首歌后来又被改编成小提琴协奏曲，难度较大，我只拉过其片段。

我下乡以后也对中医的针灸产生了兴趣，就买了一本医学书，按照书上的针刺图穴位学起扎针来。

刚开始农民不敢让我扎，我就在自己的身上学着扎针。生产队开会的时候，农民见我在自己的腿上、胳膊上扎针都感到很新奇，问："疼不疼啊？"我说："不疼，就是有点麻胀。"有些打球的农民崴了脚，我就按照"阿是穴"给他们扎，居然很有效果。这下农民开始相信我了，不少农民有个头疼脑热的小病就来找我扎针。有一次有个70多岁的太婆周大娘来找我，让我为她扎针。我问了一下病情，然后按医生手册指南，找到相关穴位开始扎针。然而，刚一进针，周大娘脸色突然发白，想呕吐，我知道这是晕针了，赶快把针拔出来，兑了一杯糖开水给周大娘喝了，让她休息一下，不敢再给她扎了。

有一天赶场回城，和一个朋友王晋川聊起了此事（他后来上了卫校，在城关医院当上了医生）。他听说后对我讲，晕针还是挺有危险性的，严重的会引起休克。尤其是他听说我给一个患中耳炎的青年农民扎耳门穴，就告诫我说，耳门穴深浅掌握不好，有可能把别人耳朵扎聋了，你可赔不起。我听后也感到有些后怕，就再也不敢随便给农民扎针了。读者朋友们也一定要引以为诫，不要随意模仿！

但是有一次我不得不再次给自己扎针。那是秋收打谷子的一天，午饭后我肚子突然疼痛起来，忍了一会儿仍没减轻的迹象。邻居们都下田抢收谷子去了，我只好拿出医学书来，按书上所讲的止痛穴位，照着肚子上某个穴位扎了一针。但针捻来捻去，疼痛丝毫没有减轻。我痛得实在受不了，决定还是要进城看病，于是就想拔出针来。结果针无论如何也拔不出来。我马上查针灸手册，才知道这种现象叫"滞针"，解决的办法就是在旁边再扎一针，让肌肉放松。谁知，再扎一针又拔不出来，两根针扎在肚子上，无论怎样拧，哪怕拧成螺旋状，扯成"皮帐篷"，还是拔不出来。

两根针留在肚子上，针柄一寸多长，没办法穿衣服，总不能光着身子进城吧！我找来手钳夹住针柄，狠心一拔，终于拔出来了，发现针柄上紧紧裹着一层白色的膜状组织，用指甲都不能把它刮下来，最后还是用刀子才把它慢慢刮下来了。后来我问过一些医生白色的东西是什么，医生也说不知道，至今是个谜。拔出针后，我穿上汗衫，忍着剧痛走了几里路进城，找县医院医生看病。化验后才知道得了急性肠炎，扎针不管用，还是得吃药打针。

经历过周大娘的晕针、我的肚子滞针的险情后，我不再给别人扎针，也不再给自己扎针了。哈哈哈，这个针灸历险记在我的人生道路上又增添了浓浓的一笔！

5. 组建"娘子军母鸡队"

下乡以后，我们生产队每年分的粮食根本吃不完，但肉食还是很少的，知青第一年每个月仅供应半斤猪肉。为改善伙食，我开始养鸡——但不养猪，养猪太麻烦，每天还要煮猪食，离开一天也不行，回城也不方便。养鸡则是可以短暂离人的。

我养鸡是为了"吹糠见米""立竿见影"，天天有蛋吃，所以我不养公鸡和小鸡。我到市场上专买"年方二八"的嫩母鸡回来养，养不了多久母鸡就开始"红脸""唱歌"，准备下蛋了。我的"娘子军母鸡队"的母鸡最多的时候有八只，几乎每天都有两三只鸡下蛋给我吃。尤其在冬天农闲的时候，没什么蔬菜，早晨起来看见有鸡趴在窝里下蛋，于是就等着捡鸡蛋吃蛋炒饭。

生产队用上级拨给每个知青三百元的安家费给我们每个知青盖了两间茅草屋，一间做卧室，一间做厨房。我的"娘子军母鸡队"军营就建在我的厨房里。鸡舍是用农村建房用的那种三十斤一匹的大土砖砌成的，冬暖夏凉。农民通常把鸡舍门洞开在鸡舍紧邻的墙上，这样鸡归窝时就可以不进厨房了。因为我会经常离开，就略做了改进，把门洞开在鸡舍对面的墙角，这样小偷就不能伸手进鸡窝偷鸡摸蛋了。我训练鸡每天从门洞钻出去觅食，然后傍晚从门洞钻回鸡窝睡觉，这样主人短暂离开几天也没问题了。

1972年，很多文艺团体开始恢复演出，招收学员。我准备去乐山京剧团乐队考小提琴（当时样板戏改革，西洋乐器被引入传统戏剧，效果不错）。离开生产队之前，我装了一簸箕谷子给邻居孤寡老人陶大爷，请他每天帮我喂一下鸡，然后就去乐山考京剧团去了。回眉山后，又恰巧遇上眉山成立县宣队，招收学员。我又去考县宣队，就这样前后耽误了十多天，心里一直惦记着我的"娘子军母鸡队"咋样：有没有当"逃兵"的？有没有被小偷偷走的？有没有被黄鼠狼袭击的？……急匆匆赶回生产队后，看见鸡们正在房前屋后竹林里、草丛边觅食。数一数，只有七只。难道被小偷偷了一只？打开屋门后发现鸡窝里有只母鸡正趴在窝里孵蛋，这倒是我没想到的。

我不想喂小鸡，就把一个蛋敲开看，决定如果这蛋是刚开始孵的话就不让母鸡孵了。但把蛋打开后发现蛋都已变成胚胎了，只好让它继续孵下去。四五天后，小鸡出壳了，毛茸茸的，很可爱。但小鸡需要精心照料，而且一年以上才能长成大鸡，才能开始下蛋，我可没那个耐心，就把小鸡送给农民喂养了。

母鸡在下蛋时期很可爱，每天下完蛋便跳出鸡窝"咯嗒、咯嗒"唱个没完，在主人面前讨好，我便抓把谷子奖赏它。但下完一窝蛋后母鸡本能地就开始孵蛋，俗称"抱鸡婆"，一天到晚不吃不喝，在窝里趴着不出来，"咕咕咕"地闷叫使性子，很讨厌。为磨它的性子，我学着其他农民的办法，把鸡捆住脚往水田里一扔，看你怎么孵？但仍然不解决问题，还是磨不掉它孵蛋的性子。当时我正在学扎银针，突发奇想：能不能用银针把鸡扎傻，它就可能不知道要去孵化后代了。于是我把"抱鸡婆"抓来，用银针一根两根地往鸡头扎下去，也不给它取。鸡感觉很不舒服，从窝里出来，不断地甩头，还用爪去扒，当然扒不掉。我暗自得意，以为奏效了，殊不知很快鸡就不扒了，又趴进没有一个鸡蛋的窝里做孵蛋状。唉！看来要改变一个物种的本能，没有几十万年的时间是不行的了！

6. 初尝"偷鸡乐"

在农村，知青"偷鸡摸狗"是常态，尤其是大城市的知青通常是下到比较苦寒的山区，劳动日工分少（只有1角、2角的，据说米易县还有一个劳动日只值8分钱的生产队），尽吃红薯苞谷等粗粮，所以他们不好好劳动，到处乱窜，偷鸡摸狗。我选的生产队不仅劳动日工分多（8角5分），而且人均口粮每年可分800斤谷子。所以好好劳动有盼头，我一年可挣2 000多工分，扣除粮价后还可进点现金。另外由于家庭成分不好，我只有好好劳动挣点表现，才有可能推荐参加招工。所以我很少像其他知青一样串队，也不会参与偷鸡摸狗的那些事。

但有一次例外。眉山师范学校有个邻居发小帅家老二（我俩都排行老二，两家还是亲戚关系）与我关系好，他下在石桥公社，有一次来我生产队串门后，邀我去他生产队耍。出发前他和我商量，是不是找机会偷只鸡回去吃？我说只要不在我的生产队偷就行，兔子还不吃窝边草呢！

在快到石桥公社的公路旁有个简易茅厕，帅老二见有鸡在附近觅食，马上就开始行动了。

他让我在一旁放哨，如有人来就咳嗽一声。只见他从背的军用帆布包里摸出一把米（原来他早有准备），从茅厕外沿路洒下诱饵，直至茅厕内，然后他就蹲在茅坑上假装出恭。我看见一只觅食母鸡沿着米粒慢慢进了茅房，只听到"噗嗤"一声就没动静了。帅老二得手了，他抓住母鸡一下就拧断了其脖子，然后塞进帆布包，若无其事地走出来。回他生产队路上，我俩兴奋地讨论今晚咋个吃这只鸡。我们商量说要学《智取威虎山》中座山雕开"百鸡宴"那样大块吃肉，大碗喝酒！

回到他屋子后，我们马上开始烧水去毛，剖膛洗净，很快搞定。炖鸡时，我让他少放点水，要让鸡汤更浓郁些，味道肯定更鲜美！结果一只大母鸡只熬了两碗汤，汤上面全是厚厚一层鸡油。

今天肯定不敢喝如此油腻的汤啰，但当年却是喝得真过瘾！我们学着威虎山土匪那样，各撕了一只鸡腿，蘸上红油辣椒佐料，大口地嚼吃，并用鸡汤代酒碰杯，开怀畅饮！

一只约莫五六斤重的母鸡，被我俩吃得干干净净！这事成了我俩的小秘密，多年后谈起此事还禁不住开怀大笑！今天早已过了"解密期"和"追诉期"，曝光于朋友圈也无妨，不过贻笑大方了：教授博导也曾参与偷鸡！

六、 我的"剧团生活"

能把个人的兴趣爱好变成自己的专职工作，这是人生最惬意的事情。1969 年下乡插队后，我有幸师从来眉山中学开门办学的四川音乐学院小提琴老教授张季石学习小提琴，并因此于 1972 年招工考进了眉山县宣传队（后合入了眉山川剧团）。可以说，眉山剧团乐队的工作是我一生最幸运、最惬意的工作（直到 1978 年考上大学后我才恋恋不舍地离开了剧团）。这六年的剧团生活是我青春年华里最值得回忆的六年，有很多事都记忆犹新、历历在目。

1. "真刀真枪"的眉山剧团

眉山剧团虽然比不上乐山地区级的很多剧团，但是在老百姓中，眉山剧团还是很有点名气的。在那文艺生活非常贫乏的年代，演出经常是一票难求。眉山剧团的名气一是来自左素芬、尹士莲、陈超琴、唐志明、徐建明等老演员的精湛技艺，二是来自

部分学员（后排左一为作者）

一些"小技巧"和一些偶然事件。所谓"小技巧"就是"小窍门"。比如廖大毛（廖树成，据说他8岁才开口说话，不善言辞，但武功了得）是武功演员，饰演二郎神，有"变眼"这个高难度动作：先把颜料涂画在靴子尖上，需要变第三只眼时就一踢腿，将靴子尖上的颜料眼直接踢印到额头正中，第三只眼就出现了。

这是戏剧界高难度的功夫，很少有演员能完成。廖大毛功夫虽好，也很难保证一定成功，于是他先在额头上把眼睛画好，然后用薄膜盖上，牵一根线从头套穿到袖子里由手控制。需变眼时，一踢腿，脚尖可能距额头还差一两寸，马上用手一扯，薄膜就掉了，第三只眼就"踢"出来了，赢得满堂喝彩："眉山剧团功夫了得！"

演出虽然顺利，但也有偶然事件。偶然事件是指有一年我们剧团到井研县演出现代川剧《八一风暴》。

最后一场开打的戏，学员王之勇扮演匪兵。由于他在后台和人吹牛，该他上场了他还不知道，前场来人催促："王之勇，快！快！快！该你上场了！"王之勇心里一慌，随手抓了一支枪就冲上台了。谁知他抓的这支枪不是专门用于开打的橡皮刺刀的枪，而是用于走过场的插有明晃晃真刺刀的枪。开打没几招，匪兵就被打得落花流水。匪兵王之勇一个抢背翻起来，刺刀在地毯上挂了一下，把枪管挂破了还不知道，仍然继续打。突然，"砰"的一声，枪头断了，刺刀飞向台下，只听得下面一声惨叫，观众抬了一个人上台来。只见此人双手紧捂着脸，鲜血从其指缝中不断涌出来。我们都吓坏了，乐队敲扬琴的肖英有晕血症，惊叫一声就晕过去了。台上乱成一锅粥，一些人想法给伤者止血，一些人给肖英掐人中……剧团马上派人把伤者送到井研县医院抢救，然后接着演出。我们都在后台议论纷纷，心想这下剧团摊上大事儿了，要赔本了。演出结束后，唐志明团长买了水果，带着几个人去了医院看望。还好没出大事，刺刀飞下台是平砍在伤者的鼻梁上，虽然出血很多，但没伤及骨头。伤者原来是个戏迷，每天晚上都在前排就座，他不仅没有责怪我们，反而伸出拇指夸赞："你们剧团真厉害，用的是真刀真枪！"于是，"眉山剧团功夫厉害，用的是真刀真枪"的名声不胫而走，来看戏的人特别多，经常是一票难求。

2. 青椒肉丝换甲票

后来，为追求票房效益，剧团分队演出。我们一队由唐志明团长带队。到清水镇演出的时候，清水镇政府为了让我们在那里多演几天，特别供应了我们每人 1 斤猪肉。这在物资匮乏的年代算是"高干待遇"了。但是剧团的炊事员张师傅做好肉后却发现卖不完，感到很奇怪。原来很多人都跑到镇上馆子里去买肉吃了。馆子里买的肉比伙食团的肉更划算。我记得八毛钱一份的青椒肉丝，大师傅用大勺一舀就是大半洋瓷碗（完全不计成本），然后对我说："明晚上给我搞两张甲票吧?"我说："没问题!"这算是我人生中第一次"以权谋私吧"! 哈哈哈!

3. 陈超仁智退小混混

关于一票难求，我记忆犹新的还有一件事：离开清水镇后我们来到仁寿县富加镇，演出的时候秩序特别乱，因为当地有个石油开采工地，年轻人多，他们晚上都到镇上酗酒、看戏，没票还硬闯。由于我们是分队演出，人手不够，我哥又比较壮实，守大门收票的任务就只派了我哥一人负责。但工地"小操哥"们仗着人多仍然想混票，门口混乱，我们都从后台跑到大门口去看发生了什么情况。陈超仁（专演刁德一之类的反派角色）已化好了妆，也来到大门口，一看场面紧张，就对着那些小混混们大喝一声："你们小心点! 别闯了! 他（指我哥）的武功不一般哈，三五个人都近不了他身的!"

这个牛皮吹得真起了作用，那些小混混们见我哥确实虎背熊腰的，一下就怯火退缩了。后来我们还常常谈起"陈超仁智退小混混"的事。

4. 鲫鱼汤与"夜明珠"

龙镇是仁寿县距眉山最近的一个镇,只有 40 里。我们小分队第一站就到的是龙镇。龙镇是个比较苦寒的镇,在龙镇演出期间有两件事令我记忆犹新。

一件事就是全队钓鱼。

龙镇的鱼特别好钓,因为仁寿苦寒,缺少油,没油烹饪,鱼就很腥,农民通常不吃鱼,更没人钓鱼。所以龙镇的野生鱼也没有经受过生死考验,不知道鱼饵的危险,有好吃的就上钩。不会钓鱼的人半天也能轻而易举钓上来几斤鱼,而且都是巴掌大的肥鲫鱼。到镇上买点猪油和姜、葱、蒜,搁点盐,清蒸鲫鱼,味道不摆了!

共享鲫鱼汤(左一为作者)

张师傅每天都要给大家清蒸鱼。当时全队人马除了张师傅、王国荣（剧团美工，高度近视，绰号"王眼镜"）和我外，可以说几乎都钓鱼。我之所以拒绝了钓肥鲫鱼的诱惑，是因为喜欢绘画。我中学时还自学过铅笔画，当时画过一张越南英雄阮文追的素描，得到了眉山师范学校图画老师杨学仕赞扬。我还画过奶奶的遗像，与照片极相像。所以我想跟王眼镜学点东西，是王眼镜的粉丝！唐志明团长每天上午不集中点名，不安排排练，带头钓鱼，连尹士莲、廖惠蓉、罗旭华这些女演员也加入了钓鱼大军，而且经常也是满载而归。我每天陪王国荣到龙镇周围的小山头上去写生，晒太阳，唠嗑。不过中午也能尝尝他们的鲫鱼汤！

由于全队人都忙着钓鱼去了，演出前也没做检查道具等准备工作，有天晚上演《海岛女民兵》，快开演了才发现航标灯灯罩玻璃都在搬运中搞坏了。咋办？唐志明快步跑到我们乐队，把不知谁的乐谱扯了一页下来，"呸"地吐了一口口水在乐谱纸上，然后就把它贴在航标灯上了事。后来回眉山后，此事成了全团流传的笑话。

另一件事就是捞"夜明珠"事件。

有天晚上演出散场之后，在回家过程中经过一座公路桥时，有观众发现河里面有个东西在闪烁发光。大家议论纷纷，有人说"该不会是夜明珠吧？"

于是有人找来一根长竹竿，想把这个闪光的东西弄上来。但竹竿伸下去一捣鼓，这个闪光的东西就不见了。待了会儿，水波平静了，闪光的东西又出现了，于是又把竹竿伸下去，想把它捞起来，但竹竿倒腾了一下，闪光的东西又不见了。"这东西还有灵气呢！肯定是夜明珠！"又有很多人加入了捞"夜明珠"的行列，但无论怎样也捞不上来。事情惊动了镇政府，有个镇政府领导前来看了以后，也觉得奇怪，就派人去找了一张渔网来捞。待水波平静后，夜明珠又现身了，赶快一网撒下去，小心翼翼拖上岸，一清理网里杂乱的东西，才发现有一支手电筒，还亮着呢。原来不知哪个观众回家时不小心把手电筒掉到河里了。手电筒头轻脚重，灯头向上，在水流中一晃一晃地，用竹竿一拨弄，灯头偏向一边，就看不见闪光了，待水平静后，灯头又昂起来，于是"夜明珠"又现身了。哈哈哈！那天晚上，这一支手电筒把大家折腾了大半夜。

5. 邓国和上省城

有首歌的歌词说，爷爷的每一根胡子里都长满故事。这比喻很生动形象，也很有道理。老年人阅历丰富，自然有不少人生故事可说。如果是老艺人，那可说的故事可就更多了！因为艺人求生存，走天涯，阅历更加丰富，酸甜苦辣麻，人生更加多姿多彩。今天是网络时代、信息爆炸时代、快节奏时代了，那种坐在院坝里、谷堆旁，点着蚊香，摇着蒲扇，边喝茶，边纳凉，边听爷爷奶奶、爸爸妈妈讲过去的故事的场景已经不复返了（我看这可以申报非物质文化遗产了）。其实，这种原生态的口述故事，有时候比网上那些胡编乱造的"八卦新闻"更加真实、更加令人回味。下面就是我从唐志明团长口中听来的关于老艺人邓国和的诸多故事之一：上省城。

（1）"我就喜欢吃这个"

邓国和是眉山川剧团敲大锣的。中华人民共和国成立前夕，邓国和在老家养了一群鸭子，邓国和知道成都的售价比县城更高，就想把鸭子弄去成都卖。但从未上过省城的他心里还是有点"虚"，就邀约去过省城的好朋友朱惠光一起上成都卖鸭子："老朱，陪我上成都卖鸭子嘛，一切开销算我的！"朱惠光也很多年没上过省城了，想再去逛逛省城，反正不花钱，还落得做个人情："好嘛好嘛！"

他们赶着一群鸭子，花了整整三天才到了成都。朱惠光托熟人批发卖完了鸭子。贬值的金圆券装了一大麻袋，扛在肩上很不方便。该吃午饭了，朱惠光带着邓国和进了春熙路一家西餐馆，穿过弄堂去了相邻的中餐馆。邓国和扛着麻袋落在后面，熙熙攘攘的人流挡住了他的视线，他突然发现朱惠光不见了。"算了，不找了，给老子节约了一顿饭钱！"肚子早已咕咕叫的他找个座坐下来准备吃饭。落座后来了一个服务员，拿了一本菜单，全英文的。邓国和当然看不懂，但仍装模作样选菜，然后指着一个蒸糕图案说："我就喜欢吃这个！""大份还是小份？""当然是大份啰！"邓国和毫不犹豫地说，心里还暗暗嘀咕，"瞧不起我们乡下人嗉！老子今天有的是钱。"

一会儿，一大盘蒸糕端上桌来，"这怎么吃得完呀?!"原来，大份是供多人吃的，小份才是供一个人吃的。点都点了，没办法，学着别人样，用刀切了一块，再用叉弄进嘴里，嚼了一下，甜酸甜酸的，太难吃了！但这可是自己的钱买的，当时也没"打包"一说，只好硬着头皮吃了一大半，肚子也撑圆了。

（2）"我懂"

吃完饭，胡子拉碴的邓国和想去理个发。

为省钱，他找了个小理发店。这一口袋钱可不敢离身啊！朱惠光来之前早就叮嘱过他成都骗子多，要小心。于是，邓国和把口袋放在椅子上，坐在屁股底下。这一来人就太高了，理发匠很不便操作。"先生，把你的口袋拿出来放旁边吧。"邓国和心里那根弦马上绷紧了，以为这就是骗子的第一招"人财分离"。他故作老练地说："我懂！"然后继续稳坐"钓鱼台"。"先生你懂你咋还不拿下来？""我懂！""你懂，你就应该拿出来嘛！""我懂，我懂！"邓国和自以为聪明，以为今天真遇到骗子了，干脆就不理发扛着麻袋离开了。回到旅店后，不一会儿朱惠光也回来了。"老朱，你跑哪去了？""我还四处找你呢？""算了算了，不说了。告诉你，要不是老子长了个心眼，下午差点就被骗了！"然后邓国和得意洋洋、添油加醋地把"理发店历险记"给朱惠光讲了一遍。躺上床后，邓国和又开始盘算第二天回眉山之事了。"老朱，回眉山也就一百多里路，我们明天早点出发，一天都走得拢，省点车旅钱回眉山下馆子，我请你好好撮一顿，如何？"朱惠光知道邓国和是个吝啬鬼，也只好顺水推舟："好嘛好嘛！早点走！"

（3）"各人管各人那头"

第二天一大早起来吃了饭，他们就出发了。走到了彭山，天已经黑下来了，离眉山还有 40 里路，他们实在太累了，只好在彭山县城找了一家旅社住了下来。邓国和为了省费用，就只要了一个铺位，两人共睡一铺。朱惠光也不好说什么，确实太累了，放下背包就倒在床上休息了。邓国和拿上毛巾脸盆去锅炉房打了盆热水擦了个澡，然后端了盆热水回寝室，见朱惠光已睡下了，于是放下脸盆，推了推朱惠光："老朱，我给你打了盆热水，快起来烫烫脚，解解乏。"

朱惠光想："这个邓国和，今天咋这么客气，难得难得！"朱惠光坐在床沿上把脚洗了，邓国和马上就把洗脚水端出去倒了。朱十分纳闷："这个邓国和，今天是怎么啦？"由于太困了，就倒头又睡了。邓国和倒完水回来，把鞋袜一脱，也躺上床睡觉了。由于床窄，两个大男人只能各睡一头，翻身都困难。一会儿，朱惠光朦胧中闻到一股难闻的臭味，才发现邓国和没洗脚。大热天的，走了一天的路，胶鞋早就被汗水湿透了，其臭味可想而知。"老邓，你也去洗洗脚吧！"朱惠光边说边摇醒已开始鼾声雷动的邓国和。邓国和很不耐烦地说："哎呀！各人管各人那头。"

补充一个我们进剧团后邓国和的笑话。

过去演旧戏都是师傅带徒弟，口传身授，言传身教。"文化大革命"时期进行了戏剧改革，演革命现代戏，要创作剧本、乐谱。那时的剧本、乐谱只能是手工在钢板上刻蜡纸，然后把刻好的蜡纸贴在油墨印刷机上，再用油墨滚筒一张一张地印刷。今天的年轻人恐怕都没见过，但在当年这比起手抄剧本却是很先进的。老艺人也有很多没见过什么油印机的。有一天，丁绍和书记利用私人关系借到一个新剧本《于无声处》，这是一个反映粉碎"四人帮"的新剧本，上座率一定会很高，所以他马上交给团长唐志明，让他赶快找人刻印出来，迅速排练，抢占先机演出。唐志明不敢怠慢，但一时走不开，看见邓国和正坐在葡萄架下悠闲地喝茶、唠嗑，马上叫他："邓国和，去县文化馆把钢板油印机弄回来，有急用！"邓国和虽然有点不安逸，但团长叫办事，也不好推却，放下茶盅，对正在练功训练的学员吼道："走，去四个人抬钢板，八个人抬机器！"

唐志明忍不住噗嗤一声笑得前仰后合。此事也成了唐志明以后经常调侃邓国和的笑料。

唐志明是团里最会侃大山吹牛的"壳子王"，用今天的话来说就是"段子手"。他讲的邓国和的笑话特别多，也不知真假，不过也没见邓国和出来辟过谣。

6. 凉拌鸡与"严格处理"

中国人重饮食，自古就"民以食为天"。而艺人云游四方，尝遍天下，更是注重享口福。所以，能在剧团待得长久的烹饪师傅必然技高一筹。

眉山剧团的炊事员有两个，炒菜的是潘师傅，负责做饭、蒸馒头、压水（人工机井）的是张师傅。潘师傅的做菜手艺非常高，尤其是他做的凉拌鸡，堪称一绝！那味道简直"不摆了"。

只要是卖凉拌鸡，很多人就会早早排队等候，单身汉都是一份两份地买，凉拌鸡很快就会抢完。通过长期的观察，他做凉拌鸡的步骤是这样的：把七八只未开叫的嫩鸡公杀好，放血，洗净后放到大锅里煮，煮个九成熟（不见血丝）以后捞起来晾在一边，再把锅里浮在面上的油水打捞起来备用，然后把鸡肉剁得比较小块，码上盐、味精、生姜，再用手（从不用筷、勺）反复搓揉，让鸡肉更入味。辣椒只能用二荆条（朝天椒太辣，大荆条辣味又不够），在锅里炒脆后用铁对窝杵成粉，菜籽油烧开以后分两次

（第一次少许，取香；第二次稍凉后倒入，取色）倒入辣椒面，只听"滋"的一声，辣椒的香味就溢出来了，那真叫一个香呀！汉源花椒也是现炒现磨成粉。快到开饭时，潘师傅把先准备好的红油辣椒、花椒面先后放进鸡块中，把鸡汤倒进去，再放一点白糖，又用手搓揉均匀，最后把切好的葱花放进去，即大功告成。潘师傅做的凉拌鸡味道鲜美，色彩红亮，香气四溢，众人皆呼"巴适"。

我总结一下潘师傅做凉拌鸡的秘诀留给年轻人：第一，嫩公鸡（不塞牙）。第二，二荆条油辣椒、汉源花椒面都必须现做（特香）。第三，用鸡油汤调制（原汁原味，类似江水煮江鱼）。第四，从不用酱油，更不用醋，那是败色、败味的，也不用蒜，那是压味的。

张师傅主管煮饭及压水等粗活，其特点是勤勤恳恳、任劳任怨。张师傅最大的业余爱好就是扮演群众、匪兵、团丁之类的跑龙套的角色，在舞台上亮亮相。唐志明是这样形容张师傅的：如果当晚张师傅有上台演出的角色，那他蒸的馒头就又白又大；如果没有演出任务，那馒头就是"肝炎"馒头，又黄又瘦。

剧团分队演出时，张师傅随我们一队赴仁寿、井研等地。我们一队人员都遗憾潘师傅没分到我们一队。由于人手紧张，张师傅参演的机会愈来愈多。

在演《红云岗》这部大戏时，张师傅居然分到了一个有台词的还乡团团丁的角色，这可是张师傅从来没有遇到过的，他好兴奋！台词很简单，只有几句："乡里乡亲，大家听清！"（"咣咣咣"，敲锣三声）"中央军回来了，所欠的租子要交清！"（"咣咣咣"，又敲锣三声）"若有违抗！"（"咣咣咣"，再敲锣三声），"格杀勿论！"（"咣咣咣"，最后敲锣三声，下场）就这么几句台词，近似文盲的张师傅练了又练，背了又背，下足了功夫。

当晚演出开始了，第二场一开幕就是张师傅，他边敲锣，边上场，边喊话，前面几句都还行，"乡里乡亲，大家听清!"（"咣咣咣"）"中央军回来了，所欠的租子要交清!"（"咣咣咣"）"若有违抗!"（"咣咣咣"），"若有违抗"（"咣咣咣"），"若有违抗"（咣咣咣）……"糟了，张师傅忘台词了!"我们在后台紧张得不得了，只能悄悄递台词："格杀勿论!格杀勿论!……"张师傅在台上又转了一圈，终于喊出来了："若有违抗，严格处理!"（"咣咣咣"，下场）大家在后台忍不住"噗嗤"一声，眼泪都笑出来了。张师傅下场后懊悔极了，第一次有台词的演出就出差错，以后恐怕就难有这样有台词的演出机会了!唐志明赶快前来安抚张师傅："还好，还好，意思没错!"（就怕第二天吃"肝炎"馒头）后来大家分析了一下张师傅出错的原因，不是不认真，可能就是张师傅对"格杀勿论"这个文绉绉的词太不熟悉的缘故。

7."这又不是绣花针"

陈文新是眉山剧团专演反面人物的本色演员，演技很不错的，在戏迷观众中有很多的"粉丝"。有一次演革命样板戏《杜鹃山》，陈文新扮演的温其久是杜鹃山农民自卫军副队长，在队长雷刚被诱捕后完全投靠了敌人，后被党代表柯湘除杀。其中有一场戏是柯湘受上级指派来自卫军引导自卫军走革命道路，温其久妒忌队长雷刚对柯湘的重视，怕影响他的二号地位，便当着众人的面讥讽初来乍到的柯湘是个经不起腥风血雨的女流之辈。嘲讽之际有个动作：从背着的盒子炮中拔出盒子枪在柯湘面前晃一晃，然后讥问柯湘："知道这是什么吗?这又不是绣花针!"

有一天晚上演出，陈文新背的盒子炮不知被哪个家属的小孩抽出来玩耍后没有放回去，陈文新上场前也没检查自己的道具，背着一个空枪盒就上台了。当戏演到温其久拔枪威吓柯湘时，连拔几次没拔出枪来（因为盒子里根本就没枪）。陈文新心一凉，"完了，咋办？"穿帮演砸了不仅扣奖金，挨批评，还毁了一世英名！可剧情不等人啊！我们都在后台为陈文新着急，尤其是作为团长的唐志明（他平时嘻嘻哈哈、贪玩好耍，做事总是大大咧咧，这从龙镇演出扯乐谱糊灯罩一事就可见一斑），这一次总不能从后台扔一支枪出去吧？陈文新不愧是老演员，他急中生智，仍然不动声色地做完拔枪动作，然后空着手用拇指和食指做成一个"手枪"，在柯湘面前晃了又晃，讥讽道："看看，这是什么？这又不是绣花针！"唐志明在后台忍不住"噗嗤"一声笑出来："好个陈文新！"台下观众也笑了。陈文新这个创新动作更增加了滑稽戏谑的味道，取得了意想不到的效果。

我在眉山剧团的时候，正是剧团吃香的时期。上大学后，文艺开始繁荣起来。而剧团则沦落到走乡串镇，艰难求生存。如今，川剧戏团犹如天际最后那一抹晚霞，令我们在剧团待过的人无限伤感！

戏剧文化的式微，关键在于节奏的失拍。以量子计算为引领的现代文明，其速度不仅吞噬着敲打算盘的慢节奏农耕文明，也在吞噬地球的生态平衡和追求数字财富的人类自身！古代西方哲人毕达哥拉斯提出世界的本质是"数"，今天已进入"数字经济""数字财富""大数据"时代了。好在戏剧这一中华文化的瑰宝如今已得到了党和政府的重视，京剧、川剧等不少戏剧已被列入非物质文化遗产加以保护了。

七、 我的"范进中举"

　　1977 年，邓小平重新"出山"。面对"文化大革命"之后的百废待兴，从何抓起？俗话说得好，"牵牛要牵牛鼻子"，抓科技、教育就是邓小平首先牵的"牛鼻子"。复职之前，邓小平在同两位中央负责同志谈话时，特意就科技和教育工作阐述了自己的意见，他强调：我们要实现现代化，关键是科学技术要能上去，发展科学技术，不抓教育不行。1978 年 3 月，邓小平在全国科学大会开幕式上发表了重要讲话。他说：四个现代化，关键是科学技术的现代化。没有现代科学技术，就不可能建设现代农业、现代工业、现代国防。他指出：科学技术是生产力，这是马克思主义历来的观点。而现代科学技术离不开人才，人才的培养要靠教育。而"文化大革命"使高考制度荒废了十年之久。所以邓小平 1977 年 7 月重新工作后，第一件事就是抓恢复高考。虽然时间仓促，但邓小平提出，就算推迟入学，也要立即恢复高考（77 级大学生也确实是在 1978 年春季才入学的）。

　　1977 年四川省高考试点地恰恰就选在了我的家乡眉山，可能是因为眉山是全国农业学大寨的先进县吧，也可能是因为眉山是大文豪苏东坡的故乡吧，不管是什么原因，高考试点花落眉山对眉山学子来说无疑是"天上掉馅饼"。

我虽然生性贪玩好耍，但从小成绩优异，考高中时，七门功课中数、理、化、生均考了满分100分，语文、历史考了90几分，只有政治考了80几分。按父亲的说法，在我们兄弟姐妹"这窝鸡"中，我是最有希望"开叫"的那一只。父亲还对母亲私下讲过："我看老二是北大、清华的料。"但"文化大革命"运动中断了我们这一代人的高考之梦。因此父亲得知眉山成为恢复高考试点地的消息以后很兴奋，马上叫我去报名参加高考。而我却找了各种理由加以拒绝。我对父亲讲，我已经有整整十年没摸过书本了，而且高中还有两年的数理化没学习过，要想补习也没时间了，所以肯定考不上。其实我还有不愿说出的理由，那就是我特别喜欢剧团工作：工作就是在娱乐，娱乐也是在工作，非常惬意，符合我贪玩好耍的秉性。父亲痛骂我鼠目寸光，毫无志向。和父亲争吵过后，我仍然没去报名。

当年高考以后，我看了一下文科数学卷子，发现题目中除了一道高中数学三角题我不会做以外，其他大都是初中代数题，不用复习也能做。我还挺纳闷：考大学怎么考的大都是初中题呢？

时间很快来到1978年高考报名时，父亲再次督促我参加高考，他苦口婆心地对我说："过去没机会参加高考，现在党和国家给了你这样一个机会，考不上也没关系，但如果你连这样的机会都放弃了，将会终身遗憾！"父亲的话对我内心有很大的触动。父亲还承诺我考上大学后每个月给我资助十五元钱。为了不辜负父亲的良苦用心，我终于答应当年参加高考，并去城关镇报了名。当年文科只考政治、语文、数学、历史、地理五门课，另外加试一门外语（成绩不计入总分，仅作录取参考）。负责报名的女同志特意问我学过英语没有，我说没有。她说没学过英语就要回学校开个证明，可以免试外语。我知道她肯定是把"英语"和"外语"混为一谈了，暗暗高兴，虽然我初中、高中都学的是俄语，但能免试外语岂不少了复习外语的负担。我很快跑回学校开了一张没学过英语的证明，报名册上注明了免试外语。

五门课中我最担心的还是数学。去年的数学题简单可能是基于"试点"，今年恐怕就没有那么"优惠"的政策了。为此，父亲特意在眉山师范学校请了数学老师李寿渊给我补习高中数学。

回到剧团，我对任何人都没透露当年要参加高考，心里还是担心，万一考不上有点丢人。所以我一天假都没请过，只是利用休息时间悄悄复习功课。直到高考来临，我才向剧团丁绍和书记请了几天假参加考试。丁绍和与父亲关系很好，非常支持我，并答应替我保密。

很快高考成绩通知下来了。我去城关镇领到成绩单后一看，禁不住脸都红了：考得太差了，最好成绩才86分，尤其担心的数学还没及格，才考50分。真有点无颜见江东父老！城关镇发放成绩通知的女同志问我考了多少分，我说总分才三百多分。女同志接过成绩一看："哟！考得不错嘛，已经上重点线了。"我惭愧地说："数学还不及格的嘛。""50分很不错了，今年考几分、十几分的很多，考零分的也不少。"听她这么一说，我悬着的一颗心才放下来（后来上大学以后才知道，我的数学成绩50分居然还是班上第二名）。当年非重点文科录取线还不到三百分，我都超过重点线三十多分了，上重点应该没问题了。

录取通知书终于收到了，但遗憾的是不是重点大学，而是普通院校南充师范学院。专业也不是我填报的第一志愿中文，而恰恰是我最不感兴趣的政治（我后来分到高校哲学师资班）。后来才听说重点大学需要参考外语成绩，如果属实，我真为当时投机取巧免试外语而后悔不已！我初、高中学了四年俄语，即使不复习，考个二三十分也应该不成问题吧！

得知我考上南充师范学院以后，眉山师范学校的校长彭忠林来祝贺我，说他就是南充师范学院中文系毕业的，南充师院历史悠久，尤其是文科专业挺不错的。这给我"受伤"的心灵带来了一丝安慰。

开学之际，我用一根木棍做了一副挑子，一头挑着被褥，一头挑着一口装衣服的木箱，依依不舍地告别了剧团，告别了亲人，离开了家乡（这与今天大学新生上学的排场简直是云泥之别）。从眉山乘车到成都后，在三姨家住宿一晚，我第二天凌晨就起床，急匆匆挑着担子去新南门汽车站乘开往南充的客车。从成都到南充有 300 公里之远，而且川北是丘陵地区，公路崎岖不平，过去客车甚至要开两天（中途要住一晚），当时也要一天到达，所以天不亮就要出发，天黑后才能到达。

客车驶出成都后，很快进入了川北丘陵地区。公路在丘陵地区盘旋，一些旅客开始晕车呕吐。路边不时出现一些完全用石头砌筑的房屋、厕所，还有用石头打造的风谷机，好像进入了石器时代，这在成都平原是见不到的。荒芜的黄土丘陵上，一丛丛的芭茅草掠窗而过，还不时有坟墓出现。习惯了成都平原富裕生活的我，心情愈来愈暗淡：不知作为川北根据地的南充会有多荒凉！真有点后悔填报了南充师范学院。

中途在司机定点吃饭的一个小镇饭馆凑合吃了一顿午饭后又

出发了。经过遂宁大桥后，客车开始爬坡，海拔似乎增高了不少，天也逐渐黑下来。过了蓬安县县城后，天完全黑了，汽车大灯也打开了。询问司机还有多远，司机说快了，快了，只有50公里了。客车终于爬上了南充西山山顶，山下一大片灯光立刻映入眼帘。"南充，南充！"旅客们都欢呼起来。很快客车驶入南充市区，街道上熙熙攘攘，很热闹。两旁小食店、摊位很多，只听到一片"希唤，坐""希唤，坐"的吆喝叫卖声。我刚开始没听懂，后来才知道是叫"稀饭，坐""稀饭，坐"。原来南充人特别喜欢早餐吃米粉、晚餐吃稀饭。

汽车在拥挤的大街上慢慢驶入西门汽车站，"欢迎新同学入校"的横幅立马映入眼帘，让人感觉温暖。原来学校组织了刚入校才半年的七七级老同学来接新生。几个不知名的老同学走过来热情地询问我是哪个系的，然后就帮我扛着行李一路走回学校。虽然坐了一整天的车，腰酸背痛，精神疲惫，但还是很高兴，有一种回家的感觉。

大约走了半个小时就到了学校，履行完报到手续后几个同学又把我送到寝室里才离去。这是一个安放了五架高低床的寝室，住九个人，剩下一张床专用于搁箱子行李之类的。先到的几个同学热情地帮我安排好铺位后我们就聊开了。年龄较大的一个同学宁永照来自朱德故乡，是个转业军人，已有两个孩子。年龄较小的同学叫廖勇，来自成都，应届毕业生，才16岁。我也虚岁三十了，按古人的说法，已是而立之年，但却刚迈进大学之门，可谓"范进中举"，令人唏嘘不已！与我邻床的同学叫文敬，年龄略长我半岁，特喜欢研讨法律问题。我们常在一起讨论法律问题，印象最深的就是讨论西方的"无罪推定"和中国的"有罪推定"孰优孰劣的问题。文敬毕业后进了南充司法系统工作，后来成为四川省高院副院长。我上铺的同学叫黄效民，来自雅安石棉县，是个带薪学员，人很高大帅气，穿着很讲究，被褥行李都是邮寄而不是随身携带的，当晚人到后行李未到，只好和我抵足而眠，成了"同床"好友和校文工团队友。

部分同学（后排左一为作者）

八、 我的大学生活

我就读的南充师范学院虽然只是一所省属普通院校，但也有一定历史。学校创建于 1946 年，由抗战时内迁到三台县的东北大学的川籍师生在原校址创建了私立川北农工学院。1949 年，私立川北农工学院与著名墨学专家伍非百先生创立的西山书院共同组建私立川北大学。1950 年学校迁至南充市，与川北文学院合并组建公立川北大学。1952 年学校合并川东教育学院（原乡村建设学院）、四川大学和华西大学等高校部分专业组建四川师范学院。1956 年学校一分为二，一部分迁往成都。留在南充的部分更名为南充师范专科学校，1958 年升格为南充师范学院。

南充师范学院的校址是川北行署所在地，虽然面积不大，但却林木葱茏、风景秀丽。学校依坡而建，分上下两层：上层主要是电影院、食堂、运动场、校医院以及学生宿舍；下层主要是图书馆、教室、院党委办公室、系办公室。

当时的大学生活可能大同小异。这里只回顾一下特殊的记忆深刻的片段。

记忆深刻的事首先是"吃"，"民以食为天"嘛！学校仍像当年中学一样安排桌饭，八个人一桌。印象深刻的是早餐，每桌一盆红薯或馒头、一盘咸菜，自己去食堂窗边摆放的大木桶自盛玉米糊。桌餐大概吃了一学期，然后就改成发放饭菜票，学生排队到窗口选菜品。伙食标准大概是每个月十元，基本够用。如果不够，想吃得饱点、好点，可自己花钱到后勤窗口购买饭菜票。后来听说有的女生每个月的饭菜票还用不完。这可不是为了"减肥"，而是掌勺的男性炊事员对漂亮女生的"友情关照"。甚至还有女生的饭菜票给少补多。

20 世纪七八十年代，经济水平还很低下，食堂伙食也很一般。到了周末，不少同学都会上菜市场买点鱼、肉回寝室，洗净后放进锅里，在煤油炉上炖煮着吃。学校附近有个很大的农贸市场，鲫鱼特别便宜，才四五毛钱一斤。原来当地农民不喜欢吃鱼，说是有腥气——其实是因为贫穷，未能实现"猪油自由"，清水煮鲫鱼当然很有腥味，煮鲫鱼汤一定要放猪油、生姜、葱白这些压腥味，煮出来的汤又浓又白、鲜美可口。所以我们周末都爱去买鲫鱼煮汤喝。

记忆深刻的事之二：每个礼拜都必看两三场电影。"文化大革命"中只有样板戏可看，"文化大革命"结束以后，许多老电影开始恢复播映，看电影成了当时人们最惬意的娱乐方式。刚到学校的时候，是周末在球场上放电影。球场上人满为患，银幕前后都挤满了人。尽管在银幕后看电影，银幕上的所有动作都是反的，有点别扭，但同学们还是乐此不疲，我们小时候称之为看"反光电影"。以后学校放电影开始在行署礼堂（原南充行署礼堂）进行，电影票由各个系的文艺委员去学工部领取，然后分发到各个年级，再由班级文艺委员分发给各个同学。由于我来自剧团，被辅导员指定为系文娱委员，手中掌握了相当"大"的"权力"：拥有每个班级甲票、乙票、丙票的分配权。每次分票的时候，我给本班的甲票比例肯定要高一些，"近水楼台"嘛。此外，77级的师姐文娱委员擅长跳舞（与我关系也很好），每次给她的甲票比例也会高一些。79级、80级这些小师弟、小师妹的甲票比例就低一些。不过每次我自己都不敢拿很好的甲票座位，通常坐乙等座，怕别人说闲话，"瓜田李下"嘛，要避嫌。后来，看电影改成自己去窗口买票看了，我的"权力"也就此终结了。

南充行署礼堂

除了周末在学校看一两次电影，平时学校旁边的石油地质调查处也经常放电影，而且经常放映一些过去的"内部片"或者外国电影。所以，只要听到石油地质调查处放电影，虽然一票难求，我们也会千方百计通过一些南充朋友的关系搞到票。我曾把大学期间看的电影名记下来，发现每学期至少有几十部电影，总算是把"文化大革命"十年的"电影荒"恶补起来了。

记忆深刻的事之三：1981年中国女排夺得世界冠军。这极大地振奋了民族精神，同学们在校园里连夜游行，高呼口号，甚至有同学把自己的床单在窗口点燃庆祝，同学们的爱国主义热情得到了充分释放！郎平、张蓉芳、陈亚琼、周晓兰、孙晋芳、陈招娣这些球员仿佛一下成了民族英雄，妇孺皆知！后来，中国女排在世界大赛中创造了"五连胜"的奇迹，"女排精神"成了新时代民族精神之一。

记忆深刻的事之四：1981年我作为乒乓球主力队员代表学校参加了全国大学生运动会。我们团队在小组赛中未能出线，在男子单打中我也是"名落孙山"，仅获得重庆赛区男子单打第7名。第一次参加这样的大型比赛，这个成绩我也是很满足了。

我对乒乓球的爱好是从小学开始的。从1961年起，庄则栋连续荣获26、27、28三届世乒赛冠军，极大地振奋了民族精神，掀起了一股打乒乓球的热潮。很多学校、单位修建了不少水泥球台以满足群众运动需要，我也开始对乒乓球着迷。课间休息十分钟，同学们都要争抢学校仅有的一张木球台打擂台赛。那个时候县份上可没有什么业余体校，乒乓球技术完全是在"江湖"上自己琢磨、操练混出来的。因为经济拮据，最初我只是用零花钱买了个没有胶皮的"光板"，直到小学快毕业才攒够了钱买了块有胶皮的球拍。

上初中后我的乒乓球技术已"出类拔萃"，可以说是"山中无老虎，猴子称霸王"，经常代表眉山中学参加校际比赛拿冠军，后来被县体委选入县代表队到乐山参加地区乒乓球比赛。到乐山比赛我才算见了"世面"。我在对阵乐山代表队的张林、黄尚凯，仁寿代表队的邱本寿时，输得惨不忍睹，他们发的上旋球我第一次遇到，不知道该怎么接，回球老冒高，然后被对方一拍扣死。所以他们几乎成了我的偶像，至今都记得他们的名字。

大学毕业后我留校工作，校工会年年组织乒乓球比赛，我年年都拿男子单打冠军。其实中文系李润的技术比我好，他是在业余体校培训过的，姿势很正规，动作很潇洒，两面进攻，很有观赏性，但每次比赛都会输给我这个"江湖派"。俗话说得好，"拳师怕乱打"，不按套路出牌就是"江湖派"取胜的法宝。正如毛主席的游击战术一样，打得赢就打，打不赢就跑，避实就虚，出奇制胜。

虽然我在学校年年拿单打冠军，但不足为傲，那只是"井底"荣誉而已。此生最引以为傲的是我参加南充地区业余乒乓球比赛获得亚军。虽然是业余比赛，但是参与者也有专业退役队员。我在半决赛的时候遇到的对手是西南石油学院的王元，他是原甘肃省队退役队员，人高马大，左右进攻，打法凶狠。最初他可能没把我放在眼里，有点轻敌，第一局居然输给我了。很快第二局他赢了。第三局决赛，一直打到 19：19，他开始紧张了，动作有点变形，连攻两球都失误了，这样我就进入了决赛。决赛时的对手是岳池县的体委教练，也是专业出身，我输得一塌糊涂。他的球怪得很，回球不是下网就是出台，根本无法打。后来我才知道他用的是长胶，我从来没听说过，总算是又长见识了。

退休后，我继续坚持打乒乓球，在成都、海南、上海都结识了不少球友，与海南小区原国家队的谭向东（曾击败过著名的瑞典球员瓦尔德内

"古稀"老人乒乓球挑战年轻人

尔）也成了好友。2020 年，我在上海带"研究孙"时，应邀参加了长宁区新虹街道乒乓球比赛，获得团体第一名，并获得单打第五名，不仅拿了 300 元奖金，还获得了一块第五名奖牌，这可是我平生获得的唯一一块奖牌。哈哈！

记忆深刻的事之五：1982 年南充师范学院文工团参加全国大学生文艺调演获得一等奖。一个省属院校能获得这样的殊荣，真是出人意料，但也在情理之中。

南充师范学院文工团乐队

77 级、78 级两届大学生，来自各行各业，其中不乏来自文艺团体的。我们文工团就有许多来自专业团体的队员。舞蹈队有来自宜宾文工团、南充文工团、铁二局文工团、合江县剧团的。我们乐队有七把小提琴，就有四位来自专业团体——巧合的是我和王刚、马赵碚都是四川音乐学院张季石教授的学生。指挥马赵碚也是南充地区很有名气的业余音乐人士。我们的参演节目名叫"实习之前"，这还是我出的一个主意。我认为，我们来自师范院校，就应该表现我们师范生的特点。师范生毕业之前都要到各个中学去教学实习，在正式上讲台之前总要做充分的准备，写教案、练板书、试讲，把这个过程编成一个舞蹈说不定会出奇制胜。这个主意得到文工团团长宋家慧、李健和指挥马赵碚的一致赞同，很快搞出脚本，写好音乐，选出陈红、刘云云两位女生出演。经过全团数月的共同奋斗，终获成功。

陈红、刘云云的双人舞《实习之前》

记忆深刻的事之六：参加四川省大学生首届（也是最后一届，此后再也没有组织过了）军事文体夏令营活动。

1981年暑假，四川省举办了首届大学生军事文体夏令营活动，我们学校分到了两个名额。我有幸和生物系邓初夏同学入选，可能是因为我俩都是"三好学生"，又都是文工团乐队成员，有文艺特长的缘故吧。

夏令营活动在灌县（现在的都江堰市）举行。来自全省几十个大专院校的大学生都有各种各样的文体特长，或唱歌，或舞蹈，或乐器，或表演，或美术，或运动……我们小组成员来自南充师范学院、川北医学院、成都地质学院、成都体育学院、四川美术学院、涪陵师范高等专科学校，人人身怀"绝技"。曾莉同学的独舞赢得满堂喝彩，杨×同学朗诵的《哈姆雷特》独白令人沉思，唐永祜同学的雕塑让人拍案叫绝……

除了文娱活动外，我们还参观了两千多年前蜀郡守李冰父子修建的大型水利工程都江堰，它至今润泽着成都平原一千多万亩土地，孕育了"天府之国"的神奇。纪念李冰父子的二王庙有一副对联深深吸引了我：

事在人为，休言万般皆是命；境由心造，退后一步自然宽。

因所学哲学专业之故，我对这副集儒、释、道中华文化之精粹的对联发出由衷的感叹。此联被我刻进了脑海，作为人生座右铭，引导我在人生道路上该进即进，该退即退，进退自如。

我们还参观了卧龙水电站。印象中，这是个藏在深沟中有军人守卫的很奇特的电站。几根粗大的水管几乎以垂直的角度把水从上百米高处引下，直接冲击发电机转轮，轰鸣声在山洞中回响。

既然是军事文体夏令营，当然还有军事活动，那就是射击打靶。同学们在现场经过军事教官的简单培训后立即"现炒现卖"，实弹射击。同学们大都是第一次用真枪，心里都有点惴惴不安，尤其是女同学。有个女生一扣扳机就闭上眼睛，一声惊叫，也不知道子弹飞到哪里去了。事后报靶，谁知她的成绩还不错，而旁边那个男同学成绩居然是"0"环。原来是男同学把她的靶当成是自己的靶来打了，引起哄堂大笑。轮到我打靶了，虽然"文化大革命"中我连民兵训练都没参加过，但我还是知道"三点一线"的瞄准要领。我通过准星对准靶心，摒住呼吸，轻轻扣动扳机……打完五发子弹后报靶，我居然打了三十多环，稳拿小组第一。这可能得益于我的视力好吧。我年轻时没戴过近视眼镜，老年时也不戴老花眼镜，不仅看书报自由，甚至还能穿针引线。

四川省大学生军事文体夏令营集体合影

夏令营活动结束前一天，省委宣传部部长来看望同学们，大会组织我们去巴朗山爬山观景。巴朗山海拔四千多米，山区没有柏油路，尘土飞扬是难免的。带路的小车走最前面，我们的大巴一辆一辆跟在后面。在盘旋的山区公路上，同学们一路欢歌，一路惊呼沿途景色：太美了，太好看了！大约行至三千米，前面的小车停下来了，有工作人员回来解释，小车没油了，不再往上爬了。我们下车后照了一张集体照，然后开始自由活动。哇！风景真的太漂亮了！各种各样的高山杜鹃和不知名的各种野花争奇斗艳，绚丽多姿。女同学都忙着采摘自己喜爱的杜鹃花摆造型（当时还缺乏环保教育），男同学则忙着给女同学拍照"献殷勤"。

当天天气很好，艳阳高照，万里无云，空气清新，能见度极高，山下远景一览无遗。半山的白云像缠绕在少女腰上的轻纱，山上的杜鹃像插在少女头上的簪花，巴朗山被打扮得就像瑶池仙女。

在山上吃完带去的便餐以后，我们开始返回营地。当晚召开了夏令营的总结活动，第二天夏令营解散。我们小组的同学余兴未尽，决定回到成都地质学院再继续活动。

回到地质学院，我们一方面忙着冲洗底片，翻印照片，一方面请四川美术学院雕塑系77级的营友唐永祜给大家雕塑个人头像。雕塑一个头像要四五个小时，我的头像雕塑好以后，大家都说好像啊。我一看，也觉得太像自己了，惟妙惟肖，非常传神。我把自己的头像像宝贝似的一直带在身边，多少次搬家都小心翼翼生怕损坏。谁知，有次母亲打扫卫生时，看见我的头像上布满了灰尘，就用湿抹布去擦拭，一下就把头像给弄花了，令人遗憾。

作者的头像雕塑和照片

记忆深刻的事之六：关心政治，报效祖国，振兴中华，成为一代大学生的时尚。在经历了"文化大革命"十年阵痛以后，能重圆大学梦的一代大学生，无疑都非常关心民主政治，关心国家、民族前途。所以，当女排荣获世界冠军后，同学们才会自发地欢呼游行；当人大代表选举时，同学们才会积极投入，甚至直接参加竞选。我们政治系的同学当仁不让，有很多都参加了竞选。后来为了集中选票，77、78级一些同学退出了竞选，推选了77级一个同学参加竞选。刚进校的79级的一个同学也报名参加了竞选。为了争夺选票，两位同学利用大家在食堂吃饭的时间、在电影院看电影之前，上台发表自己的"竞选纲领"。后来77级的这个同学还真的竞选成功了，当上了南充市人大代表。

大学毕业之前，我们小组同学在北湖公园的草坪上聚会，大家纷纷发言，畅谈理想。有个同学感慨：如果让我们小组同学去接管一个县，一定会把这个县治理得很好。真有一番指点江山、舍我其谁的英雄气概！此情此景，我终生难忘。

有人感慨说，当代大学生都是"精致的利己主义者"。此话有一定道理，但一个"都"字未免有点武断，以偏概全。在市场经济的大潮下，一切向钱看的观念，确实影响了不少大学生。说此话者可能就是已经老了的我们这一代大学生。有比较才有鉴别，我们那一代大学生当年之所以关心时事政治，关心国家、民族前途命运也是时代造就的。今天的大学生，在祖国民主法治不断完善、经济社会日益繁荣昌盛的条件下，自然缺少了在祖国命运不济时的忧国忧民之心。而今后就业、住房等的现实压力，也迫使一些大学生不得不优先考虑个人的利益和前途。

九、我的"春蚕"岁月

1982 年我大学毕业了，恰逢改革开放的洪流，百废待兴，各行各业都急需人才。父亲当年的顶头上司已调任乐山行署副专员。大学毕业前，父亲带着我去乐山拜访了他，意思很明显，为大学毕业分配找个好的工作多留条后路。副专员原来在眉山师范学校当校长，父亲是他的得力干将，两人关系很好。所以，副专员非常爽快地答应我，如果我愿意回到乐山，他会帮我推荐工作。

回到家以后，父亲继续和我商量毕业找工作的事。父亲认为，如果回到乐山，能得副专员的帮助。不过，如果能留在高校当教师，搞学术，那是最好。我理解父亲的良苦用心，非常赞成父亲的观点。

其实我喜欢教师工作，一开始并非出于对教师职业"春蚕到死丝方尽，蜡炬成灰泪始干"的崇敬，而是因为自己生性好玩，喜欢自由。我父母亲都是教师，每年都有两个多月的寒暑假，在假期中不时带着我们子女上成都，下乐山，去洪雅，到丹棱，四处走亲访友，顺带参观各地风景名胜。父亲常说，读万卷书，还要行万里路。这就是教师职业最大的优势：时间"自由"。古人说，"一寸光阴一寸金，寸金难买寸光阴"，如果把教师的寒暑假光阴换算成金钱，那教师就可以进入富豪榜了，哈哈。

命运之神眷顾我，毕业分配有四个留校名额，我终于以四年总成绩进入前三名获得留校的机会，开始了我人生的"春蚕岁月"。

1. "等米下锅"，走马上任

留校后，我被分到马列教研室教哲学。马列教研室只有二十多位教职员工，要承担全校几千名学生的思想政治理论课，所以师资太缺乏。第一学期就给我安排了中文系、历史系、教育系三个系七八个班的马克思主义哲学课，每周二十多节课。不仅没有新教师听课、进修、培训、备课等准备环节，还把我当"全劳力"来派工。按教研室主任周定滨的话说，这是"等米下锅"，实在没办法。

当时其他院系留校的年轻教师都纷纷考研究生，因为按惯例，只有获得了研究生文凭才能晋升高级职称。鉴于我们马列教研室的特殊情况，学校给予了特殊政策：马列教研室的年轻教师，不需要研究生文凭就可以正常晋升高级职称。就这样我超负荷上了两年课。

2. 考上哲学助教班

1984 年教育部下发文件，在全国一些重点学校开办助教进修班，学制 1.5 年，按两年制的研究生学历发文凭，高校年轻教师只有拿到助教班进修文凭，才可以晋升高级职称。传达文件后，年轻教师都认为这是个取得研究生学历的捷径，纷纷踊跃报名。虽然我们工作很忙，部主任也没办法，同意我报考助教班。当年全国哲学助教班一共有四个，分别在北京大学、复旦大学、吉林大学、西安交通大学。我的小孩刚出生还没满月，为了回家方便，我就近选择了西安交通大学。录取通知书很快下发了，全校二十多人报考，只有我和另外三个年轻教师考上了各种助教班。我承担的哲学课需要找人来顶替，部主任让我去联系。由于我的课时太多，我先后在南充地委党校、西南石油学院、南充师范学院找了三个同学、朋友来帮忙接替我的课程。

西安交通大学是上海交大内迁到西安的，优势专业在理工科。交大社会科学系虽然也有许多名家，但赶不上北大、复旦和吉林大学。学校为了弥补不足，每学期都从全国著名高校、中国社科院聘请一些学术大腕来给我们上课，所以收获满满。西安交通大学办了两个助教班，哲学助教班 20 人，经济学助教班 20人，来自全国各高校。助教班上课采取了老师讲专题、同学们课堂讨论、课后写论文的教学模式。由于助教班同学都是有一定教学经验的，课堂讨论时大家各抒己见，争论也非常激烈。这种形式其实非常好，我们收获非常大。我还将一次课堂讨论的发言写成论文寄给《中国教育报》，并得到发表。在自然辩证法的课堂讨论中，我提出一个新观点：托勒密的"地心说"其实也是一种科学理论，只不过被宗教神学利用，带来了不好的名声而已。宇宙本来没有中心，"日心说"也好，"地心说"也好，都是选择了不同的参考坐标系而形成的不同理论，都能揭示太阳系星球运行规律。差别仅仅是"日心说"理论非常简明，而"地心说"理论太复杂难懂而已。任课的刘教授很认同我的看法，对我的这篇论文作业给了九十多分。后来我把这篇论文投给了某个学术杂志，但遗憾的是没有得到刊用。

助教班毕业以后，我的学术论文突然像雨后春笋般得以发表。1987 年就公开发表了七八篇论文，它们基本上都是我在助教班的作业论文基础上写成的。有一篇论文《一个被误释的辩证法命题》还在中国社科院主办的《哲学动态》上发表，被中国人民大学书报资料中心全文转载，《文摘报》理论版也做了论点摘要介绍。当时我还是个刚评上讲师的年轻教师，能在这样的顶级刊物上发表文章，说明那个时候学术界风气还比较正气、严谨，不讲名气，不讲资历，只讲学术价值，更不收什么"版面费"，甚至还要给作者发稿费。

3. 职称评定，"弯道超车"

1990 年评职称，学校拿出 4 个副教授名额用于年轻教师全校"打擂"，破格提拔，宁缺毋滥。"打擂"有七道"关"，其中一道"关"就是公开发表论文的数量和刊物级别，很多人在这道

"关"被淘汰。我很幸运，发表的论文数量、质量都超过了要求，最后破格评上了副教授。还有两个理科年轻教师也破格评上了副教授，原本的四个破格名额因坚持宁缺毋滥原则而浪费了一个。由于先上了副教授这一班"车"，竞争正教授的百米"起跑线"就比其他年轻教师提前了至少五十米。所以，到 1996 年评职称时，申报正高职称的多为老同志，77、78 级毕业的年轻教师大多任职副教授不到 5 年而被拦在"起跑线"之外。

当时评正高职称必须是省评，即学校初评通过后再上报材料由省上专家组最后评定。省评的科研成果要求较高，是条"硬杠子"，很多老教师辛辛苦苦任教几十年，却因科研成果未达标而功亏一篑。而我很幸运，又顺利评上了正教授。

4. 一不小心成了"万元户"

"万元户"是改革开放初期流行的一个概念，特指那些年收入超过一万元的家庭。

随着 20 世纪 80 年代改革开放的深入，经济搞活了，各行各业的收入也大大增加了。能当上"万元户"，那是人人羡慕的。要知道那个时候无论是党政机关还是企事业人员，凡是体制内捧"铁饭碗"的，月薪大都只有几十元。我大学毕业转正后的月工资只有 52.5 元。那个时候能进入"万元户"行列的通常是体制外的人，如农村的承包大户、城市的个体户、有一技之长的能工巧匠。所以，当时社会上流传着一句调侃："搞原子弹不如卖茶叶蛋，拿手术刀不如拿剃头刀。"尽管有牢骚，但是体制内人员吃惯了"皇粮"，仍然不愿意丢掉铁饭碗辞职"下海"经商。为了稳定"军心"，不少单位给职工谋福利发奖金，各高校、科研单位、国营企业甚至部队也开始办公司、搞创收，一时间兴起了全民经商的热潮。

我们高校搞创收的方式除了办各种各样的公司，主要就是在社会上办学，搞学历教育。学校为调动各系、教研室的办学积极性，出了个创收分成政策，各个系、教研室的办学收入只用给学校上交20%，剩下的全归本单位自行处置。于是，各个系、教研室的积极性都被调动起来了，大家在社会上办各种各样的班。我们马列教研室为适应市场经济需要，也另挂了一块"经济系"的牌子。

经济类专业当时很吃香，不仅各个高校之间竞争很激烈，就是在学校内部，很多院系也都争着办经济类专业。所以我们经济系为了调动每个教职员工的积极性制定了一个内部政策，谁联系办成的班，就从第一年的学费中提取5%作为个人奖励。这个奖励力度还是挺大的，大家的积极性都调动起来了。当年我托南充地委党校的朋友帮忙，借用他们的场地，办起了一个上百人的成教班，得到了几大千元的奖励。那一年，我校内外的课也上得特别多。那时的课时费不算高，南充地区电大、自考班的课时费通常每节课只有三四元，院、系办的成人函授班的课时费高一些，不过也才每节课七八元，但一年下来，得到的课时费也有两三千元，加上我自己的工资、学校和系里的年终奖，当年收入可能上了万元——我其实也没细算过账。谁知分管成教、后勤的邓副院长却帮我算了账，私底下对人讲，经济系的年轻教师上课收入过万元，成了我们学校的"万元户"。消息不胫而走，很多老师碰见我都叫我"万元户",弄得我非常尴尬,也无法一一向他们解释"办班提成"的特殊情况。

5. 抵住炒股诱惑

20世纪80年代末,深圳股市开盘。对于当时的中国人民来说,股票还是一个新鲜事物,人们大都不敢轻易涉足。最初还要动员党员、干部带头买股票,支援经济建设。据媒体报道,河南一个团级军官转业,把转业费一万元买成了股票,以为是为国家建设做贡献,回家后就没有管它了。随着上海股市开盘,最初的炒股者大都赚得盆满钵满,这位军官才想起他买的股票,到交易所一查,一万元原始股已变成了市值近百万元了。很快,上市融资的公司、企业逐渐多起来了,"股民"也愈来愈多,甚至不少居民老太太天天到交易所"炒股"——尽管他们不懂什么曲线理论(我也不懂),但他们却懂"低买高卖"的市场交易原则,所以也成为"炒股"赚钱"专业户"。

炒股大潮逐渐由沿海波及内地,由大城市延伸到中小城市。四川最早上市的应该是绵阳生产电视机的四川长虹电器股份有限公司,而造成最大恶劣影响的则是生产电子管的成都红光实业股份有限公司。

那个时候企业上市之前通常是先给本单位的员工分配一点"原始股"的"福利",待企业获批上市之时,一开盘"原始股"价格就成倍地上升。红光公司尚未获批上市就发放了大量股权证,承诺公司上市后即可换成股票。这对于广大成都人民来说简直是个发财的好机会。

　　当时可没有什么手机、电脑用于炒股，只能到证券交易所买卖股票。社会上自发形成了买卖股的"自由市场"。红庙子街就是当时成都市红极一时的炒股一条街。《中国石油报》成都记者站记者余坪每天上下班都要经过此地，见证了当年曾被经济学界称作"四川股票复兴运动"的场景。据余坪回忆，当时来买卖股票的市民们将红庙子整个街道挤得水泄不通，根本无法通车。很多人在街上摆摊设点，导致旁边的一所技工学校都停办了，将课桌和桌椅全部租给当地股票股权证、企业债券等证券拥有者用来摆摊位。"整条街上人头攒动，卖家把股票股权证还有身份证拿在手里，到处叫卖，股民们蜂拥而至。很多人从街的一头走到另一头时就开始赚钱了，然后再走回去又赚钱了，所以成都的这个红庙子股市当年名气很大，在全世界都是有名的。"

　　很快，炒红光股权证的浪潮波及全省各地市州。南充市涪江路成了炒红光股权证一条街，热闹非凡。我身边的很多同学、朋友、同事都参与了涪江路炒股，有个分配到乐山工作的同学还带着好多红光股权证跑到南充来炒。我虽然对炒股毫无兴趣，但还是忍不住去现场看了看。其场景和余坪记者描述的完全一样，整条街人头攒动，摩肩接踵。有人把一沓沓现金拿在手上边摇晃边吆喝："谁要卖？谁要卖？"有人则把股权证拿在手上吆喝："谁要买？谁要买？"而街边卖小吃的摊贩也在大声吆喝：川北凉粉、红糖锅盔、南充米粉……一些做成生意的人在路边一手交钱一手交货，然后又接着吆喝去做下一单生意。我试着问了一下红光股权证的价格，已从发行时的一千元涨成了三千多元。奇怪的是，当时居然没有小偷，更没有抢劫行为发生。

我的经济学知识仅仅停留在政治经济学上，对股份公司、证券市场这种市场经济融资方式完全不懂。我还在课堂上从哲学角度给学生分析了炒股：炒股尽管使公司股值不断上升，使炒股者腰包不断鼓胀，但实际上并不创造任何物质财富，这说轻一点就是一种投机取巧，说严重一点就是公开的赌博。最后的结果无非就是一场"击鼓传花"的游戏，"花"落谁家谁倒霉。西方资本主义国家因炒股破产跳楼的也并非个别现象。

这种认识在今天看来当然有其片面性，但却是我当年的真实想法，所以我坚决不炒股。当年很多同学、朋友都参与了炒股，吃了午饭后牺牲了午觉，直接去交易所等着开盘炒股，而且很多人都立竿见影、马上赚钱。记得有个同年级的同学曾劝我炒股，悄悄向我透露说他炒股已赚了五万元了。这在当时可算是一笔巨款了，确实很具诱惑力。我不为所动，反过来劝他："我劝你赶快把它卖掉兑现吧，兑现后再也别进股市，这五万元就真的是你的了，要不然它就还是账面上的数字而已，说不定哪天就没了！"没想到一语成谶，过了一段时间后他见到我，无奈地说："老辛，我赚的钱全倒进去了，还被迫'割肉'赔本了。"其实，这种现象在股民中是相当普遍的。

6. 坚持打乒乓球、下围棋

我的业余时间都用在了打乒乓和下围棋这两项爱好上了。对这两项运动可称得上是酷爱，其形成也是时代所造就的。

首先说说打乒乓球。我还在上小学的时候，1961 年庄则栋在第 26 届世界乒乓球锦标赛中第一次为中国队赢得了世界冠军，并且连续三届获得男子单打冠军，为祖国赢得了荣誉，为民族增光添彩。神州大地上刮起了一阵乒乓球热的旋风，乒乓球就此被称为我们的"国球"。受此影响，我从小学时就爱上了打乒乓球，而且成为同龄人中的佼佼者：上中学时成了眉山县代表队主力队员，参加了乐山地区乒乓球比赛；上大学时又成了南充师范学院代表队主力队员，参加了全国大学生运动会；毕业后，每年都获得了南充师范学院男子单打冠军；还获得了南充地区业余比赛亚军；调到西南财大后获得过团体冠军、单打第四名；退休后在温江社区获得过冠军、在海南居住的社区获得过亚军、在上海居住的社区获得过团体冠军、单打第五名。

其次说说下围棋。扑克、象棋都是我从小喜欢的游戏，第一次接触围棋是在我进入剧团以后。在我们剧团的学员中有一个吹黑管的成都知青陈力，他教会了我们下围棋。围棋的复杂程度和趣味性显然远远超过象棋，在我们剧团里兴起了一场小小的围棋热。上大学以后，同学们中会围棋的人太少，我一度中断了下围棋。重新点燃我围棋兴趣的是"棋圣"聂卫平在 20 世纪 80 年代初刮起的那场"聂旋风"。聂卫平和我是同时代人，也是个下乡知青，酷爱围棋，后来被选进中国围棋国家队。当时日本围棋挺厉害，中国、韩国都望尘莫及。1984 年，首届中日围棋擂台赛在东京开战。中国队派出了以聂卫平为主帅的全部主力军，日方也派出了以超一流棋手藤泽秀行为主帅的超豪华阵容。可能基于历史上中日战争的民族情结，这场擂台赛引起了国人的极大关注。比赛开始后，日本队的小林光一展示出了强大的实力，连破中国六将，中国队只剩下聂卫平这个主将。而挡在聂卫平面前的除了小林光一外，还有王座战冠军加藤正夫和名誉棋圣藤泽秀行。中国想要夺得比赛的冠军，似乎已经不可能。然而，聂卫平先是执黑二目半枪挑小林光一，又执黑四目半大胜加藤正夫，直接与日本主帅藤泽秀行对决。最后的决战中，聂卫平又以三目半的优势打败藤泽秀行，第一届中日围棋擂台赛以中国获胜告终。全民为之振奋，爱国热情高涨。接下来在第二届、第三届擂台赛上，聂卫平取得了对日本选手的九连胜，也帮助中国队实现了擂台赛三连胜。到了第四届比赛，聂卫平两连胜后虽意外败给羽根泰正九段，但十一连胜的战绩在十一届的中日围棋擂台赛中仍无人能破，聂卫平也成为一代中国青年人心目中的偶像，并掀起一阵围棋热。

我调到西南财大工作以后，发现系主任也是个围棋迷，我俩棋力差不多，臭味相投，经常约在一起下棋。后来电脑、网络普及了，我就开始在网上下棋，并为之着迷甚至成"瘾"。有时晚上上完课一回家，马上就打开电脑上网下棋，直到深夜。这遭到了家人的批评，我自己也知道不利于健康，但还是忍不住、戒不掉。直到有一次，电脑中了病毒上不了网了。过去电脑一出问题，我就请朋友来帮我修，这次我故意不找人修，就是想戒掉"围棋瘾"。我坚持了好多天，最后迫于备课需要，还是请人修好了电脑。电脑修好以后，"围棋瘾"又随之复发了。

我的围棋水平可不像我的乒乓球有童子功，只能说是半路出家，"棋臭瘾大"。我在网上的最好成绩仅仅冲到过业余一段，而且维持的时间很短暂，刚升到一段，很快就被打回原形。我的一个在职博士研究生也喜欢打乒乓球，还是他们单位的冠军，但始终赢不了我。他的儿子小学时到成都市业余体校学习围棋不到半年，进步很快。有一次这位学生请我去家里做客，饭后我和他儿子下了一盘棋，结果被小朋友杀得落花流水、片甲不留。原来小朋友已经是业余四段了。俗话说，"棋高一着，胜似泰山压顶"，何况小朋友已经高我好几"着"了呢。

无论是小有"成就"的乒乓球，还是进不了一段的围棋，两项爱好我都坚持到了今天，且收获不小：打乒乓球锻炼体力，至今我的体力都很好；下围棋锻炼脑力，至今我还能写作，常在"人民作家"公众号发表散文，离阿尔茨海默症还有十万八千里。两项爱好可谓相得益彰，有利于身心健康。

7. 打破"从一而终"，"改嫁"西南财大

过去，在计划经济时代，参加工作捧的是"铁饭碗"，提倡的是"螺丝钉精神"：党把你拧在哪里，你就要在那里坚持工作直到退休。如果"螺丝钉"都"自由散漫"、随意挪动，那整个机器不就散架了吗？

20 世纪 80 年代改革开放以后，东部沿海经济率先发展起来了，对劳动力的需求逐年增大。农村实行土地承包制以后，大量剩余劳动力也急需找工作。于是，西部地区大量农村人口涌向东部沿海地区打工挣钱，人们把这种现象调侃为"孔雀东南飞"。但城市里的"孔雀"（高素质劳动者）却被"铁饭碗"体制和"旱涝保收"的观念所束缚，不能或者不愿"东南飞"。

随着劳动人事部停薪留职政策的发布，特别是邓小平南方谈话以后，我国经济体制改革的目标被确立为建立社会主义市场经

济体制，相当数量的"孔雀"开始展翅东南飞。我的一个大学同学辞去系副主任的职务下海经商，很快就取得成功，率先富起来了。还有一些留校的同学则跳槽到了东部一些条件好、收入高的大学。

我比较传统的知足常乐和知恩图报的价值取向，使我抵制了跳槽的诱惑，坚持待在母校工作。其实，早在 1985 年助教班毕业前，我就有很好的跳槽机遇。当时班上有个云南大学的同学（后来任职云南省社科院院长）对我讲，系主任让他在班上物色一个同学跳槽到云南大学去，如果我愿意，他就回去给系主任汇报。如果我不愿意，就别声张，其他人他都看不上。他还向我介绍了去云南大学政治系的优厚待遇，其中有两条待遇记忆犹新：

一是系上每个教职工都可以报销一台 18 英寸的大彩电。这在 20 世纪 80 年代可是老百姓梦寐以求的时髦大件啊！不仅价格昂贵，还不好买。那个时候老百姓家里能有一台小尺寸的黑白电视机就很不错了，不少家庭还使用过"放大屏"来放大画面。我家的电视也使用过这种放大屏，从正面看还可以，画面放大了不少，但稍微偏一点角度，人物就变形了。

二是云南大学政治系在全省办了很多成教班，而云南大学是云南省"首府"的大学，所以生源也特别好，给成教班上课的课时费是每节课 30 元。而当时我们马列教研室成教班的课时费只有每节课 7 元钱。

仅这两条就令人心动。然而，一想到母校师资力量这么缺乏，我来助教班学习，都还外聘了三个教师帮我代课，毕业后马上就提出调工作有点说不过去，恐怕学校也不会同意。而且当时我的孩子还很小，举家搬迁也很困难。所以，我对云南大学的同学讲，能不能缓一缓，过两年再说。

谁知这一缓就缓了十多年。到了 20 世纪 90 年代，母校留校的 77、78 级同学大部分都跳槽了。1996 年，我最要好的两个留校同学都先后跳槽了，涂同学跳槽到西南财大外语学院，游同学跳槽到四川师范大学教育心理系。那个时候似乎形成了一种偏见：不跳槽，说明你没有本事，没有单位接收你。在当家 "领导" 的督促下，我利用到云南省景洪市参加一个学术会议的机会，专程去云南大学拜访了我的助教班同学，并向他提出了想跳槽的意愿。我问他："当年你的邀请还有效吗？"并把事先准备好的个人简历递给了他。他翻阅了一下说："我看问题不大，不过我现在在党委宣传部工作，我带你去见见政治系系主任。"随即我们就去拜访了政治系系主任。系主任很热情，听了我的介绍后，认真看了我的简历，然后对我讲："非常欢迎你能到我们系来工作！不过，商调函要等到年底学校给我们下指标后才能发出。"

辞别系主任后，我向云南大学同学提出请他陪我去云南师范大学拜访一下助教班另一个陈同学。电话联系后，我们当即去了云南大学对门的云南师范大学。陈同学已经是云南师范大学马列教研室主任了，久别重逢，大家分外高兴。寒暄之后，我直奔主题：云南大学没有地理系，我老婆是西南师范大学地理系 78 级毕业的，你们云南师范大学有地理系，能否帮我联系一下调动之事。陈同学马上拿起电话给地理系系主任打了过去，介绍了我老婆的基本情况。真是无巧不成书，地理系系主任居然是老婆的大学同班同学，当即表示没有问题，热烈欢迎。因为云南师范大学地理系刚筹建不久，也特缺师资。

没想到"跳槽"会如此顺利！从云南开会回来后，我到西南财大拜访我的好朋友涂同学，给他带去他在南充师范大学订的外语杂志。得知我准备调往云南大学以后，涂同学劝我："何必离乡背井，舍近求远！你不妨联系成都的高校试试。就从西南财大开始，不行就联系旁边的四川省委党校，然后再联系其他高校。"我说云南大学都已联系好了，该校不仅是教育部重点大学，收入待遇挺不错，而且校园环境还很好。涂同学告诫我，退休以后，我的亲友大多在四川，我在云南会倍感寂寞的。我一想，觉得此话确实有道理。第二天他就带我去了西南财大人事处处长办公室。

处长认真看完我的简历后直接就开始跟我谈调入西南财经大学以后的基本待遇："住房，我可以保证给你分一套四室一厅的教授楼，四室两厅的新教授楼还未完工，完工后需要排队按积分顺序分配；你老婆按总行（西南财大当时隶属于中国人民银行）的规定不能进学校，但由学校帮忙联系合作单位解决工作；你孩子的上学问题由学校来联系解决；你一家三口的进城指标（当时成都市的进城户口每个指标是三万元）也由学校来解决。"人事处处长还问我："辜老师，你还有什么要求吗？尽管提出来。我们引进人才就是要解决他的一切后顾之忧，这样他才能安心工作。"

我一听条件相当不错，尤其是住房，比我在母校三室一厅的住房还好。我向人事处处长表示："谢谢！谢谢！条件很好了，没什么要求了。"我刚走出办公室时突然又折回去，对处长说："处长，我能不能够提一个要求？""你尽管讲吧！""西南财大能不能够尽快给我校发商调函？""可以。我马上给政治系联系一下，你下午过来开吧!"这也太爽快了吧，还没联系好就答应我开商调函，万一政治系不同意或学校不同意怎么办？事后我才知道，西南财大改革力度挺大，凡是引进正高职称的人才，人事处处长可以自己做主决定，只有引进副高职称的人才才需要上校委会讨论。回到朋友家后，人事处处长又打来一个电话，让我下午上班时间先去政治系开个座谈会，与政治系的领导、部分老教授见见面。

下午的座谈会无疑是政治系的考察会：人事处以闲谈交流的形式了解一下我的阅历和学术水平。座谈会结束之后，我就去人事处向人事处处长汇报。可能政治系领导已经向处长汇报了座谈会的情况，处长并没有听我的汇报，而是直接交给我一张给南充师范学院的人事商调函。拿到商调函，我心情非常激动，这也太顺利了吧，不到一天就完成了其他学校需要一年半载的人事调动程序。当天晚上我就去新南门汽车站乘夜班车回到了学校。第二天清晨回到家，我也来不及补觉，一到上班时间就去了人事处，上交了我的商调函。

俗话说"好事多磨"，可能因为联系调入太顺利了，老天爷非要在调出问题上折磨我。商调函上交以后，立即在全校引起了轰动："刚评上教授就要闹调动，太不感恩了吧？"各种流言蜚语不绝于耳。学校还紧急制定了一个《年轻教师服务年限及"跳槽"经济赔偿的文件（草案）》让全校各单位讨论通过。按学校文件，我要赔偿学校"培养费"数万元。这个天价赔偿的目的明显就是不让我离开。当时还有一个中文系的副教授和我一起调动，我俩结成"同盟军"和学校党委书记兼校长的一把手领导展开了"持久战"。

刚开始，最高领导想"软化"我们。一天，通知我俩到他办公室去谈谈心。我俩到后，这位领导热情地招呼我们坐下，把他准备的一个西瓜拿出来切好摆盘请我俩吃。然后劝我俩体谅学校的苦衷，如果年轻老师都跑了，学校怎么发展？我对领导讲："我已经在学校工作十多年，整个青春都献给学校了，错过这个机会，等年龄大了，今后再难调动了。也请学校体谅一下。""你们要向那些老教授学习嘛。你看×××教授，大学毕业后一直工作到退休，而且孩子接班后继续在学校工作，这叫献了青春献终生，献了终生献子孙……"最高领导一番苦口婆心的劝告，无异于"瞎子点灯白费蜡"，我俩去意已定。

"软"的不行就来"硬"的了：最高领导再也不接见我们了，"天价赔偿"也一分钱不少，没有讨价还价的余地。很快，暑假到了，事情没有一点进展。我是铁了心要去西南财大，就让老婆、孩子先去西南财大住在朋友家，我留守学校继续打"持久战"。

领导不见我们，我们就每天中午坐在他家门口的楼梯上等，领导总要回来吃饭，然后我们就跟进去，展开"有理、有利、有节"的斗争。这种"泡蘑菇"的战术还挺有效，领导被"泡"得实在不耐烦了："你们实在要走，那就去人事处把罚款交了！"

煎熬的日子真可谓"明日复明日，明日何其多"。眼看快开学了，一天，突然接到副院长的电话，让我去人事处。我急忙来到副院长办公室，他对我讲："我们研究后决定经济赔偿减半执行，你去财务处交钱后再来办手续，寄人事档案。"我如释重负，转身离开，马上去银行把所有存款取出来，还向朋友借了一点钱才凑够罚款。办完调动手续，就开始收拾搬家，"改嫁"西南财经大学。

8. "堤外损失堤内补"

大概九月下旬，我随搬家的货车来到西南财大安置好了新家。儿子早已经在一个大学同学的帮助下在她任教的九中上学了。老婆的工作也很快联系到了四川省广播电视大学。我错过了政治系教学任务的安排，基本上无事可做。由于"经济赔偿"清空了我的小金库，我必须赶快弥补，以备不时之需。

有在四川省自修大学工作的同学介绍我去城北中学自修点上课，课时费每节课二十元，问我愿不愿意。这可真是雪中送炭，我一口应承下来。要知道我在南充时给自修大学上课，每节课只有三元钱，看来省城的待遇是不错，一下提高了七倍。西南财大地处城西光华村，去城北中学上课，坐公交转车也挺麻烦的，还不能保证准点，这可是教师的大忌。只有骑自行车才能准确操控时间，保证不迟到。从城西骑到城北，大约一个小时，我从未迟到过。

我在城北中学自修点上了两个学期的课，由于西南财大的课也多起来了，西南财大的课时费也是每节课二十元，不必舍近求远，所以想推掉自修大学的课。自修点的负责人想留住我，私下对我讲，由于我上课的班自考过关率达到百分之七八十，他要把我的课时费从下学期开始提高到每节课四十元！中国知识分子自古就有"士为知己者死"的传统，何况还有报酬翻倍的诱惑，所以我又在城北中学自修点坚持上了两个学期课，后因学校的课实在太多才推掉了。

　　除了给自修大学上课外，我偶尔还有机会应邀去一些高校、企业搞点儿学术讲座。到成都后，我第一次给某企业作企业文化的讲座，两个多小时，企业给我的报酬是五百元，还真有点小激动。要知道我在南充时搞学术讲座，报酬通常是每次一百元。

　　顺便讲一点题外话，可能对今天的孩子教育有点启发。

　　记得那天吃晚饭时，我以此事对贪玩好耍的儿子进行励志教育：老爸今天去×企业搞了个讲座，半天就挣了五百元，相当于你大伯一个月的工资，相当于你大姑差不多一年的"工资"（大姑从眉山的工厂下岗后每月仅领五十元生活费），原因就是你大伯、大姑都没上过大学，这就叫"书中自有黄金屋"。如果按你大伯的收入标准，老爸工作半天就可以耍一个月；按你大姑的标准，老爸就可以耍一年。所以你现在要好好读书，不要贪玩好耍。现在少耍"一点"，多读书，考上好大学，将来工作后就可以多耍"十点""百点"。

　　我不惜以损害长辈"尊严"的方式来对孩子做这样的对比教育，自以为很生动、很有说服力。谁知孩子不耐烦地回了我一句："大人有大人的耍法，娃儿有娃儿的耍法。"看似"文不对题"的一句话，却一下触动了我，太有哲理了：孩子的兴趣和成人的兴趣是无法等量换算的，人生的每一个阶段都应该有相应的兴趣和快乐，怎么能为了将来成年后的快乐而"牺牲"当下童年的快乐呢？我马上肯定了儿子的说法有一定道理，符合辩证法。但我也趁机借坡下驴教育儿子："辩证法讲两极相通，相互转化。你也不能只顾今天的快乐而'牺牲'将来的快乐啊！如果现在只知道贪玩好耍，不好好学习，考不好大学，将来你就可能失去很多的快乐。"儿子又回了一句："我当然要考上大学，而且要考上重点大学。""好！有你这句话，老爸就放心了，希望你不要食言。"

自此以后，我就很少再对孩子做唠唠叨叨的教育，也不做什么"北大""清华"的目标设置。孩子自觉设置的目标，他就会自觉去奋斗，大人说多了，反倒容易引起孩子的逆反心理。几年后，事实也证明，孩子虽然没考上北大、清华这样的一流学校，但也考上了北方一个"211"重点大学，本科毕业后又考上了纽约大学攻读研究生，实现了他的诺言。

到西南财大工作没几年，2001年学校组织代表团访问俄罗斯圣彼得堡国立财经大学。代表团一共五人，到俄罗斯做了十五天的访问，游览了莫斯科和圣彼得堡两大城市的名胜古迹、自然风光，还参观了列宁的遗体。事后我想：我就是一个初来乍到的普通教师，为什么会把我选入访俄代表团？可能是学校知道我为调入西南财经大学而放弃了去美国访问的机会而给我的一种"补偿"吧。真可谓"堤外损失堤内补"，得来全不费工夫。

9. 知恩图报再努力，教学、科研两不误

西南财大把我作为"人才"引进，我自知有愧：所谓"人才"，只不过是我在77、78级同学中率先评上了教授而已。但古人说得好，"滴水之恩，必当涌泉相报"，虽然我没有"涌泉"之才，但却能尽"绵薄之力"。

通常，在职称评到教授以后，大都会有"船到码头车到站"的轻松感，失去了奋斗目标。然而，为了报答西南财大对我的知

遇之恩，我仍不敢松懈，继续在教学和科研上尽我的绵薄之力。

首先，在教学上，我承担了繁重的教学任务。由于思想政治课属于各个院、系必开的公共课，所以各高校的思想政治课大都任务繁重，师资紧张。来到西南财大以后，我先后承担了本科生、硕士生、博士生以及函授生等不同层次的各种思想政治课程和政治系的专业课程，任务相当繁重。我每年教学工作量基本上都达到了一千学时以上，是全校仅有的几个"千学时教师"之一。

调入西南财大不久，邓小平理论正式成为全国高校新增设的思想政治理论课。系主任让我辞掉哲学教研室主任职务，组建邓小平理论教研室。虽然我很不愿意丢掉自己的哲学专业，但作为引进人才，也不好意思执意推辞。由于这是一门新课，愿意加入的教师不多，我只招募到三个女教师，加上我一共四个人，成立了邓小平理论教研室，同事们都调侃我享受的是"三陪"。由于邓小平理论课学分高、课时多，后来教研室又陆续引进了几个硕士生和博士生，成为学院人数最多的教研室。

在思想政治课普遍不受学生重视的情况下，如何把邓小平理论概论开成一门受学生欢迎的思想政治课，我绞尽脑汁，想了很多办法。

第一，提高教师的理论水平。俗话说，"打铁还需自身硬""要给学生一碗水，自己必须有一桶水"。只有通过"深入"研究，提高教师的理论水平，才能"浅出"让学生领悟邓小平思想的精髓。为此，我牵头组织教研室老师积极申报课题，集体研究，分工合作，先后出版了几部邓小平理论、"三个代表"重要思想研究的专著，大大提高了教师的理论水平，使教研室成为学院集体科研成果最多的教研室。

第二，改革创新教学形式。传统教学形式都是按照大纲要求，照本宣科，面面俱到。这种教学形式难免蜻蜓点水、浅尝辄止。理论是抽象的、枯燥的，如何才能抓住学生，激发学生对理论的兴趣？这是一个老大难问题。其实，马克思早就注意到了这个问题，他说："理论一经掌握群众，就会变成物质的力量。"但如何才能让群众掌握抽象的理论呢？马克思认为："理论只要能说服人，就能掌握群众；而理论只要彻底，就能说服人。所谓彻底，就是抓住事物的本质。"理论灌输必须彻底，必须深入，必须抓住事物的本质。所以我把照本宣科、面面俱到的"满堂灌"教学形式改为专题讲授+课堂讨论+社会调研+情景教育+一页纸开卷考试的形式。

专题讲授：把邓小平理论中最核心、最精要的思想结合中国特色社会主义建设的历史与现实、做专题讲授，弄清理论的来龙去脉、精神实质、指导意义。

课堂讨论：把一些社会热点、焦点、难点的话题作为课堂讨论的题目，由师生共同探讨。每个小组负责一个题目的研究，派代表在课堂上展示小组的研究成果，然后全班同学提问、商榷，最后给小组同学打出优、良、中、差等级分。老师也参与讨论和最终总结评定。

社会调研：每个小组利用业余时间完成一个社会调研项目，题目自选，写出调研报告，作为平时成绩。

情景教育：央视《重走长征路》节目的社会反响强烈，很多年轻人深受教育。我以教改课题立项，向学校申请到了经费，每学期组织部分学生（在每个班没有迟到、旷课记录的同学中随机抽出 20% 的代表）到校外考察，做情景教育，然后向全班同学汇报体验、感想。我利用学生、朋友的关系先后建立了邓小平故居、建川博物馆、成飞集团公司等实习基地，极大地提高了同学们的学习积极性。

一页纸开卷考试：传统的闭卷考试让学生苦不堪言，往往是今天背，明天考，后天忘。个别学生怕挂科，在考试时还夹带小抄作弊，被监考老师发现以后受处分很严重，有些还被勒令退学。我也是从这样的考试模式中走过来的，深知其弊端，所以就把考试形式改为一页纸开卷考试，即把"夹带"合法化：学生考试可以带一张 A4 打印纸，把自己通过复习后自认为最重要的东西写在上面带进考场。我认为，这种一页纸开卷考试的形式最符合邓小平的精神。邓小平曾公开讲过"学马列要精，要管用"。老一辈的共产党人大都通过一本《共产党宣言》接受了马克思主义的思想，至于大部头的、全面的理论研究，那是专家学者的事。现在对学生也应该这样，通过学习总结，把一本厚厚的邓小平理论抽取其精髓，变成"一页纸"，这就是"要精"；能否通过考试并获得好成绩，这就是"管用"。事实证明，这种一页纸开卷考试的形式非常受学生欢迎，而且达到了促进学生认真学习邓小平理论的目的。

通过以上形式的改革，邓小平理论概论课在每学期教务处组织的学生评教中都名列前茅，超过了很多专业课程的评教得分。很快，我们这门课被评为"四川省精品课程"。学校督导组多次来检查听课，并利用课余时间在学生中做调研，同学们的反响都很好。督导组组长艾孙麟事后对我讲："我看你们这门课不应该只停留在省精品课程上，还应该争取评上国家精品课程。"

其次，在科研上，这里略举一个小例子：20 世纪 80 年代举办的全国性学术会议是有名额限制的。我当时对一个在广州举办的历史哲学的国际学术会议很有兴趣，但国内正式代表名额只有四十名，需要提交论文题目和纲要并审批通过才行。我当时只是个年轻讲师，抱着试一试的态度提交了论文题目和纲要，没想到竟获得了参会的通知。我喜出望外，拿着会议通知找到系主任批出差经费。谁知系主任说，我们的出差经费早用完了，让我去找学校试试。我又立马去找了学校领导，特别强调获得这次会议代表名额的不容易。但最终因经费问题，这个难得的机会就这样丧失了。

我来到西南财大以后不久，对一个在日本举办的"中日经济差距与社会公平正义研究"的学术会议很感兴趣，又试着写了论文提交大会筹备组，获得了参会通知。去日本开会，开销肯定很大，我又初来乍到，不知道能不能够获得批准。我找到系主任审批，系主任说出国开会的经费由外事部门负责审批。我又怀着忐忑不安的心情来到外办，外办同志告诉我要去找副校长审批签字。我又来到副校长办公室，小心翼翼地递上会议通知，说明来意。副校长看了会议通知后很爽快地说："好事啊，你们政治系还没有人参加过国际性的学术会议呢！"然后提笔就在通知书上签了字，并交代我去找外办帮我办理出国护照和购买机票，找财务处借出差经费。本以为山重水复，困难重重，没想到得来全不费工夫。

这次会议在日本东京、大阪、京都、名古屋四个大城市轮流召开，中国有五十多名学者参加。这是我第一次出国，在大会上做了发言并回答了现场提问。这次出国不仅让我饱览了日本风光、乘坐了邓小平当年赞不绝口的新干线高速列车，参观了丰田现代化的流水生产线，还让我开阔了学术视野，结交了不少学术界朋友，为日后的科研储备了不少资源。

通常，高校教师在评上了正高职称以后，在科研上就失去了"熬更守夜"的动力。但作为引进人才的我却不好意思"马放南山，刀枪入库"，尽管教学任务十分繁重，我仍然挤出时间搞科研。

首先是把我在南充师范学院尚未完成的一个题目《周公评传》写完。周公是中国历史上第一个杰出的大思想家、大政治家，连孔子都十分崇拜他，不时"梦见周公"，并为恢复周公之礼鞠躬尽瘁、死而后已。然而历史上对周公的研究成果却非常少，至今没有一部研究周公的专著问世。究其原因，可能是关于周公的历史资料很缺乏，仅有一部据说是由孔子编撰、后人增补的《尚书》可信度较高。我原本对周公并无研究，之所以要写一部周公的专著，是受一个大学历史系同学舒大刚拜托。舒同学时任川大古籍研究所所长，要完成一个中国大思想家丛书的课题，由于找不到人写周公，便打电话请我一定帮他这个忙。朋友重托，我再三推辞也没推掉，只好"赶鸭子上架"。接受任务后才猛然发现，研究周公的第一手资料太少，研究难度太大。为减轻负担，我邀请了西南石油学院一个年轻教师李学林和我一起来完成《周公评传》的撰写。断断续续拖了好几年也没完成。调到西南财大以后，我又重新拾起任务，挑灯奋战，终于把这本专著完成了，还得到王校长专项资金一万元的出版资助。《周公评传》出版以后，中山大学著名学者李宗桂教授在《孔子研究》上给我写了书评，上海《新民晚报》专版给予了报道，还荣获了"四川省社会科学成果三等奖"。

来西南财大以后我一直坚持每年发表几篇学术论文，加上原来发表的，在《哲学动态》《人文杂志》《江汉论坛》《马克思主义与现实》《社会科学研究》《河北大学学报》《四川大学学报》《天府新论》《北京师范大学学报》等二十多家学术刊物上共发表了一百二十多篇论文。期间我发表的一篇 A 级论文还得到学校两万元的重奖。我的科研成果为我院评上马克思主义博士学位点做出了贡献，并为我评上博士生导师创造了必要条件。

10. 爱生如子，情谊永存

来到西南财大以后，我开始带研究生。俗话说，"一日为师，终身为父"。此话我深有感悟，并身体力行。从我带的第一个研究生李西源到最后两个关门弟子叶长安、张建东，所有学生我都视为自己的孩子一样，从学业到就业，无不关心。

首先，在学生学业上，我作为导师，不仅在传道、授业、解惑上不遗余力，还使尽浑身解数，帮助我的学生顺利毕业，获得学历、学位证书。

通常情况下，硕士研究生都能顺利毕业，而博士研究生则不然。学校对博士生要求非常高，在读期间必须要发表两篇 C 刊论文才有参加毕业论文答辩的资格。众所周知，即使是教授，要想在 C 刊上发表论文也是非常不容易的，何况是一个在读研究生。这个要求甚至超过了北大、清华等一流大学。因此没有拿到博士学位证、学历证的大有人在。好在西南财大的要求有一定的缓冲余地：博士研究生作为第二作者和自己的导师合作发表的 C 刊论文也可以算数。为此，我可谓千方百计，呕心沥血，亲自操刀，终于让我带的博士研究生一个不落，全都达到学校要求，取得了毕业论文答辩的资格。

博士论文能否做好，我的体会是选题最重要，而选题恰恰是最难的：选题不能贪"大"求"洋"，必须切合学生的理论水平，否则学生做不出来；选题还必须有创新，这是评价博士论文是否达到要求的一个很重要的指标；选题最好结合实际，不要做纯理论的研究。纯理论的研究通常是专家、学者的事，研究生还达不到那个水平。

帮助学生选好题目，是导师的最重要职责。题目没选好，学生会事倍功半，甚至离目标越来越远。题目选好了，学生就会事半功倍，得心应手。这里仅以我年龄最小的弟子的选题为例，谈谈我的心得体会，可能会对今后的研究生如何选好题有一定帮助。

张建东是年龄最小的博士生，我的关门弟子。他没参加过社会工作，缺少社会阅历。如何为他选好题，我也煞费苦心。一个偶然的机会让问题有了转机。

一天，我接到通知，让我参加成都市成华区一个国家人社部关于社区治理试点项目的验收。在参观验收过程中，我突然发现成华区社区治理当中也蕴含着思想政治教育的内容，只是缺少提炼而已。回校后，我对建东提出建议：能否暑假期间不回家，到成华区去考察他们的社区治理工作，并在此基础上形成自己的博士论文选题。虽然建东对社区治理非常陌生，也没什么兴趣，但建东很听话，同意了。我马上就和成华区领导以及省人社厅领导联系，提出了我的想法。没想到他们都非常高兴，大力支持，说他们正愁没有人对试点项目做理论提升。于是，双方一拍即合。

建东在暑假期间从城西到城东不知跑了多少遍，掌握了社区治理的大量第一手材料，并逐渐找到了"感觉"。开学后，我和建东经过反复讨论，终于确立了他的博士论文选题：社会治理精细化导向下城市社区思想政治教育创新研究。在做论文开题报告过程中，建东告诉我，在网络上，在博士、硕士学位论文库中几乎找不到同类选题研究成果，只能找到零星几篇相似的研究生毕业论文，所以，开题报告的材料综述很难搞。我鼓励建东：这不正好证明了你的选题的创新性、开拓性吗？你把这个选题做好，今后就成为该领域的开拓者了，评审专家和答辩专家并不熟悉社区治理，所以也不可能"挑刺"为难你。建东也豁然开朗，坚定了信心，并经过"凤凰涅槃"的艰辛，最终顺利通过了毕业论文评审和答辩，获得博士学位。

其次，在学生的就业问题上，我也不遗余力地帮助他们，先后推荐了几个弟子到四川农业大学、成都师范学院、西南民族大学、四川省广播电视大学、四川职业技术学院、西南石油大学等高校工作，而且他们都成了单位的工作骨干。我为弟子们取得的成绩而由衷地高兴和自豪。

李骏是我的硕士研究生，他本科学的是会计专业，听了我上的思想政治课后对马克思主义理论产生了极大的兴趣，并决心要报考我的研究生。我以为他是心血来潮，并没有在意。谁知大三时他真的报考了马克思主义学院的研究生，成了我的弟子。李骏特别刻苦好学，恶补了马克思主义的基本理论知识，顺利毕业，但就业却成了一个问题。会计专业是西南财大最热门、最好就业的专业，平均工资也远高于其他专业。李骏同学放弃了会计专业转而攻读马克思主义理论，让我十分感动，也为他的就业困难感到有点"内疚"，所以通过夫人把李骏同学介绍到了四川广播电视大学图书馆工作，他现在在自贡职业技术学院图书馆任馆长兼学院宣传部部长。

除了少数先前毕业的弟子因还没普及手机而失联外，多数弟子都还和我保持着联系，并及时汇报各自的工作状况。

张莉是我的硕士、博士双料弟子，我推荐她去了西南石油大学工作，为了让她安心工作，我还推荐了她爱人到成飞集团工作。张莉同学也不负师望，在工作中兢兢业业，深受领导和同事们的喜欢、学生的爱戴，不仅晋升了副教授，任职马克思主义学院副院长，还获得了教育部"全国青年教师讲课比赛特等奖"，应邀去各地高校演讲。她现在在武汉大学完成博士后学业。

与我的第一个女博士
毕业授位摄影留念

李刚不仅是我的在职博士弟子，还是我的乒乓球友，他曾因故几度打算放弃学业，又被我多次苦口婆心劝解，终于坚持下来，并在第八个年头完成了学业，获得了博士学位证书。李刚不仅在四川省委党校评上了教授，还任职马克思主义学院（常务）副院长、四川省党的二十大精神宣讲团成员。

柯健是我的博士开门弟子，现任广东警官学院马克思主义学院副院长、副教授，被列入广东省高等学校优秀青年教师培养计划。他近年主持完成了国家社会科学基金项目、广东省哲学社会科学规划项目等各级课题近十项；先后荣立个人三等功一次、个人嘉奖两次；2021年被公安部授予"全国公安优秀教师"称号。

钱国君博士研究生毕业后，我先推荐他去了成都师范学院，后又推荐他去了西南民族大学。他现任西南民族大学马克思主义学院副教授、硕士生导师，主持省部级多项课题，科研成果还获得四川省社会科学优秀成果三等奖一项、成都市社会科学优秀成果二等奖一项、四川省统战理论研究优秀成果二等奖一项，还获得学校"学生心中的好老师"荣誉称号。

曾朝夕原在四川省教育厅思想政治处工作，直接领导我们。后来成了我的硕士、博士双料弟子。研究生毕业后，他先后在西南财经大学宣传统战部、组织人事部、纪检监察办公室工作，现任继续（网络）教育学院院长，兼任马克思主义学院硕士生导师。2013 年晋升教授，先后在《思想理论教育导刊》《中国高等教育》等学术刊物发表多篇学术论文，参与教育部、四川省委宣传部、四川省教育厅多项重大课题研究，参与《全球化与中国共产党执政能力建设研究》《大学生日常思想政治教育实效性研究》等专著的撰写。

张建东 2019 年博士研究生毕业后由于家庭原因主动放弃了留校任职的机会，被宁夏大学作为人才引进，现已晋升为副教授、硕士生导师。任职以来主持在研国家社科基金青年课题一项，主持完成省级课题一项，荣获校级青年教师教学竞赛二等奖，入选宁夏回族自治区哲学社会科学青年托举人才工程，2021 年荣获宁夏大学优秀共产党员称号。

叶长安博士毕业后于 2021 年 5 月以人才引进的方式调入重庆邮电大学马克思主义学院工作。毕业以来，已出版专著两部，发表论文多篇，代表重庆邮电大学参加重庆市教育系统举行的学习强国·党史知识竞赛，获重庆市教育工委、重庆市教委颁发的二等奖。2021 年被学校遴选为硕士研究生导师。

王军 2008 年硕士研究生毕业后于 2018 年晋升教授、硕士生导师，历任成都中医药大学学生处处长（招生就业处处长），药学院党委书记，学校党委常委、组织部部长、统战部部长，2022 年 10 月担任四川省纪委监委驻成都医学院纪检监察组组长，成都医学院党委副书记、纪委书记。

李西源是我到西南财大后的硕士开门弟子，毕业后我推荐他去了西南农业大学工作。他后来又考回西南财大攻读王朝明教授的经济学博士。现已评为副教授、硕士研究生导师。从事马克思主义理论与现实研究和思想政治理论课教学工作，主持主研省、校级课题十余项，独立与合作出版专著三部，公开发表学术论文二十余篇。

杨敏是我的在职研究生，现为四川华新现代职业学院副教授、医护康养学院党支部书记，国家三级心理咨询师。曾获四川省三八红旗手、四川省教育厅思想政治教育先进个人、四川省高校优秀共产党员。先后主持并完成四川省教育厅科研项目两项，校级课题两项，参编教材三部，参著专著一部，发表论文十六篇（核心期刊三篇）。研究成果荣获共青团中央、全国学联秘书处全国共青团优秀研究成果特等奖，四川省民办教育优秀论文三等奖，四川省教育厅四川省第八届大学生艺术节论文三等奖。

冯维东研究生毕业后在成都树德实验中学光华校区任政治教研组组长，为正高级教师，四川省特级教师，四川省中小学德育先进个人，2022 年"四川学校思政课教师年度人物"，四川省教育学会思想政治教学专业委员会副理事长；兼任西南民族大学、四川师范大学马克思主义学院硕士研究生导师，为成都市政治中心组成员。

宋淑梅在硕士研究生毕业后，仍锐意进取，虽两次报考博士失败，仍"咬定青山不放松"，终于在 2021 年考上了四川大学马克思主义原理专业博士生。主要研究方向为马克思主义中国化史。曾先后参与国家社科基金一般项目、国家社科基金西部项目等多个课题，曾先后主持绵阳市社科联规划项目、四川省民办教育协会课题多项，发表了多篇论文。

杨伟男硕士研究生毕业后在金融系统工作，现任中国工商银行简阳支行行长，带领简阳支行实现 2022 年拨备前利润 23 929 万元，实现中间业务收入 8 746 万元、各项存款时点余额 65.53 亿元、各项贷款余额 52.55 亿元，荣获简阳市 2022 年建设"五个新简阳"先进集体荣誉称号。

汪治宇硕士生毕业后先后就职多个职业技术学院，现在成都体育学院马克思主义学院任教。主要研究方向为马克思主义中国化历史进程与规律研究、中国文化建设研究等。主持厅局级科研项目三项，申请国家专利、软件著作权两项，公开发表学术论文二十余篇。

文婷婷硕士研究生毕业后又考取了中国社科院博士研究生。现在西南石油大学马克思主义学院任副教授、硕士生导师、研究生教研室主任。兼任四川省思想道德与法治课程协会副秘书长，四川省第一批高校创新创业知识产权导师。主持教育部课题一项，省厅级课题三项，市县级横向课题三项；参与国家级教学团队课题一项、省级教学和科研团队课题八项；主讲课程曾入选中国教育部思想政治课"精彩一课"，获四川省思想政治课"精彩一课"比赛一等奖、校级"优秀青年教师""最受学生欢迎的教师""教学标兵"等称号；多次受邀为校内外师生、国家机关及事业单位开展党的十九大宣讲、职业发展、教育咨询等主题讲座和宣讲服务工作。

张星硕士研究生毕业后回家乡山西工作。现任山西省永济市直工委四级主任科员，负责人事、财务、纪检、党务等工作。在工作中立场坚定，作风正派，贯彻执行党的路线方针政策，在原则问题上旗帜鲜明。爱岗敬业，乐于奉献，坚持学习最新理论知识，认真负责，踏实肯干。廉洁自律，自觉抵制不正之风和腐败现象的侵蚀，坚持崇高理想信念，不忘初心。

弟子们在各行各业取得的不菲成就，是愚师最大的欣慰。

2014 年我退休后，学生弟子们建了一个"辜门学子"微信群，经常保持联系。弟子们每年都要从各地赶来为我庆祝生日，我很欣慰，也很过意不去。虽然我一再推托，但弟子们却坚持要把我的生日作为一个同窗欢聚的理由，我也只好作罢。学生们或带着夫人，或带着老公，有的还带着孩子，举家前来欢聚，其乐融融。我真的是体验到了"一日为师，终身为父"的幸福。

十、我的"候鸟"生活

退休以后，我只负责带完自己的硕士生、博士生，不再承担本科生和研究生课程。这样我就真正实现了时间自由，并开启了晚年的"候鸟"生活。

"候鸟"迁徙受气候变化影响仅在南北之间进行。我的"候鸟"生活分两条线：一条线路也是受气候变化在南北之间"迁徙"，另一条路线则是根据亲情需要在东西之间进行。

夫人怕冷，每到深秋来临就手脚冰凉，更不用说寒冬腊月了。所以早在退休之前我们就到海南儋州买了一套"越冬房"。夫人55岁退休后，每年11月份就只身飞往海南过冬。而我还要给公共管理学院 MPA 研究生上课，通常只能在放寒假时飞往海南。

在海南购房也是很有讲究的。夫人是地理专业的，曾跟随老师到海南实习过，对海南地理和气候比较了解。总体上说，海南的气候是南热北凉、东潮西旱。三亚是最南端，纬度很低，属热带气候，即使是冬季，气温也大多数在30度以上。海口在最北边，冬季气温偏凉，当然不算冷。文昌在海南东海岸，直面太平洋，受太平洋季风、台风影响，所以非常潮湿。儋州在海南西海岸，由于与东海岸隔了一道屏障五指山脉，太平洋季风带向陆地的雨水都降在了东边，所以比较干旱。

了解了海南的气候特点，你就知道了该在哪里买房过冬。东线、南线雨水充足，植被好，海岸线惊涛拍岸，所以都是观光旅游热线，但太潮湿，常遭台风袭击，不宜长时间居住。北线海口是省会城市，生活基础设施比较齐全，但冬天略嫌凉了一点。南线三亚也是旅游热点，物价高，交通拥挤，气温太高。只有西线，面临北部湾，没有台风袭击，气候干燥，不冷不热，物价便宜，正是"候鸟"养老避冬首选之地。不足之处是医疗条件赶不上海口、三亚。好在儋州滨海新区今年（2024 年）已建成一所三甲医院，距我们小区不到一公里。

儋州松涛水库是全国十大水库之一，水质清澈见底，是一级饮用水源。水库里有很多岛屿，风景宜人，原来可乘游船环岛游，近几年为保护水质禁止游船游览了。不过库中鱼类倒是可以捕捉的。听当地渔民说，为保持生态，只能捕十五斤以上的大鱼。我们十二只"候鸟"曾品尝过一种大鱼，不知道名称，其肉质鲜嫩，肉汤更是特别鲜美，肉没吃完，一大盆汤倒是被我们喝了个精光。当年苏东坡流放到儋州，不仅为当地百姓子弟创办了东坡书院，培养了人才，还把家乡菜"东坡鱼"的烹饪技术传给了当地百姓。恐怕他就是用的这种鱼吧！

我们小区地处儋州市白马井镇低地村，是中南集团公司开发的楼盘，全名叫"中南西海岸"。小区一边紧靠白马河，一边面向大海。每到冬季，白马河断流，河滩就成了一大片湿地，芦苇荡中有野鸭和其他水鸟在欢快地游戏觅食，滩涂上有牛羊啃吃着青草，钓翁一边品茶一边静待鱼儿上钩，当地农民已开始春耕犁田……这种生态环境太让人陶醉了。我常带着小孙子和"小虎子"（贵宾犬）到芦苇荡中"探险"，啃草的黄牛常常遭到小虎子的挑衅，孙子则在旁边为虎子呐喊助威！这种野趣是大城市游乐场无法提供的。

爷孙探游白马河
芦苇荡湿地

　　小区另一边是大海，在海花岛建成之前是一片原始海滩。每当退潮时，当地村民就会穿着雨靴带上工具提着桶去赶海，捡拾各种海产品。有一种当地村民叫"爬沙虫"的东西，长得像小时候才见过的蛔虫一样，白色，每条约有五六寸长。村民用工具熟练地从沙滩洞穴中挖出后放进桶里。询问后得知用这种爬沙虫煮的汤特别鲜美，但海鲜市场上却不见有售。原来村民挖出后都是自家享用的，不登市场"大雅之堂"。我们想买点尝尝鲜，但村民就是不卖，至今也不知道是啥滋味。后来我们也买了雨靴、工具去赶海，但只能捡些螺贝、螃蟹、小鱼虾之类的，从来挖不到爬沙虫，因为我们根本不知道其隐藏地。

　　海花岛建成后，这片原始海滩就不复存在了，据说是填海造岛严重破坏了原有的生态环境，大面积的珊瑚礁被永久破坏，难以恢复，而我们赶海的乐趣也不复存在了。

　　海花岛总投资 1 600 亿元，聘请了 600 多名世界顶级建筑设计大师操刀设计。有国际会议会展中心、博物馆群、童话世界、水上乐园、海洋世界、国际购物中心、现代酒店群、五国温泉城、华夏影视基地……海花岛一号岛与我们小区隔海相望，沿海边栈道走约两公里即到通向一号岛的大桥。跨过大桥即来到打造得如梦如幻的海花岛 5A 级景区。

为打造海花岛 5A 级景区，小区外海岸线也得以打造。在沿岸的防风林区修建了栈道，搭建了一些平台，沿岸小区的"候鸟"们每天可以沿着栈道在林中散步、唱歌、吹奏乐器，在栈道平台上跳舞、舞龙……又形成另一种景象。海滩上铺上了据说从海外购买回来的白沙，为游泳爱好者和小孩子玩沙提供了莫大的乐趣。小区距白马井镇约有七公里，可乘公交车或村民的"火三轮"前往。

白马井镇的民间活动丰富多样。儋州调声作为非物质文化遗产享誉全省。每年正月十六，由民间自发组织的调声活动汇集了全市调声精粹，悠扬的调声遍布全镇大街小巷，外地前来观赏的车辆堵得水泄不通。这一天也是渔民的出海请神日，鞭炮声震耳欲聋，烟雾弥漫全镇。我看过一次就再也不敢去了。

不过儋州当地村民正月十五开始的三天对歌会倒是蛮有意思的。儋州素有"诗乡歌海"之称，据说对歌会源于宋末，男女青年利用它挑选自己的意中人。所以每到对歌会，年轻人都身着盛装，欢聚在各个乡镇集市。对歌会一般由一个村的一组男青年与另一个村的一组女青年各排成一列，面对面地进行对歌。每个队都有领头歌手，负责起调、领唱、指挥与选择歌词。对歌一般先由男方歌手领唱，后由女方歌手唱答，队形可随时变化。歌手们手舞足蹈、男唱女答、互不相让。以唱到对方无歌对答为止。

我们有一年驾车去儋州著名的景点"龙门激浪"游玩，回来途中刚好在光村镇遇上一场对歌会，可谓人如海，歌如潮，热闹非凡！恰遇一女青年从人群中挤出来，后边紧跟一小伙子。我知道可能是小伙子看上了姑娘在追求她，想采个风看个究竟，也随着他们来到一小路边。只见小伙子把一个红包往姑娘手里塞，姑娘硬是不要，我还在旁边劝姑娘收下小伙子的心意，想撮合他们，谁知姑娘转身就跑了。我问小伙子：你红包里有多少钱？他腼腆地说，只有两千元。我说太少了吧，娶个媳妇咋舍不得多给点？小伙子尴尬地笑了，转身也跑了。也不知是姑娘没看上小伙子，还是因为有生人在旁不好意思，但愿是后者吧。

儋州的对歌会源于宋末，是否和苏东坡流放此地有关系呢？当年的海南岛是流放犯人的蛮荒之地，苏轼的第三次流放地就是儋州。正如他所言："问汝平生功业，黄州惠州儋州。"身处逆境，还如此调侃，苏轼的这种乐观人生态度，可能对当地村民也有影响吧！当年苏轼流放儋州，在衣不蔽体、食不果腹的情况下，还为培养学生倾尽全力，培养出了不少秀才、举人，还出了一个进士，所以深受百姓爱戴。现今的东坡书院就是在当年苏轼办学遗址上建立起来的纪念馆，成了游客们的打卡地。每次陪朋友去游览东坡书院，都免不了一番感慨！同为眉州人，苏轼名扬天下却怀才不遇，屡遭流放，坎坷一生。而我一教书匠，何德何能，却能晚年来儋州买房享受生活。只能说是时代变了，非可同日而语。

儋州的旅游景点非常多，还有什么"火山海岸""棋子湾""情人湾"……都是游客们喜欢的打卡地。不过距我们小区最近的一个旅游景点是"千年古盐田"。从小区驾车不到半个小时，跨过洋浦大桥即来到"千年古盐田"。这个古盐田距今已有一千二百多年历史，至今当地渔民还在通过"海水晒盐"这种古老方法获得食盐。每次带朋友参观，都让朋友啧啧称奇。

越冬"候鸟"不仅有很多游玩之地，也有很多海鲜美食享受。

　　小区附近有两个渔码头：排浦镇渔码头和白马井渔码头。前者是村子里渔民自己的近海打鱼码头，后者是镇上出远海打鱼的深水码头。每年来过冬为准备年货，我们都要到码头海鲜市场购置渔民从远海打回的各种海鱼。码头的鱼腥味很刺鼻，污水遍地，难以下足，必须穿雨靴，但海鲜确实品种丰富且价格便宜。深海带鱼才几元钱一斤，比大陆好多蔬菜还便宜。鲍鱼小的两三元一个，大的不超过五元。最初我们不会做，买来当萝卜煮熟蘸辣椒酱油吃，后来才在网上学会厨师的烹饪方法。记得上个世纪流行的一个调侃教师的段子："九等公民是教员，海参鱿鱼认不全。"没想到退休后在海南，只要你愿意，可以天天吃海鲜了。

　　到海南越冬还能在晚年结识不少来自全国各地的"候鸟"朋友。我们小区有几千户业主，通过小区组织的春晚演出、乒乓球比赛、绘画摄影展等活动，我结识了不少新朋友。其中比较有名的也有几位：

　　体育方面有原国家乒乓球队员，退役后任"八一"乒乓球队教练的谭向东。在他家做客时他特别给我们展示他当年战胜瑞典名将瓦尔德内尔后的合影照片。谭教练十分看好我孙子打乒乓球，常和我视频通话，关心我孙子打球的情况。

　　文娱方面有原吉林省歌舞团编舞导演汪导（八十多岁了，都这样尊称他）。在他家做客时，他十分自豪地向我们讲述他当年给毛主席、刘少奇、朱德、周恩来、陈云等领导人跳舞表演的场景。

　　还有我们乐队的金指挥是原铁路文工团首席指挥。合唱团的彭指挥也是毕业于西南师范大学（现西南大学）音乐系的在成都赫赫有名的指挥。男声独唱演员是原甘肃省歌舞团的独唱演员……

小区里真的是藏龙卧虎。

"候鸟"的另一条迁徙路线是从成都飞上海。

儿子从美国留学归来后在上海工作并安了家。自从孙子出生后，我们就随时听从"召唤"飞上海带孙子。这是中华传统文化特有的现象"隔代亲"，与西方文化"隔代无关"形成鲜明差别。友人女儿在美国嫁了一个美国人，三个孩子全是自己带，爷爷奶奶基本不过问，逢年过节偶尔看一下，"压岁钱"（美国人无此概念）也只是象征性地给二十元。中华民族在五千年文明传承中形成了深入骨髓的传宗接代、望子成龙，光宗耀祖的观念。所以，孙子在爷爷奶奶眼中是"香火"接续、血脉传承、耽误不得的"小祖宗"。虽然现在城市人的观念也有变化，也觉得西方人"隔代无关"有道理，但大多数人仍然不能完全抛弃传统观念。我们的策略是：不召唤不主动热情，一有召唤责无旁贷。

在上海带孙子除了能享受天伦之乐外，还有一个孙子的教育问题。我们都是教师，理应在孙子的培养上承担责任。

如何带孙子确实是一门学问。著名瑞士心理学家让·皮亚杰的"发生认识论"提出了两个重要观点。其一：儿童的成长过程就是一个"自我中心"的解构过程。儿童越早从"自我中心"走出来，就越早走向成熟。其二：智力乃外部动作的内化。手的解放并成为劳动器官是猿猴进化成人的决定性因素。"心灵手巧"的成语其实应倒过来，"手巧心灵"。所以，培养孩子最重要的就是有两条：其一，不能溺爱娇惯孩子；其二，尽早让孩子参加力所能及的劳动。

孙子打球视频

孙子和爷爷一起剥胡豆

此外，从小培养孩子的业余爱好，可以给孩子的人生增添生活乐趣，促进孩子的身心健康。体育方面，我把自己的乒乓球爱好传给了孙子。孙子两岁时就坐在球台上和爷爷打乒乓球，六岁时就去球馆拜师学艺，很快就得到教练的充分肯定和高度评价：有天分，有毅力。

2021 年暑期，我每天带着孙子顶着烈日去球馆打球。一天，孙子因天太热，鼻子流血了，但仍坚持"轻伤不下火线"，得到教练和其他家长的称赞。学了不到一年，孙子就考过了乒乓球二级。2024 年又考过了乒乓球四级。

流鼻血也不下"火线"

孩子爱玩水、玩沙是天性。孙子酷爱大海，不到两岁就下海扑腾，现已学会蛙泳。下图是 2022 年在抚仙湖红沙滩玩水时我抓拍的照片，有幸入选西南财大摄影、绘画优秀作品展。

6 岁孙子勇斗恶浪　　　　　　孙子在抚仙湖红沙滩"勇斗恶浪"

文娱方面，本想让孙子学小提琴，由于多种原因，孙子学了钢琴。小区有个钢琴老师，本来学生爆满，不再收学生。由于疫情，上海封城，小区外学生进不来，这才有了空缺。钢琴老师看了孙子的手指，直呼"孩子学晚了"。但我们并不想让孙子以此为专业，仅仅希望他学个业余爱好而已。

打乒乓球我还可以陪孙子练，略加指点，弹钢琴我就只有干瞪眼了。好在孙子妈妈也学过钢琴，正好可以在家辅导。目前，孙子钢琴考试已过了六级。

孙子目前上小学一年级了，学习方面的事情基本不用我们费心。教育也在改革，孙子基本上没有书面作业，我们也落得清闲。

晚年的"候鸟生活"是惬意的，这也从一个侧面反映了改革开放四十多年的伟大成就。小平同志生前有个"三步走"的发展战略规划，已经提前实现了前两步目标，第三步目标就是争取在新中国成立 100 周年时实现"四个现代化"，振兴中华民族。我作为新中国的同龄人，也要加强锻炼，争取延年益寿，成为新中国步入现代化、实现中华民族伟大复兴的见证者！

后 记

2014 年办理了退休手续后，我已满 65 岁了，学校研究生院希望我再招收一届博士研究生。我毫不犹豫就答应了。一则我喜欢和年轻学生交往，这样自己的心态也会变得年轻；二则学校当年把我作为"人才"引进，给了我很多关照，有"恩"于我，应当"涌泉相报"。所以，当年我又招收了两个关门弟子。这样一来，我实际上是到了 2020 年才送走了我带的所有研究生，没有一个落下，完满收官。

忙碌了一辈子，退休后终于时间自由了。除了打乒乓球、拉小提琴、下围棋、打牌外，有朋友建议我写点散文投给公众号平台"人民作家"发表。我试着把我当年在眉山剧团的一些逸闻趣事写下来发给了编辑部陈劲松主编。没想到陈主编在短短几天就分上、下两期给我刊用了，而且"点击率"还相当高，于是点燃了我的写作热情。本书上、中篇的散文、随笔基本上都是在该平台上发表过的。下篇"岁月人生回顾"基本上和新中国的曲折发展历史同步。

　　本书能出版，首先感谢韩源教授的"伯乐"之见！韩教授读了我在"人民作家"发表的关于辩证法的一些散文后向我建议："过去一讲科普读物，都是自然科学的，还没有过社会科学的科普读物，深奥难懂的哲学辩证法更是令人望而却步。辜老师你不妨把这些辩证法与社会生活的通俗散文收集成册出版，这作为学生的辅导读物，是很有价值的。你可以向学院申请出版资助。"韩教授还特地为本书作序。

　　其次，我要感谢学院党政领导对本书出版的大力支持。分管科研的刘世强副院长把我提出的资助要求向院长、书记汇报后，学院党政联席会议专门开会讨论并通过了资助我出书并将该书作为研究生辅导读物的决议。在此还要感谢唐晓勇院长在百忙之中抽出时间为本书作序。

　　调来西南财大工作二十多年，受到历届领导和同事们的关照与厚爱，借此机会一并表示由衷地感谢！

　　本书的出版还要特别感谢责任编辑张岚，不仅对文字内容字斟句酌，而且连标点符号也认真修改，其精神令我感动。另外，还要感谢策划编辑陈何为本书出版付出的辛勤劳动。特别是陈何告诉我，她读了我的某些散文后感动得哭了，"很少看到这么值得读的书"，无形中给了我极大的鼓励和动力。陈何不仅在图书设计上为本书相关内容制作了二维码，让枯燥的文字叙述变成了生动形象的影像资料，还在封面设计上和美术编辑一起对我多次的要求和建议不厌其烦，反复修改调整，最终确定了本书封面；主要图案是我近期在黄河"鱼跃龙门"景点拍摄的一条尚未竣工的道路，寓意我蜿蜒曲折的人生之路，路上那人正是我遇到的人生伴侣；左下角则是我在海南自家阳台拍摄的海上日落，寓意我退休之后翻开了人生之路的另一页：夕阳无限好！封面文字出现了三个"生"字，寓意作者与新中国一起诞生，一起历经沧桑苦难，终于苦尽甘来，民族复兴指日可待。我对学生讲过，辜老师一定要亲眼见证第二个"百年目标"的实现，不负其名，"堪此一生"（时任院长曾获在我"荣休"会上的精妙点评），此谓"三生有幸"矣！！

辜堪生

2024 年 2 月 19 日于锦绣森邻

"奔八"老人勇攀赛里木湖顶峰与慕士塔格峰冰川